도시 보는 사회학

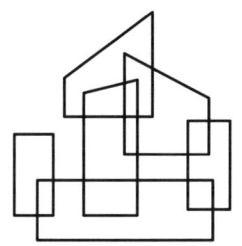

우리 도시를 읽는 30개의 사회학적 상상력
도시 보는 사회학

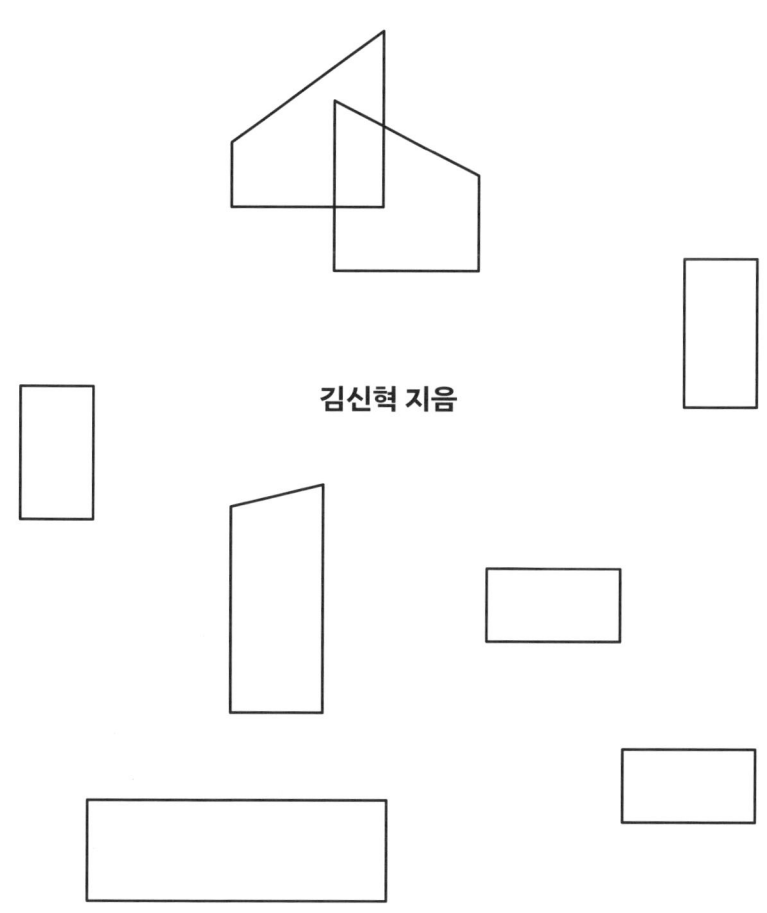

김신혁 지음

계단

차례

추천의 글 8 · 들어가며 12

프롤로그 17

1 나와 도시 그리고 사회학　　　　　　　　　　　　　18
　　밀즈의 사회학적 상상력

일상에서 도시 보기　　　　　　　　　　　　26

2 도시의 연극이 끝나는 즐거운 우리 집　　　　　　　28
　　고프먼의 연극학적 사회학

3 아파트로 연결된 도시의 이웃들　　　　　　　　　　38
　　그래노베터의 약한 연결의 힘

4 이동하는 도시와 도시인들　　　　　　　　　　　　48
　　어리의 모빌리티

5 도시 일상의 '국룰'　　　　　　　　　　　　　　　60
　　가핑클의 에스노메소돌로지

6 아이들이 쑥쑥 자라는 도시　　　　　　　　　　　　70
　　미드의 자아 이론

7	인스타그래머블 시티 **베블런의 유한계급론**	80
8	프랜차이즈 도시 **리처의 맥도날드화**	90
9	학군지와 교육 상속자들 **부르디외의 아비투스**	102
10	빛나는 도시의 피곤한 노동자들 **마르크스의 소외론**	114

사회에서 도시 보기 126

11	도시란 무엇인가 **워스의 도시성**	128
12	부동산 최고의 입지를 찾아서 **파크와 버지스의 도시생태학**	142
13	대도시에서 살아남기 **짐멜의 대도시와 정신적 삶**	156
14	신도시의 탄생 **르페브르의 공간의 생산**	168

| 15 | '진짜' 도시는 존재하는가
보드리야르의 시뮬라시옹 | 182 |

| 16 | 88올림픽과 도시개발
그람시의 헤게모니 | 192 |

| 17 | 강남 초대형 교회의 탄생
로건과 몰로치의 성장기제론 | 204 |

| 18 | 도시계획의 두 시선
베버와 하버마스의 합리성 | 216 |

| 19 | 도시 인프라와 사회 운동
카스텔의 집합소비론 | 232 |

세상에서 도시 보기 244

| 20 | 도시에서 자살 vs 살자
뒤르켐의 자살론 | 246 |

| 21 | 범죄도시와 짓밟힌 꿈
머튼의 범죄사회학 | 258 |

| 22 | 갈등의 도시와 집회
코저의 갈등기능주의 | 272 |

| 23 | 도시의 빅브라더 CCTV | 284 |

푸코의 감시와 처벌

| 24 | 스마트시티와 도시인 | 296 |

마르쿠제의 일차원적 인간

| 25 | 세계화와 세계도시 | 308 |

월러스틴의 세계체제론

| 26 | 세계도시와 중산층의 행방불명 | 322 |

사센의 세계도시론

| 27 | 위험한 도시 | 334 |

벡의 위험 사회

| 28 | 유동하는 시대와 불안한 도시 | 346 |

바우만의 액체 근대

| 29 | 우리를 만드는 도시와 우리가 만드는 도시 | 358 |

기든스의 구조화 이론

에필로그 369

| 30 | 도시로의 초대 | 370 |

버거의 사회학으로의 초대

참고한 책과 글 379 · **찾아보기** 392

추천의 글

오도영
서울대학교 환경대학원 도시계획학과 교수

오늘날 우리는 모두 '도시인'으로 살아가고 있다. 기술, 물류, 교통의 발달은 도시와 농촌의 경계를 점차 흐리고 있으며, 서울 같은 대도시에 살든 농촌 지역에 거주하든 누구나 도시적 삶을 누릴 수 있게 되었다. 스마트폰과 인터넷은 동일한 문화와 경험을 일상에 가져다주며, 도시적 감수성과 생활방식을 전국적으로 확산시켰다.

하지만 누군가 "도시란 무엇인가?", "도시적 삶이란 무엇인가?"라고 묻는다면 대답하기는 쉽지 않다. 많은 사람들은 뉴욕의 마천루나 파리의 역사적 도시 경관을 떠올리겠지만, 도시는 단지 물리적 환경이 아니라 그 속에 얽힌 사회적·문화적·경제적 관계망 속에서 이해되어야 한다.

저자의 이 책은 이러한 질문에 답하기 위한 친절한 입문서다. 도시를 바라보는 다양한 시각을 소개하며, 복잡하고 추상적으로 느껴질 수 있는 도시 이론들을 저자의 경험과 관찰을 통해 쉽게 풀어낸다. 이 책은 이론이 단지 관념에 머무는 것이 아니라, 우리가 살아가는 도시의 현상을 이해하고 해석하는 데 필수적인 도구임을 일깨우며, 도시를 사유하고자 하는 이들에게 든든한 첫걸음이 되어줄 것이다.

김현호

고양연구원 원장

관점에 따라 세상은 달리 보이는 법. 그러면 우리가 살고 있는 도시를 사회학이라는 렌즈로 보면 어떨까? 이 책은 도시의 일상에서 일어나는 궁금증을 소상히 해석하고 있다. 그것도 도시 사회학에서 일가를 이룬 저명한 33명의 렌즈를 통해 재미있고 이해하기 쉽게 설명하고 있다. 우리가 살고 있는 도시라는 공간 속에서 크고 작은 사고가 왜 끊이지 않는지를 '위험사회'라는 틀로, 인터넷이나 SNS에서 인간관계가 왜 활성화되고 또 휘발성을 띠게 되는지를 '액체사회'라는 조리개로 설명하는 식이다. 이 책을 읽으면 김포골드라인의 교통에 왜 그렇게 체증이 일어나는지, 일산의 아파트 가격은 분당에 비해 왜 그렇게 낮은지를 이해할 수 있다. 일상에서 벌어지는 일에 개안을 해주고, 도시 현상을 해석하는 데 혜안을 갖게 해줄 근래 보기 드문 책이다.

이형규
전) 전라북도 부지사

도시는 우리가 매일 생활하는 삶의 거대한 공간이다. 화려한 고층 빌딩숲, 수많은 차량 행렬, 바쁘게 살아가는 사람들은 도시의 대표적 모습이다. 도시는 좋은 교육 환경과 문화 시설, 편리한 교통 인프라로 인구가 급속하게 늘어나면서 점점 복잡해지고 있다.

"화려하고 거대한 도시의 내면은 어떤 모습이며. 도시인은 그 공간에서 행복하게 살아가고 있을까? 아마도 도시인은 매일 반복되는 일상의 도시공간에서 익숙한 모습으로 살아가고 있을 것이다." 저자가 이 책을 쓰게 된 동기와 출발점이다. 사회학과 도시계획학을 전공한 저자는 우리가 살아가는 익숙한 도시를 낯설게 바라보면서 도시의 모습을 재조명한다.

 남과 다르게 보는 시선이 새로운 것을 보게 한다. 통찰은 관찰이고 발견의 순간이다. 저자는 이 책을 통해 독자들에게 도시를 사회학적 시선에서 보게 하는 통찰의 눈을 갖게 한다. 이 책이 우리가 살아가는 도시를 새롭게 이해하고 도시인이 행복하게 살아가는 데 작은 길잡이가 되기를 기대한다.

들어가며

누구에게나 좋아하는 장소 하나쯤은 있기 마련입니다. 제게는 광화문이 그런 곳입니다. 충정로에 있던 건축사사무소에서 정신없이 지내던 시절, 운 좋게 야근을 피한 날이면 신나게 광화문으로 향했습니다. KFC로 가서 징거버거 세트를 야무지게 먹고, 교보문고를 거닐며 책을 아이쇼핑(?) 하다가, 괜스레 이순신 장군님께 경례 한번 하고, 청계천을 걷는 시간이 참 좋았습니다.

그러던 어느 날, 여느 때처럼 저녁에 청계천을 걷고 있었습니다. 고층 빌딩이 뿜어내는 번쩍이는 빛이 청계천 위로 녹아드는 풍경을 보며, '역시 서울의 밤은 언제 봐도 아름다워'하고 감탄하던 찰나, 머릿속을 스치는 의문이 대뇌의 전두엽까지 전해졌습니다.

"가만 있어봐… 지금 평일 밤 8시가 넘었는데?"

눈을 가늘게 뜨고 빛을 내뿜고 있는 고층 빌딩의 창을 들여다보니, 무언가에 열중인 사람들의 실루엣이 어른거렸습니다. 지금까지 당연하게 여기고 있던 서울의 빛나는 밤은 결국 누군가의 야근으로 만들어진 것이었습니다. 아직 퇴근하지 못한 이들의 삶이 꺼지지 않는 도시의 야경을 채우고 있다고 생각하니, 아름다웠던 서울의 밤이 어쩐지 피곤하게 느껴졌습니다.

이렇게 시선을 다르게 하니, 그동안 당연하다고 생각했던 도시의 당연하지 않은 이야기가 궁금해졌습니다. 도시에는 왜 집만큼 편한 공간이 없을까? 핫플레이스는 왜 인스타그램하기 좋을까? 살기 좋으라고 만든 신도시는 왜 불편하게 느껴질까? 내가 타는 지하철은 왜 지옥철이 될까? 매일 뉴스를 장식하는 도시의 사건·사고들은 왜 반복될까? 이 책은 도시를 바라보는 이런 시선의 변화 속에서 꼬리를 물고 따라온 수많은 "왜?"로부터 출발했습니다.

이 질문을 풀어내는 도구로 '사회학'이 떠올랐습니다. 사회학은 우리가 살면서 맞닥뜨리는 현상을 그대로 보기보다, 익숙한 것도 낯설게 보게 하는 시선을 제공합니다. 마치 언제나 빛나는 서울의 밤하늘 아래 아직 퇴근하지 못한 직장인의 삶을 비춰주듯 말입니다. 그렇기에 사회학은 우리가 늘 보던 도시 풍경에 감춰진 특별한 사연을 발견하게 해주는 '렌즈'라고 할 수 있습니다.

물론 '도시사회학'이라는 분야가 존재하는 만큼 사회학적으로 도시를 연구하는 것이 그리 새로운 일은 아닙니다. 도시에 대한 깊이 있는 사회학 이론을 다루는 책도 이미 많습니다. 하지만 이 책에서는 사회학 이론 그 자체보다 사회학의 렌즈를 통해 일상의 도시를 새롭고 낯설게 바라보는 다양한 경험을 나눠 보려고 했습니다.

이 책은 사회학자 서른세 명의 이론과 우리가 살아가는 도시를 엮으면서 찾아낸 서른 개의 시선을 담고 있습니다. 우리 집부터 신도시, 나아가 세계도시까지, '도시 보는 사회학'의 시선은 일상을 넘어 우리 사회와 더 넓은 세상으로 확장됩니다. 각 장에는 저의 모습이 투영된 평범한 도시인 '김 씨'가 등장해 익숙한 도시의 모습과 그 이면의 낯선 이야기를 연결합니다. 이 책의 시선을 따라가는 독자 여러분이 '도시를 이렇게도 볼 수 있구나!'하고 공감할 수 있으면 좋겠습니다.

이 책이 나오기까지 많은 분의 응원과 도움이 있었습니다. 유동하는 제 글을 발견하고 수많은 별이 빛나는 출판의 우주로 데려다 주신 출판사 관계자 분들, 서울대학교 환경대학원의 존경하는 교수님과 친구들, 애정 어린 관심과 피드백을 주신 고양연구원의 김현호 원장님과 윤신희 박사님, 그리고 아낌없이 생각을 나눠준 잘생긴 두 처남을 비롯해 묵묵히 응원해 준 가족들 모두 감사합니다. 무엇보다

도 걱정 많은 남편이 글을 쓰는 동안 불편함이 없도록 옆에서 늘 든든하게 지지해 주고 멘탈을 관리(?)해준 아내에게는 말로 다 표현 못할 고마움을 전합니다.

쓰다 보니 무슨 수상 소감처럼 감사의 말이 길어지고 있는데, 마지막으로 이 책의 주인공인 도시인 여러분께 감사드립니다. 우리가 함께 살아가는 도시가 존재하지 않았다면 이 책도 쓸 수 없었을 테니, 사실 도시인 여러분은 이 책의 공저자인 셈입니다.

우리가 살아가는 도시는 오늘도 우리가 미처 생각지 못했던 비하인드 스토리로 가득합니다. 이 책을 통해 늘 걷던 도시의 길 위에서 "잠깐, 저건 왜 저런 거지?"하고 멈추는 순간이 더 많아졌으면 좋겠습니다. 바로 그 낯선 순간이 도시 속 우리의 삶이 특별해지는 순간일 테니까요.

2025년 여름
도시 어딘가에서
김신혁

일러두기

- 책, 신문, 잡지는 《 》, 영화, 그림은 〈 〉로 구분했다.
- 외래어는 국립국어원의 외래어 표기 규정을 따랐다. 일부 용어는 관습적 표현과 원어 발음을 감안해 표기했다.
- 우리말로 번역된 책은 한국어 번역서 제목으로 나타냈고, 원어 제목을 따로 표기하지 않았다. 그중 일부는 문맥에 맞춰 제목을 달리 표기했고, 번역서의 제목은 '참고한 책과 글'에 명기했다.
- 우리말로 번역되지 않은 책의 제목은 우리말로 옮겨 표기했다. 원서 제목과 서지사항은 '참고한 책과 글'에서 확인할 수 있다.
- 영어의 'modern'은, 의미에 따라 '근대' 혹은 '현대'를 구분하여 나타냈다.

프롤로그

어릴 적 보았던 이야기 중에 "시골 쥐와 도시 쥐"가 있다. 그 이야기에 나오는 도시는 먹을 것도 많고 화려하지만, 곳곳에 위험이 가득하다. 이런 도시의 삶에 적응하지 못한 시골 쥐는 도시를 뒤로 하고 평화로운 시골 마을로 돌아간다.

하지만 이 이야기는 '옛날' 이야기다. 우리가 살아가는 세상은 이미 도시를 중심으로 돌아간다. 시골 쥐도 도시로 전입신고한 지 오래다. 이제는 도시의 삶이 일상이다. 도시 밖에서 살아 본 적 없는 젊은이가 수두룩하고, 미디어에서는 낯선 시골 마을의 삶이 오히려 더 주목받는 시대다.

그런데 이렇게 익숙한 도시의 삶은 정말 '당연'한 것일까? 낮이 가면 밤이 오고, 밤이 가면 낮이 오는 하루에도 지구의 자전이라는 원리가 숨어 있듯, 우리가 살아가는 도시의 삶에도 우리가 눈치 채지 못한 뭔가가 있지 않을까? 사회학은 맨눈으로 볼 수 없는 일상 이면의 숨겨진 구조와 원리를 관찰할 수 있는 렌즈를 제공한다. 사회학의 렌즈로 도시를 바라보면 당연했던 도시의 삶이 특별한 도시의 삶으로 바뀔 것이다.

살어리 살어리랏다

도시에 살어리랏다

1
나와 도시 그리고 사회학
밀즈의 사회학적 상상력

도시의 시대

지금 이 글을 읽기 시작한 여러분 누구도 만난 적이 없지만, 여러분이 누구인지 잘 알고 있다. 여러분은 '도시인'일 것이다. 이렇게 확신한 이유는 현대인 대부분이 도시에 살고 있기 때문이다. 오늘날 인류의 57%가 도시에 살고 있고[1], 2050년에는 인류의 약 70%가 도시에 거주할 것으로 예상된다.[2]

미국의 경제학자 에드워드 글레이저는 인류의 번영을 이끈 가장 위대한 발명품으로 도시를 꼽았다.[3] 미국이나 일본과 같이 높은 수준의 도시화를 이룬 선진국은 물론이고, 중국, 브라질, 인도네시아, 말레이시아 등의 신흥 국가들에서도 도시화가 빠르게 진행되고 있다. 바야흐로 우리가 살아가는 현대 사회는 곧 도시 사회인 것이다.

우리나라의 경우는 어떨까? 우리나라에서는 법률로 용도지역*을 구분하는데, 주거지역, 상업지역, 공업지역, 녹지지역을 통틀어 '도시

* 용도지역이란, 토지를 효율적으로 이용하고 공공복리를 증진하기 위해, 토지의 이용과 건축물에 용도와 용적률, 고도 등의 특정한 규칙을 부여해 구분한 것을 말한다.

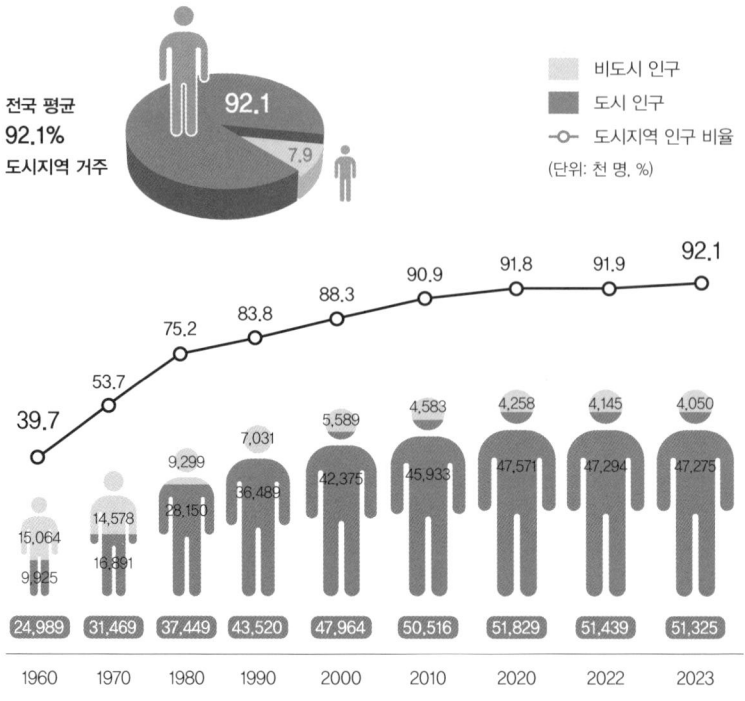

2023년 기준 도시 면적은 전 국토의 16.5%를 차지하는데, 도시의 인구 비율은 2010년에 90%를 넘겼고 2023년에는 92.1%에 이르렀다.
(한국국토정보공사 - 2023년 도시계획현황 통계, 2024)

지역'으로 정의한다.[4] 1960년대 우리나라 전체 인구 중 도시지역의 인구 비율은 대략 40%를 밑도는 수준이었다. 그런데 한 세기도 지나지 않은 지금 우리나라 도시지역의 인구 비율은 92%를 넘었다.[5] 길거리에서 아무나 붙잡고 "어디 사세요"라고 물어보면 10명 중 9명은 도시에 산다는 것이다. 도시는 이제 우리에게는 일상의 공간이다.

도시가 우리의 일상적 공간이라는 것은 사실 길게 말할 필요도 없다. 우리 대부분이 어머니 뱃속에서 처음 나온 장소는 아마도 도시

일 것이다. 산부인과는 일반적으로 도시에 있기 때문이다. 우리가 배움을 얻는 학교와 일하는 회사도 대부분 도시에 있다. 사랑하는 사람을 이 세상에서 마지막으로 배웅할 때도 우리는 도시에 있을 것이다. 장례식장도 병원이 밀집한 도시에 많기 때문이다. 우리는 태어날 때부터 죽을 때까지 도시에 산다.

밀즈의 사회학적 상상력

"우리는 도시에서 살아갑니다."

당연하다 못해 뻔하기까지 한 이 말이 도대체 나에게 무슨 의미가 있을까? 아마도 미국의 사회학자 C. 라이트 밀즈(C. Wright Mills, 1916~1962)의 **사회학적 상상력**(sociological imagination)이라는 개념이 이 질문에 어느 정도 답을 해줄 수 있을 것이다.[6]

밀즈는 1950년대 미국의 주류 사회와 학계를 신랄하게 비판하며 아웃사이더를 자처했던 급진적인 사회학자였다. 마흔 여섯의 젊은 나이에 심장마비로 요절했지만, 밀즈의 '사회학적 상상력'은 지금도 사회학과에 들어와 가장 먼저 배우는 개념 중 하나다. 그만큼 사회학이라는 학문의 관점을 확립하는 데 큰 영향을 준 사회학자라고 할 수 있다.

사회학은 우리를 둘러싼 세상이 돌아가는 방식을 이해하는 학문이다. 사소한 일상부터 국가를 초월한 세계화 현상까지 미시적인 영역과 거시적인 영역 모두 사회학의 관심사다. 하지만 단순히 세상의 크고 작은 현상을 나열하는 것만으로는 학문이 될 수 없다. 신변잡기 혹은 시사 뉴스와 구별되는 사회학이라는 학문의 핵심은 '나'라는 존재가, 내가 살아가는 '세상'과 어떤 '관계'를 맺고 있는지 끊임없이 탐구하는 자세에 있다. 여기에 필요한 도구가 바로 사회학적 상상력이다.

밀즈가 이야기하는 사회학적 상상력은 '사회라는 테두리 안에서 서로 교차하는, 개인의 일생과 세상의 역사 간의 관계를 통찰하는 관점'이다. 다시 말해, 개인의 사소한 문제를 사회라는 렌즈를 통해 더 넓은 공공의 문제로 확대해서 보는 것이라고 할 수 있다.

사회학적 상상력이 없으면, 우리는 세상의 문제를 개인의 경험적 차원에서 보기 쉽다. 예를 들어보자. 계약직으로 일하고 있는 김 씨의 계약 종료가 몇 달 남지 않았다. 이직을 위해 많은 회사에 원서를 넣어봤지만, 번번이 탈락해서 계약이 끝나고 실업자가 될까 전전긍긍하고 있다. 명절에 모인 김 씨의 친척 어른들은 혀를 끌끌 차며 말씀하신다. "노력이 부족해서 그래." "그러게 그동안 코딩이라도 좀 배우지 그랬어." "면접 때 너무 떨어서 그런 거 아냐?" 그분들에게는 김 씨의 취업 문제가 온전히 개인의 역량과 노력의 부족 때문이다. 과연 정말로 그게 전부일까?

인지하든 인지하지 못하든 우리가 살아가는 세상에는 국가나 법, 문화, 심지어는 사회적 통념과 같이 개인이 어찌할 수 없는 사회구조가 존재한다. 세상을 살아가면서 사회구조에서 완전히 자유로운 개인은 존재하지 않는다. 사회학적 상상력은 김 씨의 문제가 일개 개인의 문제일 뿐 아니라 공공의 문제, 즉 우리 시대의 구조적 문제

중 하나라는 것을 인식할 수 있게 해준다. 김 씨 개인의 상황을 통해 열악한 계약직 고용을 확대해 온 신자유주의의 문제점, 경기 침체로 인한 기업의 고용 축소, 산업 구조 전환에 따른 직업 재교육의 필요성 등을 떠올리게 하는 것이 바로 사회학적 상상력인 것이다.

나와 도시의 연결 고리

다시 우리의 주제로 돌아가 보자. 그래서 도시에 살아간다는 것은 나와 무슨 상관이 있을까? 도시는 개인의 일상적 삶의 공간이면서 동시에 개인이 움직이기 어려운 견고한 구조적 공간이다. 밀즈의 사회학적 상상력을 잠시 빌려 생각해 보면, 도시에서 살아가는 우리가 경험하는 개인적 문제라는 것은 도시의 구조적 문제와 관련되어 있을 가능성이 매우 크다.

일례로 김 씨는 현재 서울시 마포구에 거주하고 있고, 직장은 고양시 일산 신도시에 있다. 김 씨는 출근하는 데 시내버스 10분, 광역버스 50분, 도보 20분 총 편도 1시간 20분이 걸린다. 매일 출퇴근에 3시간 가량을 쓰는 김 씨가 만성피로를 호소하는 이유는 김 씨의 비타민 B 부족이나 가녀린 다리 근육, 버스에서 멀미를 유발하는 나약한 평형감각기관 때문만은 아닐 것이다. 아무래도 보다 근본적인 원인은 비효율적인 도시 간 교통 연계, 강변북로의 상습적인 교통 정체, 그리고 이런 교통 문제에 대한 서울시와 고양시의 협력 부족에서 찾아야 하지 않을까? 즉, 김 씨의 만성피로는 개인의 건강만큼이나 도시의 구조적 문제에서 비롯되는 것이다. 이처럼 사회학적 상상력은 당연하다고 느끼는 우리의 일상적 경험을 도시와 연결 지어 새로운 시각에서 이해할 수 있는 렌즈를 제공해 준다.

사회학으로 도시 보기

앞으로 우리는 사회학적 상상력을 동원해 사회학이라는 카메라를 들고 도시를 둘러볼 것이다. 같은 카메라라도 사용하는 렌즈에 따라 사물은 다르게 보이게 마련이다. 우리는 매 장마다 자신만의 독창적인 이론을 만든 사회학자를 만나 그들의 고유한 렌즈를 빌려 도시를 다양한 시선으로 바라볼 것이다.

그 과정에서 우리가 만나게 될 사회학자는 이미 만난 밀즈부터 마지막에 만날 버거까지 총 서른세 명이다. 사실 이 분들은 한 사람 한 사람을 연구하는 데만 해도 평생이 모자랄 만큼 방대한 이론의 바다를 남긴 거장들이다. 그렇기에 이 책에서는 이론을 깊이 있게 정리하기보다, 거인의 렌즈를 잠깐 빌려 도시의 이곳저곳을 함께 둘러보고자 한다.

사회학의 거장들이 각기 다른 렌즈로 세상을 해석했듯이, 같은 대상을 바라보더라도 관점은 사람마다 다를 것이다. 사회학의 렌즈로 도시를 바라보는 관점에는 정답이 없다. 도시로 함께 떠나는 김 씨는 단지 우리가 살아가는 도시에서 흔히 만나는 친구처럼 생각을 나누며 길을 같이 걸을 뿐이다. 그 취지에 맞게 우리의 여정에서는 되도록 우리가 직접 경험하고 익숙한 일상을 보내는 도시를 돌아볼 것이다. 자, 이제 준비가 되었다면 각자 카메라를 챙기고 도시로 떠나 보자.

렌즈 너머의 사회학자

| C. 라이트 밀즈 | C. Wright Mills | 1916~1962 | 미국 |

"한 개인의 삶과 한 사회의 역사는 그 두 가지를 함께 이해하지 않고는
(그 둘 중 어느 하나도 제대로) 이해할 수 없다"

— C. 라이트 밀즈, 《사회학적 상상력》 —

1916년 미국 텍사스의 평범한 중산층 가정에서 태어난 밀즈는 텍사스 대학에서 사회학을 공부할 때부터 주요 사회학 학회지에 여러 편의 논문을 발표한 떡잎부터 다른 사회학도였다. 1942년에 위스콘신 대학에서 박사 학위를 받고, 메릴랜드 대학에서 교수 생활을 시작했다. 심장이 문제여서 제2차 세계 대전 중 병역을 면제받았지만, 결국 컬럼비아 대학에서 사회학 교수로 재직 중이던 마흔 여섯 살에 심장마비로 짧은 인생을 마감했다.

그의 인생을 한 마디로 요약하면 '아웃사이더'였다. 성격이 급했던 밀즈는 늘 무언가와 싸우며 살았다. 세 번의 결혼, 동료 학자와의 불화, 당대 미국 사회와 주류 사회학계에 대한 신랄한 비판. 전쟁 같았던 그의 삶 역시 사회학적 상상력으로 보면 보수적이고 권위적인 당시 사회에 대한 반발의 결과는 아니었을지.

일상에서 도시 보기

누군가는 삶이 다람쥐 쳇바퀴 같다고 말한다. 우리 일상도 가끔은 그런 것 같다. 도시에 사는 우리는 매일 집 직장, 집 학교를 오가며, 비슷한 풍경과 반복적으로 마주친다. 매일 보내는 일상이라 그냥 지나쳤지만, 사실 생각해보면 도시의 일상 속에서도 여러 질문을 던져볼 수 있다.

우리는 왜 집에 오면 편안함을 느낄까? 아파트가 빼곡한 도시에서 이웃은 우리에게 어떤 존재일까? 도시에서 이동은 우리의 일상을 어떻게 구성할까? 아이들은 도시에서 정말 잘 자라고 있을까? 사람은 하나같이 생각과 행동이 제각각인데 도시의 일상은 왜 삐걱대지 않고 자연스럽게 흘러갈까? 굳이 시간 내서 사람 많은 핫플레이스를 찾는 이유는 뭘까? 식당도 학원도 심지어는 교회까지 도시에서 프랜차이즈는 왜 점점 늘어날까? 좋은 학군지에 사는 아이들은 뭐가 다를까? 도시의 직장인은 왜 늘 피곤할까?

도시의 일상을 사회학으로 보면 우리의 삶은 조금 다르게 보인다. 쳇바퀴를 돌리는 다람쥐에게 뭔가 특별한 사연이 있는지는 알 수 없지만, 그래도 우리는 다람쥐와 좀 다르지 않을까? 앞으로 우리는 다양한 사회학 렌즈로 도시에서 살아가는 우리의 일상과 그 방식이 어떻게 구성되고 있는지 살펴볼 것이다.

달팽이는 좋겠다
맨날 집에 있어서

2

도시의 연극이 끝나는 즐거운 우리 집
고프먼의 연극학적 사회학

집이 편한 이유

등교를 하건 출근을 하건 여러분은 오늘도 도시에서 하루를 보내기 위해 집에서 나왔다. 그리고 저녁이면 도시 생활에 지친 몸을 이끌고 집으로 돌아간다. 집 회사, 집 학교, 반복되는 우리의 일상에서 집은 출발점이자 돌아가야 하는 도착지다. 외부 활동이 많아 "나는 집에서 잠만 자"라고 말하는 사람도 있지만, 어쨌든 그런 사람에게도 집은 필요하다. 먹고 자고 씻고 놀고 쉬고. 우리는 집에서 일상에 꼭 필요한 활동을 한다. 그래서 집은 더욱 우리의 도시 생활에 중요하다.

특히 코로나가 한창 유행했을 때 우리는 집의 중요성을 새삼 깨달았다. 집 밖으로 나갈 수 없는 상황에서 자연스럽게 집에서 하는 활동도 많아지고 다양해졌다. 회사, 식당, 헬스장, 독서실, 카페, PC방, 영화관, 쇼핑몰 등 집 밖 도시 공간이 담당하던 여러 기능이 모두 집 안으로 들어왔다. 넷플릭스, 줌(Zoom), 쿠팡, 밀키트, 홈트(홈 트레이닝) 등 다양한 서비스와 상품이 집의 기능적 다양화에 한몫했다. 굳이 집 밖에 나가지 않아도 집에서 다양한 활동을 할 수 있게 된 것이다. 집이 곧 작은 도시가 되었다.

　이런 집의 변신에도 여전히 변치 않는 집의 주 기능은 역시 휴식이다. 김 씨는 평소 집에 있을 때면 세수도 하지 않은 채 늘어진 티셔츠를 입고, 라면을 후룩후룩하며 유튜브 화면을 보고 낄낄댄다. 안 본 눈을 사야 할 정도로 처참한 몰골이지만 딱히 뭐라 할 사람이 없다. 집에는 김 씨가 어려워하는 직장 상사도 없고 불편한 동료나 어색한 친구도 없다. 집은 나만의 사적 공간이고 눈치 볼 것 없는 편안한 안식처다.

　집에 관한 속담도 집의 편안함을 뒷받침해 준다. 영어권에서는 '아무리 허름해도 집만 한 곳이 없다(Be it ever so humble, there is no place like home)'는 말이 있고, 우리나라에도 오죽하면 '집 나가면 개고생'이라는 말이 있을까?

　우리가 살아가는 도시에서 집은 우리 일상의 중심이자 우리가 가장 편안함을 느끼는 공간이다. 또 당연한 소리만 했다. 하지만 앞에서 밀즈를 만나면서 이야기했듯, 이 책에서는 당연하게 보이는 우리의 삶을 사회학적 상상력으로 우리의 도시와 연결 짓는 것이 목표다. 그럼 이제 왜 도시에서 집이 가장 편안한 공간일 수밖에 없는지 사회학적으로 한번 생각해 보자.

고프먼의 연극학적 사회학

집이 편한 이유를 알아보기 위해 우리가 만날 사회학자는 어빙 고프먼(Erving Goffman, 1922~1982)이다. 고프먼의 **연극학적 사회학**(dramaturgical sociology) 렌즈를 빌리면 집이라는 공간을 새롭게 볼 수 있다.

고프먼은 사회학계에서 가장 독특하고 재미있는 이론가 중 한 사람이다. 고프먼이 활발하게 활동하던 1950~60년대에 사회학자들은 사회 통합이나 정치·경제 체제같이 거시적 관점에서 사회를 연구하는 데 관심이 많았다. 그런데 고프먼은 현미경으로 사회를 관찰했다. 익숙한 일상을 미세하게 들여다보고, 예리한 통찰력으로 사회를 해석했다.

고프먼은 사회생활을 연극에 비유했다.[7] 사회를 살아가며 마주하는 수없이 많은 상황에서 우리는 언제나 배우처럼 '연기'를 한다는 것이다. 그래서 그의 접근법을 '연극학적 사회학'이라고 부른다. 이게 무슨 소리인지 예를 한번 들어보자.

앞서 김 씨는 집에서 세수도 안 한 채 늘어진 티셔츠를 입고 하루를 보낸다고 했다. 그런 김 씨도 회사에 갈 때는 잘 씻고 단정한 옷을 입는다. 회사에서 김 씨는 누구보다 열정적인 직장인이다. 친한 친구들에게는 시답지 않은 농담을 잘하지만, 교수님 앞에서 김 씨는 누구보다 진지한 학생이다. 교회에 가면 김 씨는 금방이라도 천국에 갈 수 있는 사람 같다(금방 가면 안 좋은 것 아닌가). 그런데 김 씨뿐 아니라 우리는 모두 이렇게 때와 장소에 따라 다른 사람이 되지 않는가! 특정한 상황에 맞게 사회적으로 적절한 말과 행동, 태도를 연기하고 있다.

고프먼은 이런 우리의 일상생활을 들여다보며 사회적 상황을 '무대'로, 행위자를 '연기자'로, 타인을 '관객'으로 보았다. 그리고 이것들이 종합된 무대 위 연기의 결과로 우리의 자아가 연출된다고 생각했다. 이렇게 특정한 사회적 상황에서 타인의 기대에 맞추어 '나'라는 사람을 연출하는 것을 고프먼은 **인상 관리**(impression management)라고 불렀다. 직장이라는 사회적 상황에서는 열정적인 직원, 학교라는 사회적 상황에서는 성실한 학생, 예배라는 사회적 상황에서는 신실한 성도가 되어 나의 인상을 관리하는 것이다. 한창 자녀를 혼내다가도 전화가 오면 목소리가 갑자기 사근사근해지는 어머니의 모습을 떠올려 봐도 좋을 것 같다. 어머니가 깜빡잊고 자녀를 혼내는 목소리로 전화를 받아 인상 관리에 실패한다면, 전화 받는 상대방이 얼마나 황당하겠는가? 이런 당혹감을 피하기 위해서라도 사회생활을 하는 우리에게 인상 관리는 정말이지 꼭 필요하다.

도시라는 무대 뒤의 집

집 이야기기하다가 갑자기 고프먼을 소개하면서 '인생은 연극이다'라는 이야기를 하는 이유는 바로 우리의 도시 생활에 문제가 있기 때문이다. 도시에서는 만나야 하는 사람과 마주해야 하는 사회적 상황이 너무나 많다. 도시의 일상은 한시도 쉬지 않고 타인과 말, 행동, 의미를 주고받는 사회적 상호작용의 연속이다. 도시의 어떤 공간에서든지 우리는 다양한 사회적 상황을 마주한다. 우리가 사람을 만나지 않는 때와 장소는 없다. 지하철을 타도, 출근을 해도, 등교를 해도, 교회를 가도, 카페를 가도, 영화관을 가도, 그냥 거리를 걸어도 우리는 늘 타인이라는 관객을 염두에 두며 연기를 한다. 각각의 상황에서 혹여 이상한 사람처럼 보일까 전전긍긍하며 인상을 관리할 수밖에 없다. 매번 다른 사람이 되어야만 한다는 것은 얼마나 신경 쓰이고 피곤한 일인가!

하지만 이런 우리가 비교적 나 자신의 모습 그대로를 보일 수 있는 공간이 딱 하나 있다. 바로 앞에서 말했던 '집'이다. 물론 1인 가구가 아니라면 집에도 대면해야 할 가족은 있다. 그러나 집 안의 부모님, 형제, 자매, 아내 등 가족 앞에서 우리는 집 밖 도시에서 마주치는 타인들만큼 최선을 다해 인상 관리를 할 필요가 없다. 집마다 차이는 있겠지만, 가족은 이미 '나'의 본 모습을 너무나도 잘 알고 있으니 말이다.

고프먼은 연극처럼 우리의 삶에도 **무대 전면**(front stage)과 **무대 후면**(back stage)이 있다고 보았다. 무대 전면은 사회적이고 공적인 장소다. 무대에서 배우가 관객들을 의식하고 역할에 맞게 연기하는 것처럼, 타인들을 의식하고 인상을 관리해야만 하는 곳이다. 배우들이 자칫 실수할까 신경을 곤두세우고 있듯이, 사회생활에서 우리도 본모습이 드러날까 긴장한다. 하지만 무대 후면은 무대 전면과 정반대다. 무대 뒤는 사적이고 편안한 곳이다. 무대 뒤에도 스태프나 동료 배우는 있지만 이들은 우리를 도와주는 조력자다. 기본적으로 무대 뒤는 쳐다보고 평가하는 관객의 시선 바깥에 있기 때문에 특별히 연기를 할 이유가 없다.

집이 편한 이유는 도시라는 무대의 뒤에 있기 때문이다. 집에서 마주하는 가족은 나를 잘 알고 있는 편하고 익숙한 스태프와 동료 배우다. 도시의 일상에서 수많은 사람과 팽팽하고 긴장된 사회적 상황을 마주하는 우리에게 집은 내가 '나'일 수 있는 도시의 유일한 공간이다. 김 씨가 늘어진 티셔츠를 입는지, 세수는 하는지, 밥을 제대로 차려 먹는지, 유튜브로 뭘 보는지 집에서는 문제가 되지 않는다. 집이라는 공간이 집 밖의 관객, 즉 타인의 시선을 차단해 주기 때문이다.

  배우가 무대 뒤에서 휴식하듯, 집은 도시 생활에서 쌓인 긴장을 해소하는 곳이다. 집에 오자마자 불편한 옷을 벗어던지고 포근한 이불에 쏙 들어가는 것처럼 말이다. 그리고 배우가 무대 뒤에서 대본을 연습하듯, 집은 도시에서 또 하루를 살아갈 수 있게 준비하는 공간이기도 하다. 집 밖에 나가기 전에 든든히 먹고, 씻고, 적당한 옷을 입는 것처럼 말이다. 그렇기에 집은 도시 생활에 없어서는 안 될 소중하고 편안한 공간이다.

도시의 연극이 끝나는 즐거운 우리 집

도시로 나와 처음 관찰한 곳은 우리의 가장 일상적인 공간인 집이다. 떠나기 위한 출발점이자 또 돌아가야만 하는 도착점으로서 집보다 첫 관찰 대상으로 삼을 만한 건 없을 것 같다.

  우리는 고프먼의 연극학적 렌즈를 빌려 도시에서 집이 왜 편안한 공간일 수밖에 없는지 살펴보았다. 집이 도시의 연극이 끝나는 공간이 될 수 있으려면, 그곳에 좋은 동료가 있어야 한다. 아무리 좋은 집이라도 그곳에 서먹한 친구나 사이가 안 좋은 가족이 함께 산다면, 우리는 집에서도 편히 쉬지 못하고 연극을 이어가야 한다. 어느 한 곳에서도 편히 쉴 수 없는 도시의 삶은 얼마나 피곤하고 힘들겠는가?

그래서 사랑하는 사람과 함께 살아가는 집에는 더없는 즐거움이 있다. 김 씨는 결혼 전, 아내에게 멋있게 보이려고 메소드 연기를 펼쳐 결혼에 성공할 수 있었다. 페브리즈나 뿌리던 사람이 난생처음 향수를 사보기도 했고, 스티브 잡스처럼 같은 옷만 십 년째 입던 사람이 색깔별로 옷을 산 적도 있다. 이런 인상 관리에 속아(?) 결혼했지만, 아내는 집이라는 무대 뒤에서 김 씨와 인생이라는 연극을 함께 준비하는 세상 누구보다 편한 동료가 되었다. 나의 잘난 모습이든 모자란 모습이든 본모습을 보여줄 수 있는 사람과 함께 산다는 것 자체가 집이 주는 최고의 즐거움이 아닐까? 그래서 오늘도 도시의 연극을 끝내고 집으로 돌아가는 길이 너무나 즐겁다.

렌즈 너머의 사회학자

| 어빙 고프먼 | Erving Goffman | 1922~1982 | 캐나다·미국 |

> "세상이 완전히 무대인 것은 아니지만,
> 그 차이를 정확히 짚어 내기는 쉽지 않다."
> ― 어빙 고프먼, 《자아 연출의 사회학》 ―

어빙 고프먼은 1922년 캐나다의 앨버타에서 태어나 토론토 대학에서 사회학을 전공했다. 미국으로 건너가 시카고 대학에서 박사 학위를 받은 후에, UC 버클리와 펜실베이니아 대학에서 사회학과 교수로 있었다.

고프먼은 당시에도 꽤 독특한 사회학자라는 평가를 받았다. 기존 사회학의 거시적 관점과 계량적 연구 방법을 따르지 않고, 일상생활을 미시적 관점에서 본인만의 재치 있는 문체로 풀어냈기 때문이다. 이런 그의 일상에 대한 관심이 잘 드러나는 대표적인 작업이 바로 연극이라는 찰떡같은 비유로 사회를 설명한 '연극학적 사회학'이다.

독창적인 연구 영역을 발전시킨 고프먼은 '20세기 가장 영향력 있는 미국의 사회학자'라는 타이틀을 얻으며 1982년 미국 사회학회장에 선출되었다. 안타깝게도 그는 급격히 진행된 위암으로 학회장으로 당선된 바로 그해에 60세의 나이로 세상을 떠났다. 프랑스의 사회학자 피에르 부르디외는 고프먼을 "무한히 작은 것들의 발견자"라고 부르며 추도했다.[8]

고프먼은 무심히 스치는 우리의 일상도 사회학에 중요한 통찰을 줄 수 있다는 것을 멋지게 증명했다. 고프먼은 지금도 여전히 대체 불가능한 사회학자로 여겨지며 많은 사람들에게 영감을 주고 있다.

퇴근길에 만난 아파트 이웃에게
내적 친밀감을 느끼는 건 나뿐일까

3

아파트로 연결된 도시의 이웃들
그래노베터의 약한 연결의 힘

아파트와 이웃의 변화

1988년도를 배경으로 하는 드라마 〈응답하라 1988〉을 보면 참 정겨운 이웃이 나온다. 세 들어 사는 가족까지 한 지붕 아래 두 가족이 살기도 하고, 이웃끼리 나눠 먹느라 반찬 그릇을 들고 이집 저집을 뻔질나게 돌아다니고, 골목 평상에서는 웃음과 이야기 소리가 끊이지 않는다. 우리나라 문화에서 이웃은 가깝고 친밀한 존재였다. '먼 사촌보다 가까운 이웃이 낫다' 거나 '옆집 밥숟가락 개수도 안다'는 말이 괜히 나온 것은 아닐 것이다. 그런데 여러분은 정말 밥숟가락 개수가 몇 개인지 알 정도로 옆집과 친밀하게 지내고 있는가? 아마 밥숟가락 개수는커녕 옆집 사람의 얼굴 정도만 알고 있는 사람이 태반일 것이다. 그 이유는 바로 우리의 대표적인 주거 양식이 바뀌었기 때문이다.

해외여행 갔다가 돌아오는 길에 비행기 창 너머로 아파트 단지가 가득한 도시 풍경이 보이면, '이제 한국에 다 왔구나'를 실감하는 것처럼, 오늘날 우리나라를 대표하는 주거 양식은 누가 뭐래도 아파트

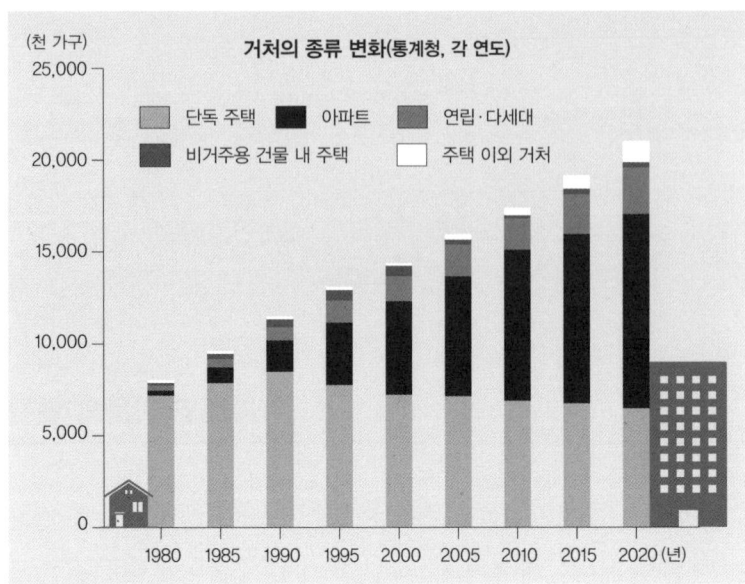

2020년 기준 우리나라 가구 절반 이상이 아파트에 살고 있다.
(대한민국 국가지도집 – 거처의 종류)

다. 현재 우리나라 가구의 절반 이상은 아파트에 살고 있다.⁹ 아마 지금 이 글을 읽고 있는 여러분도 아파트에 살고 있거나 과거에 살았던 분이 많을 것이다. 이런 아파트는 사실 외국인에게는 다소 낯선 주거 양식이다. 1993년 서울을 방문해 똑같이 생긴 건물이 일렬로 늘어선 거대한 아파트 단지를 보고 충격 받은 프랑스 연구자가 한국의 아파트 단지를 박사 논문 주제로 삼을 정도였으니 말이다.¹⁰

우리나라가 아파트를 사랑하게 된 데에는 여러 이유가 있다. 정부 입장에서 아파트는 급속한 도시화 과정에서 인구가 빠르게 늘어날 때 주택을 더 빨리, 더 많이, 더 싸게 공급할 수 있는 합리적인 주거 양식이었다. 또한 가족 구조가 핵가족으로 바뀌고 중산층 비중이 커지면서, 아파트는 시민들 입장에서는 살기 편하고, 건설기업에게는 수익성 좋은 건물 양식으로 인식되기 시작했다. 이런 아파트 선호 현상과 함께 강남, 목동, 분당, 일산 등에서 아파트 단지를 중심으로 도시가 개발되며 우리나라는 명실상부 '아파트 공화국'이 되었다.

아파트가 우리의 주거 문화로 뿌리 내리는 동안, 우리가 함께 삶을 나누던 이웃은 우리의 삶에서 점차 흐릿해졌다. 오히려 공간적으로는 콘크리트 벽 하나를 사이에 두고 화장실 물 내려가는 소리까지 들릴 정도로 이웃과 가까워졌지만, 외부인은 결코 침범할 수 없는 세대별 독자 공간과 굳게 닫힌 현관문으로 이웃과의 접촉이 현저히 줄면서 심리적으로는 예전보다 훨씬 멀어졌다. 아파트 공화국에서 살아가는 우리들에게 〈응답하라 1988〉에 나오는 이웃처럼 서로 정을 나누는 것은 이제 정말 사치일까? 아파트는 고립된 공간일 수밖에 없는 걸까? 우리 사회를 대표하는 주거 양식이 아파트로 바뀌면서 이제는 이웃과의 관계를 새로운 시각에서 관찰할 사회학 렌즈가 필요하게 되었다.

그래노베터의 약한 연결의 힘

이번에는 아파트의 이웃을 관찰하기 위해 미국의 사회학자 마크 그래노베터(Mark S. Granovetter, 1943~)의 **'약한 연결의 힘**(the strength of weak ties)**'** 렌즈를 빌려보자. 그래노베터는 사회연결망, 즉 네트워크 사회학 분야에 많은 업적을 남겼다. 네트워크 사회학에서는 '연결'에 초점을 맞춰 우리 사회의 개인 간 혹은 집단 간 관계의 유형과 패턴을 중점적으로 연구한다. 일반적으로 관계라는 것은 강할수록 좋아 보인다. 그래서 초창기 네트워크 사회학자들은 주로 강한 유대감에 기반한 관계를 중점적으로 연구했다. 그런 가운데 그래노베터가 1973년에 '약한 연결의 힘'이라는 개념을 새롭게 내놓았다. 그는 기존에 강한 유대감에 비해 사소한 것으로 여겨졌던 약한 유대감의 중요성을 발굴해 네트워크를 바라보는 새로운 시선을 제시했다.[11]

그래노베터에 따르면 연결 관계는 일반적으로 함께 보낸 시간에 따라 유형의 차이를 보인다. '강한 연결(strong ties)'은 오랜 시간을 함께 보낸 가족이나 친구와 같이 친밀한 사람과의 관계에 나타난다. 강한 연결 관계에서는 만남과 소통의 빈도가 높고, 정서적 유대감이 깊으며, 서로 경제적이나 사회적으로 기꺼이 지원해 줄 동기가 충분하다. 그에 반해, '약한 연결(weak ties)'은 알긴 아는데 함께 보낸 시간이 많지 않은 지인이나 드물게 만나는 먼 친척 같이 친밀감이 부족한 사람 사이에서 나타난다. 만남과 소통의 빈도가 적고, 정서적 유대감이 얕아 아직까지는 가벼운 관계인 셈이다. 우리는 상식적으로 생각하기에 강한 연결로 이어져 우리를 도와줄 동기가 충분한 사람들이 우리 삶에 더 많은 도움이 될 거라고 예상한다. 하지만 이런 강한 연결 관계에는 치명적인 단점이 하나 있다. 바로 '동질성'이다.

끼리끼리 만난다는 말처럼 우리와 친한 사람들은 대개 우리와 결이 비슷하다. 같이 오랜 시간을 보냈다는 것 자체가 행동반경이나 사고방식이 유사하다는 의미다. 따라서 강한 연결 관계로 이어진 집단에서는 공유되는 생각과 경험은 대체로 비슷하다. 이미 알고 있는 것들만 공유되고 있어 정보의 흐름이 중복될 가능성이 크다. 즉, 강한 연결 관계로 이루어진 사람에게는 새로움이 없다. 반대로 약한 연결의 힘은 이질성에서 온다. 친밀감이 부족하고 정서적 유대감은 낮지만, 그렇기에 오히려 이질적인 사람과의 관계에서는 새로운 정보의 전달과 혁신의 확산이 활발하다. 약한 연결 관계로 이어진 사람들끼리는 새로운 지식과 경험을 공유하기 쉬운 것이다.

그래노베터는 보스턴 교외의 이직자를 대상으로 한 연구를 통해 이런 약한 연결의 힘을 증명했다. 이들의 이직 경험을 조사한 결과, 그중 16.7%만이 '자주(주 2회 이상)' 시간을 보내는 사람의 도움으로 이직에 성공했다. 그에 반해 55.6%는 '가끔(연 1회 초과, 주 2회 미만)' 만나는 사람을 통해, 27.8%는 '드물게(연 1회 이하)' 만나는 사람을 통해 새로운 직장을 얻을 수 있었다. 이는 이직에 필요한 정보를 친한 사람이 아니라, 오히려 가끔 만나거나 드물게 만나는 지인에게서 더 많이 얻는다는 사실을 보여준다. 비슷한 정보를 공유하는 강한 연결 관계보다 서로 이질적인 약한 연결 관계에서 새롭고 유용한 이직 정보가 오고갔기 때문이다.

우리 일상에서도 비슷한 경험이 많지 않은가? 같은 반 친구들끼리 시험공부를 하면 이미 반에서 공유된 내용만 주구장창 공부할 가능성이 크다. 그러다 급식실에서 우연히 만난 별로 친하지도 않은 다른 반 아이에게 시험에 대한 새로운 정보를 우연히 얻는 경우가 있다.

다른 반 학생과의 관계처럼 약한 연결 관계는 접점이 없던 개인과 개인 혹은 집단과 집단을 이어주는 '가교(bridge)' 역할을 한다. 약한 연결 관계가 없으면 우리 사회는 집단끼리 고립된 채 파편화되기 쉽

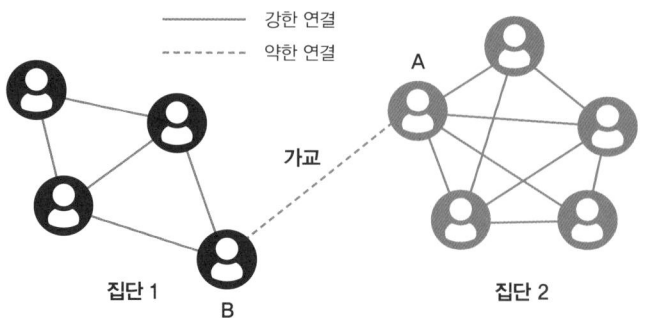

애매한 친구하고도 잘 지내야 시험 점수를 잘 받을 수 있다. 인사만 주고받는 동료라도 말한 마디 더 건네면 직장 생활이 편해진다.

다. 그림에서 보듯, A와 B의 약한 연결 관계가 집단1과 집단2 사이의 가교 역할을 하여 두 집단의 단절을 막고, 집단 간에 새로운 정보가 공유되어 확산될 수 있게 한다. 이렇게 약한 연결 관계는 고립을 방지하고 사회를 통합하여 우리의 세상을 넓혀주는 역할을 하고 있는 것이다. 이것이 그래노베터가 말한 약한 연결의 힘이다.

아파트와 약한 연결

그래노베터의 렌즈를 가지고 다시 아파트로 가보자. 아파트가 도시의 주요 주거 양식이 되면서 정겨운 동네는 아파트 단지로, 이웃 간 이야기가 끊이지 않던 골목은 몇 초 간 마주치는 엘리베이터로 바뀌었다. 동네 사람들이 아무렇지 않게 넘나들던 이웃집 대문은 세대별로 굳게 닫힌 현관문이 되었다. 이런 아파트의 구조로 이웃과의 친밀한 교류가 과거에 비해 급격히 감소했다. 이제 우리가 사는 아파트에서는 쌍문동 골목길의 이웃들이 그랬던 것처럼 반찬을 나눠 먹거나, 동네의 큰일을 상의하기 위해 자주 모이지 않는다. 내가 먹고 사는 문제는 어디까지나 내 문제지 옆집과는 별 상관이 없다. 이렇게 아파트라는 주거 양식은 과거에 강한 연결 관계였던 이웃을 얼굴만 대충 아는 약한 연결 관계로 바꿔놓았다.

이웃과의 사회적 접촉을 최소화하고 공동체성을 약화시키는 아파트 구조와 각자도생에 적합한 주거 문화가 차갑고 삭막하다는 생각이 들 수도 있다. 그러나 아파트 주거 양식이 꼭 나쁘기만 한 것은 아니다. 왜냐하면 도시에 사는 현대인에게는 타인과의 교류만큼이나 사생활을 지키고 싶은 양면성이 있기 때문이다. 아파트의 가장 큰 장점 중 하나는 선택에 따라 개인의 사생활과 타인과의 교류 두 마리 토끼를 다 잡을 수 있는 '개폐식 삶'을 보장한다는 점이다.[12] 현관문을 굳게 잠그면 세상과 단절된 나만의 세상이 되고, 현관문을 열고 밖으로 나가면 단지 내의 수많은 이웃과 교류할 기회가 열린다. 내가 마음을 어떻게 먹느냐에 따라 단절과 연결을 골라 할 수 있는 것이다.

아파트라는 주거 양식에서 쌍문동 골목길과 같은 강한 유대감을 느끼기는 쉽지 않다. 하지만 현관문을 열고 나왔을 때 마주친 이웃과 짧은 눈인사만 나눠도 서로의 삶을 이어볼 수 있다. 이렇게 보면 사생활을 보호하는 동시에 완전한 사회적 고립을 방지하는 아파트의 개폐식 삶은 이웃 간 약한 연결의 힘을 가장 잘 체감할 수 있는 주거 양식이 아닐까 싶다. 이웃의 존재는 좁은 아파트 공간에서 살아가는 우리의 세상을 한층 넓혀줄 잠재력이 있다.

아파트로 연결된 도시의 이웃들

지금까지 '약한 연결의 힘'이라는 렌즈로 도시의 아파트와 이웃을 살펴보았다. 아파트는 단절돼 보이지만 그렇다고 고립된 공간은 아니다. 옆집, 아랫집, 윗집에 자주 볼 수는 없지만 우리의 이웃은 분명히 살고 있다. 생각지도 못했던 가벼운 인연이 우리 삶에 중요한 역할을 하는 것처럼, 아파트 복도에서 스쳤던 혹은 주차장에서 양손에 장바구니를 든 채 말 한마디 제대로 못했던 이웃이 어쩌면 내게 정말 큰 도움이 될 수 있다.

공간 지각력이 떨어지는 김 씨가 어설프게 주차할 때 갑자기 나타나 "오라이! 오라이!" 해주신 이웃 아저씨, 귤 껍질이 일반 쓰레기인지 음식물 쓰레기인지 헷갈릴 때 음식물 쓰레기라고 알려주는 친절한 이웃 할머니, 늘 반갑게 먼저 인사해 주시는 경비 아저씨, 부탁도 안 했는데 엘리베이터에서 동요를 불러주던 씩씩한 어린이. 아파트라는 공간에서 약하게 연결되어 잘 알지는 못하지만, 이웃은 나를 도와주기도 하고, 내 삶을 풍요하게도 만든다.

특히, 이웃에 관한 기사나 글을 볼 때면 정말 나라면 저렇게 할 수 있을까 싶은 적이 한두 번이 아니다. 아파트에 불이 나자 전 층을 뛰어다니며 굳게 닫힌 현관문을 두드려 주민들의 대피를 도왔던 2024년 서울 강서구 아파트 이웃의 이야기는 아파트가 결코 이웃과의 관계가 끊어진 공간은 아니라는 점을 증명한다.[13]

오늘도 우리는 집에 오면 현관문을 굳게 잠그고 우리만의 삶을 산다. 하지만 새 아침이 밝고 현관문을 열 때 마주치는 이웃의 존재 덕분에 우리 세상은 아파트라는 공간을 넘어 훨씬 더 넓어질 것이다.

렌즈 너머의 사회학자

| 마크 그래노베터 | Mark S. Granovetter | 1943~ | 미국 |

"모든 가교는 약한 연결이라는 점이 중요하다."

— 마크 그래노베터, 〈약한 연결의 힘〉 —

마크 그래노베터는 1943년에 태어났고, 미국 스탠퍼드 대학에서 사회학과 교수로 재직 중이다. 프린스턴 대학에서 역사를 전공하고 하버드 대학에서 사회학 박사 학위를 받았다.

그래노베터는 개인과 사회적 네트워크, 사회 제도가 서로 어떻게 상호작용하는지를 중점적으로 연구해 왔다. 현재까지 무려 7만 6000회 이상 인용된 그래노베터의 1973년 논문 "약한 연결의 힘(The Strength of Weak Ties)"은 그동안 관심 갖지 않았던 약한 유대 관계의 중요성을 강조하며, 강한 유대 관계에 초점을 맞춰왔던 기존 사회학계에 참신한 시각을 제시했다는 평가를 받았다.

약한 연결의 힘은 정보의 흐름을 원활하게 하고 새로운 아이디어의 확산을 촉진한다는 점에서 조직 관리 분야에서도 중요하게 활용되고 있다. 특히 구글과 같은 혁신 기업에서는 유연한 조직 운영과 부서 간 협업을 장려하기 위해, 우연한 마주침을 유도하는 공간 디자인에 이를 적극 반영하고 있다.

나도 BMW로 이동해요.

Bus, Metro, Walk

4

이동하는 도시와 도시인들
어리의 모빌리티

도시는 언제나 이동 중

"경기도민은 인생의 20%를 이동하면서 보낸다"는 말이 있다. 2024년 경기도 사회조사에 따르면 경기도민은 서울로 출퇴근하는 데 평균 2시간 18분 정도를 쓴다고 한다.[14] 서울 사람들은 이해하기 어렵겠지만 경기도민에게 1시간 정도의 거리는 가까운 곳이다. 약속을 잡을 때 30분 거리면 코앞이고, 1시간이면 가까워 매일도 갈 수 있고, 2시간이면 좀 멀긴 하지만 가끔은 갈 수 있다. 2시간 반이면 고민이 시작되는데, 상대방을 사랑한다면 그래도 갈 수 있다. 물론 왕복 아닌 편도다. 과장이 없다고는 못하겠지만, 매일 먼 거리를 이동하는 경기도민이 찢어지는 마음을 추스르고 쓴 현실적인 거리 감각이다. 경기도민에서 서울시민이 된 김 씨는 초심을 잃었는지, 요새는 30분도 좀 멀게 느껴진다.

 이동은 경기도민 뿐 아니라 우리 모두의 생활에서 많은 부분을 차지한다. 지금도 온 세상은 이동 중이다. 거리를 둘러보면 사람들은 늘 어디론가 바쁘게 걸어간다. 버스와 지하철은 매일 수많은 사람들을 실어 나른다. 도로 위에는 자동차가 강물처럼 흘러간다. 어디를 둘러봐도 이동은 끊이지 않는다.

도시에서 살아가는 우리에게 이동은 '라면의 물'이다. 스프가 먼저냐 면이 먼저냐 따지기 전에 냄비에 물부터 넣어야 하듯, 출퇴근과 등하교, 친구 만나기, 장 보기, 공원 산책 등 도시의 수많은 활동은 이동을 전제로 한다. 2023년 서울에서는 하루 평균 약 1007만 건의 대중교통 이용•이 있었다.[15] 2023년 기준 서울의 인구가 960만 명쯤이니까 하루 동안 서울 인구가 통째로 움직인 셈이다. 연 단위로 보면, 서울의 대중교통 이용량은 총 39.2억 건이다. 한 해 동안 서울에서 세계 인구의 절반가량이 대중교통을 타고 이동한 것이다.

"저는 집돌이라서 이동이 거의 없어요"라는 사람도 있을 것이다. 그런 분을 위해서는 누군가가 대신 이동하고 있다. 우리 생활에서 떼려야 뗄 수 없는 택배를 여러분에게 전달하기 위해 눈이 오나 비가 오나 배송기사가 이동하고 있다. 사람만 이동하는 것도 아니다. 인터넷 뱅킹으로는 하루에 76.3조 원이 이동하고 있다.[16] 대략 현대자동차 시가총액(44조 원)에 네이버 시가총액(33조 원)을 합친 만큼의 어마어마한 돈이다.

우리에게 이동이라는 행위는 너무나 당연하게 여겨져 그동안 실감하기 어려웠을 뿐, 사람, 기계, 음식, 이미지, 정보, 메시지, 돈을 비롯해 나와 나를 둘러싼 모든 것이 이동 중에 있다. 사실 우리의 삶은 이동 없이는 한 순간도 돌아가지 않는다. 오랫동안 엑스트라 취급받던 이동을 우리 삶의 주연 배우로 캐스팅했던 사회학자가 있다. 그의 렌즈를 통해 우리의 도시를 새롭게 한번 살펴보자.

• 환승을 제외한 버스와 지하철 교통카드 이용 내역으로 계산하였다.

어리의 모빌리티

존 어리(John Urry, 1946~2016)는 이제껏 간과되었던 이동의 문제를 수면 위로 끌어올린 영국의 사회학자다. 1990년대까지는 국가와 정치, 지역 단위 경제, 정착된 가족 관계 등 고정된 사회구조가 관심의 주요 대상이었다. 그래서 사회학 연구에서 이동은 부차적인 요소였다. 그러다 교통수단이 급격하게 발전하고, 사람과 물자, 금융과 정보의 이동이 급속하게 늘어나면서 이동에 대한 관심이 폭발적으로 증가했다. 이런 상황에서 **이동**(모빌리티, mobility)이라는 렌즈로 사회를 바라보고, 사회학에서 '**모빌리티 전환**(mobility turn)'을 이끈 사람이 어리다.[17] 여기서 모빌리티 전환이란 이동을 중심으로 사회를 바라보는 관점의 변화를 말한다.[18]

이동은 단지 출발지에서 목적지로 향하는 물리적인 움직임만을 뜻하는 것이 아니다. 어리는 다양한 이동의 개념을 제시하였다. 통근, 출장, 관광과 같이 사람들의 물리적 이동이 있는가 하면 상품과 자원의 이동처럼 물질적인 이동이 있다. 이런 지리적인 이동만 있는 건 아니다. 책이나 미디어를 통해 안 가본 곳도 가본 곳처럼 간접 경험할 수 있는 상상적 이동, 인터넷과 휴대폰으로 물리적 거리를 넘어서는 실시간 가상이동, 그리고 메시지, 문자, 편지 등 정보 전달을 위한 통신 이동도 가능하다. 이러한 맥락에서 이동은 다양한 사회적 활동과 관계의 근간이 되며 우리 삶에 많은 영향을 미치고 있다.

이런 이동에는 꼭 필요한 것이 있다. 바로 **모빌리티 시스템**(mobility system)이다. 출퇴근을 하려면 철도 시스템, 해외 직구한 물건을 받으려면 항공 시스템, 국제 전화를 하려면 통신 시스템이 필요하다. 모빌리티 시스템은 안정적이고 지속적으로 이동을 가능하게 하는 토대라고 볼 수 있는데, 이는 단순한 시설이나 설비가 아니라, 경제적·정치적·사회적 요소의 복합체를 의미한다. 예를 들어, 철도로 이동하기 위해서는 연결된 철도망, 정해진 요금, 운행 시간표, 철도교통 관제 등이 필요하다. 다시 말해, 철도 시스템은 물리적인 인프라, 법·제도, 감시·통제 등이 결합된 구조인 것이다. 더 나아가 21세기의 모빌리티 시스템은 컴퓨터와 소프트웨어로 대표되는 기술적 진보에 큰 영향을 받고 있다. 철도와 발전된 통신기술의 결합이 무인운전, 실시간 운행 정보 제공, 열차 제어 자동화 등을 가능하게 하듯이 말이다. 이런 변화는 단순히 기술의 도입을 넘어, 철도 노동 환경의 변화[19], 물류와 승객의 이동 방식, 도시계획과 교통 정책에 이르기까지 우리 사회 전반에 파급 효과가 엄청나다.

이제 어리의 모빌리티 렌즈를 빌려 대표적인 모빌리티 시스템을 하나씩 살펴보며 우리가 살아가는 도시에서 이동이 어떤 사회적 의미를 지니고 있는지 관찰해 보자.

보행, 철도, 자동차, 항공 시스템

보행 시스템

일단 이동의 기본인 보행 시스템부터 살펴보자. 보행은 신체적인 문제가 없다면 특별한 장비나 기술 없이도 가능하다는 점에서 다른 이동을 뒷받침하는 기본 이동 방식이다. 일단 걸어야 지하철역이든 주차장이든 가서 다른 이동 수단을 이용할 수 있지 않겠는가? 보행은 모든 이동의 출발점이자 연결고리다.

지금은 이렇게 기본적인 모빌리티 시스템으로 여겨지지만, 사실 보행은 현대 도시가 등장하기 전까지는 위험한 행위였다. 보도가 잘 갖춰지지 않았음은 물론이거니와, 보행 중 갑자기 나타나는 강도, 들짐승 등 감수해야 할 위험이 많았다. 조선시대에는 산길을 걸어가다 까딱하면 호랑이한테 물려 죽어 '호환(虎患)'이라는 말도 있지 않았던가. 현대 도시의 등장과 함께 보행 시스템의 근간인 보도가 정비되고, 시민들의 안전을 지키는 치안 역량이 증대되면서 보행은 비로소 우리의 의지로 걷고 싶은 길을 택할 수 있는 자기주도적인 모빌리티 시스템이 될 수 있었다.

우리는 보행을 통해 공간을 직접 느끼며 도시의 다양한 경제적·사회적 가치를 실현한다. 아침마다 광화문으로 출근하는 직장인들, 명동 거리를 거닐며 길거리 음식을 사먹는 외국인 관광객들, 수업을 듣기 위해 등교하는 학생들, 휴식을 위해 공원을 찾는 노인들, 저마다의 목적은 다르지만 보행자는 거대한 사회와 경제 체제에 편입되어 수많은 사회적 교류를 만들어 내며 도시에 활력을 가져다준다.

철도 시스템

근대화와 함께 등장한 철도는 보행과 달리 기계화된 첫 번째 모빌리티 시스템으로, 이동의 양상을 크게 바꿔놓았다. 철도의 개통은 이동할 수 있는 거리를 획기적으로 늘렸고, 사람, 물자, 정보의 이동을 용이하게 만들어 경제 성장과 도시화를 촉진했다.

　오늘날 철도는 도시 내 혹은 도시 간 불특정 다수의 사람을 이동시키는 대표적인 공공 모빌리티 시스템이다. 도시에서 철도만큼 많은 사람을 빈번하게 이동시킬 수 있는 이동 수단은 없다. 이런 맥락에서 공공의 이용과 안전을 보장해야 하는 철도는 국가와 지방자치단체의 통제를 받을 수밖에 없다. 거대한 철도망, 운임 체계, 관련 법규 등 철도 시스템을 갖추려면 개인이 감당할 수 없는 물리적 시설과 사회적 합의, 제도적 기반이 필요하다.

　철도의 공공성이 가장 잘 드러나는 요소는 뭐니 뭐니 해도 시간표다. 산업화 이전에는 해 뜨면 농사 지으러 나오고, 해 지면 집에 가서 자는 게 일상이었다. 각각의 마을마다 통일된 시간이 아니라 자연의 시간에 맞춰 살았다. 근대화 이후 시계가 보급되고, 표준 시간이 국가 차원에서 확립되면서 일상생활에도 표준 시간이 도입되기 시작했다. 철도도 마찬가지다. 대규모 인원을 한 번에 실어 나르는 것을 반복하려면 미리 약속된 시간표가 필수적이다. '우리 열차는 해가 중천에 있을 때 운행합니다'라고 안내한다면 누가 철도를 이용할 수 있겠는가? 분 단위로 세밀하게 구분된 시간표가 없는 철도는 상상도 할 수 없다. 이렇게 정확한 시간표와 시간 엄수는 철도의 확산과 함께 도시의 일상적 이동에서 매우 중요한 요소가 되었다. 우리의 이동이 시간에 길들여지게 된 것이다!

자동차 시스템

자동차만큼 현대 사회에 큰 영향을 미친 모빌리티 시스템은 없다.

자동차는 근대화의 주역이었던 철도를 밀어내고, 현대 사회의 대표 모빌리티가 되었다. 정해진 시간에 구애받을 수밖에 없고, 모르는 사람 사이에 끼여 이동해야만 하는 철도는 근본적으로 불편하다. 자동차가 철도와 다른 점은 정해진 시간표가 필요 없고 자유롭다는 것이다. 원할 때 원하는 곳으로 이동할 수 있게 하는 자동차는 시간적으로 유연하다. 오후 4시건 새벽 4시건 상관없다. 우리의 이동을 위해 자동차는 주차장에서 24시간 대기 중이다. 그래서인지 자동차 광고에서는 유독 '자유'라는 키워드가 강조된다.

자동차는 시간뿐 아니라 공간의 개념도 재구성했다. 역사적으로 도시는 보행이 가능한 범위 안에서 집, 일터, 시장이 혼재된 상태로 형성됐지만, 자동차의 등장과 도로망의 확장은 이런 도시의 공간구조 자체를 변화시켰다. 주거, 업무, 상업 공간이 분리되었고, 도심지에서 멀리 떨어진 지역에서도 출퇴근이 가능해졌다. 이에 따라 도시 중심부의 인구와 기능이 교외 지역으로 분산되는 교외화가 촉진되었다. 서울 주변 신도시에 살면서 고속도로를 타고 서울로 출퇴근하는 모습은 이젠 흔하게 볼 수 있는 모습이다.

이렇듯 자동차는 먼 거리를 시간에 구속 받지 않고 자유롭게 이동하게 하면서 개인의 이동 역량을 크게 높였다. 하지만 이로 인한 문제도 결코 적지 않다. 자동차 산업이 발달하고 자가운전이 일반화되면서 현대 도시는 본격적으로 자동차 위주로 재편되기 시작했다. 보행로와 공공 공간이 줄어들었고, 그 대신 자동차를 위한 도로와 복잡한 신호 체계, 그리고 주차장이 늘어났다. 여기가 주차장인지 보행로인지 구분하기 어려울 정도로 자동차가 심심찮게 보행로를 침범해 보행자를 불편하게 한다.[20] '자동차 영토'가 확장될수록 보행과 같은 다른 이동의 방식이 위축되는 것이다.

또한 자동차를 통한 이동은 보행이나 대중교통과 달리 다양한 사람들과 직접적인 사회적 교류를 제한한다. 이는 운전자가 자동차의 강철외피 속에서 고립된 채 이동하기 때문이다. 자동차 위주의 도시 환경은 도시의 전반적인 활력을 떨어뜨린다. 이 밖에도 자동차 모빌리티 시스템은 가속화되는 환경 파괴와 자원 고갈, 교통 혼잡 문제에서 자유로울 수 없다.

항공 시스템

항공 시스템은 지금까지 다뤘던 모빌리티 시스템과는 결이 다르다. 일단 비행기는 우리가 도시에서 일상적으로 이용하는 교통수단이 아니다. 비행기가 뜨기 위해서는 공항이라는 거대한 물리적 인프라가 필요하다. 그래서 공항은 도심과 약간 떨어져 있다.

그럼에도 비행기는 이동을 도시적 차원에서 세계적 차원으로 연장시키는 중요한 모빌리티 시스템이다. 항공 네트워크가 집중되는 도시는 세계 각지의 다양한 사람과 물류가 이동하면서 일반 도시와는 차원이 다른 세계도시가 된다. 세계적인 대도시 광역권에 있는 미국의 LA 공항, 런던 히스로 공항, 도쿄 하네다 공항, 서울 인천 공항 등을 떠올려보면 알 수 있다. 그리고 이런 공항을 중심으로 아예 '공항 도시(aerotropolis)'가 형성되기도 하는데, 우리나라에서는 인천공항 부근의 영종국제도시가 대표적이다.

세계 각지의 사람과 물류가 이동하는 만큼 공항은 잠재적 위험에 노출되어 있다. 전 세계에 충격을 안겨 준 911 테러와 전염병의 세계적 확산이 그 예가 될 수 있다. 공항은 이런 위험을 미연에 막기 위해 정교한 컴퓨터 소프트웨어와 감시 체계로 강력하게 통제되고 있다. 그런데 이런 항공 시스템의 고도화된 통제 방식은 공항을 넘어 우리가 살아가는 도시에도 이식되고 있다. 잠재적 위험 요소를 감시하는 지능형 CCTV와 이동을 기록하고 추적하는 디지털 기술의 활용은 지난 코로나 사태 가운데 우리가 도시에서 일상적으로 마주했던 상황이다. 어떻게 보면, 도시가 거대한 공항이 되어가는 것 같기도 하다.

이동하는 도시와 도시인들

도시와 우리 도시인은 지금도 끊임없이 이동하고 있다. 수많은 사람이 돌아다니고, 자동차와 버스, 지하철이 쉴 새 없이 움직이며, 공항에서는 이륙과 착륙이 반복되고 있다. 도시에서 우리는 퇴근길에 걸음을 잠시 멈추고 붕어빵을 사 먹고 있을 수도 있고, 출근길 지옥철에서 압축되고 있을 지도 모르며, 꽉 막힌 도로에서 가지 않는 앞 차를 노려보고 있을 수도 있고, 다른 나라의 하늘에 떠 있을 수도 있다. 이렇게 우리는 이동과 얽히고설키며 떼려야 뗄 수 없는 삶을 살면서 어느새 복잡한 모빌리티 시스템의 일부가 된다. 한 마디로 이동한다는 말은 우리가 살아있다는 증거이기도 하다.

모빌리티 기술이 발전하면서 우리 삶에 자율 주행 자동차, 도심 항공 모빌리티(Urban Air Mobility, UAM)●, 하이퍼루프(Hyperloop)●● 등 새로운 모빌리티 시스템이 등장하고 있다. 기존의 모빌리티 시스템이 그랬던 것처럼 이들 새로운 모빌리티 시스템도 조만간 우리 사회와 도시를 크게 변화시킬 것이다.

낙관적인 기술주의자들은 더 효율적이고 편안한 모빌리티 시스템이 우리 삶을 이롭게 할 것이라고 주장한다. 하지만 어리는 모빌리티 시스템이 가져올 암울한 미래도 잊지 말아야 한다고 말했다. 화석연료에 의존하고 이산화탄소를 많이 배출하는 현재의 이동수단을 새로운 모빌리티 시스템으로 대체하지 못한 다면, 결국에는 자원을 둘러싼 전쟁이나 기후위기를 피할 수 없기 때문이다.

물론 우리가 어떤 미래를 맞이할지는 속단할 수 없다. 어리가 바라본 어두운 미래일 수도 있고, 기술주의자들의 생각처럼 밝은 미래일 수도 있다. 다만 이것 하나는 확실하다. 이동 방식에 따라 우리의 미래는 분명히 달라진다. 그렇다면 어떤 이동이 좋은 이동일까? 어리는 '걷기가 널리 퍼져 있는 사회'가 좋은 사회라고 보았다.

도보 15분 안에서 기본적인 일상생활이 가능해 탄소 배출을 줄일 수 있는 '15분 생활권 도시', 자동차에 점령당한 도시를 구하기 위한 '도로 다이어트'와 '차 없는 거리' 조성 등 걷기를 이동에 적극 도입하려는 움직임이 눈에 띄게 늘고 있다. 보행의 중요성을 깨달은 도시가 다양한 방식으로 걷는 사람의 권리를 회복하고 있는 것이다. 이런 변화에 발맞춰 이동의 숙명을 타고난 우리 도시인 한 사람 한 사

● 전기 동력 수직 이착륙 비행체로 도심에서 사람과 화물을 운송하는 항공 교통 체계.
●● 진공 튜브 안에서 캡슐을 이동시켜 사람과 화물을 운송하는 일종의 고속 열차.

람이 교통카드와 자동차 키 중 무엇을 선택하는 지에 따라서도 우리의 미래가 조금은 바뀔 수 있을 것이다. 오늘도 도시를 가로지르며 걸어가는 여러분이 바로 미래의 주인공이다.

렌즈 너머의 사회학자

| 존 어리 | John Urry | 1946~2016 | 영국 |

"가끔은 온 세상이 이동 중인 것 같다."

― 존 어리, 《모빌리티》 ―

존 어리는 영국 런던에서 태어나 케임브리지 대학에서 사회학 박사 학위를 받았다. 랭커스터 대학에서 사회학 교수로 재직하면서 그동안 사회과학계에서 크게 관심을 갖지 않았던 이동을 중심으로 사회과학의 모빌리티 전환을 이끌었다.

2016년 타계했지만, 그가 랭커스터 대학에 설립한 모빌리티 연구소(Centre for Mobilities Research)에서는 이동에 대한 연구가 활발히 진행 중이고, 그의 영향을 받은 사회학, 지리학, 도시계획학, 교통학 학자들이 왕성한 연구를 이어가고 있다. 더 빨리, 더 멀리 이동하는 모빌리티 혁명이 현대 사회의 주된 의제로 떠오르면서, 그의 모빌리티 이론은 21세기의 미래를 이끌어갈 핵심 열쇠로 조명되고 있다.

말하지 않아도 알아요,

왜 이렇게 해야 하는지

5

도시 일상의 '국룰'
가핑클의 에스노메소돌로지

도시의 일상

일상이라는 단어는 '날마다 반복되는 하루'라는 뜻이다. 도시에서 숨 가쁘게 살아가는 우리는 가족, 동료, 선후배, 친구 등 주로 우리가 아는 사람들과 시간을 보낸다. 하지만 생각보다 우리는 일상에서 모르는 사람과 더 많이 마주치고 교류한다. 출근길 버스를 기다리는 정류장에서는 모르는 사람과 함께 줄을 선다. 점심시간 식당으로 향할 때에도 보도 위에는 모두 낯선 사람들이다. 식당에서도 같은 테이블 사람 빼고는 아는 사람이 없고, 점심 먹고 들른 카페에서 주문 받는 직원도 얼굴만 몇 번 봤을 뿐이다. 우리는 도시에서 모르는 사람과 수없이 마주치고, 그들과 사회적 교류를 해나간다.

이렇게 알지도 못하는 수많은 사람이 함께 생활하고 있지만 도시에서는 신기할 정도로 일상의 질서가 잘 유지된다. 버스 정류장에 줄 선 사람들은 서로 모르지만, 은연중에 앞사람을 '의식'한다. 버스 대기줄에서 과감하게 새치기를 시도하지 않는 이유다. 보도 위에서는 어떤가? 수많은 사람이 오고 가지만 휴대폰에 얼굴을 파묻는 정도가 아니면 서로 부딪치지 않는다. 앞에 오는 사람을 알아채고 적절하게 충돌을 피하기 때문이다. 카페에서도 마찬가지다. 아무리 나이가 어려 보여도 카페 직원에게 "야, 아이스커피 진하게" 이런 식으로 반말을 하는 사람은 없다. 우리는 그것이 예의에 어긋나는 것이라는 걸 알고 있다.

그래서 만약 누군가 버스 대기줄에서 대놓고 새치기를 하거나, 길 위에서 서로 부딪혀 큰소리로 싸우거나, 카페에서 반말로 명령하듯 주문한다면, 뉴스나 최소 커뮤니티 사이트에 사연이 등장하게 될 것이다. 그런 행동은 '당연'하지 않기 때문이다. 우리에겐 당연하다고 생각하는 일상의 '국룰(국민의 룰이라는 뜻으로 국민 대다수가 당연하게 여기는 규칙)'이 있다. 생각도 다르고 상황도 다른 수많은 사람이 서로 부대끼는 도시에서 일상의 국룰이 유지되는 원리는 무엇일까?

가핑클의 에스노메소돌로지

도시 일상의 배후에 어떤 사회적 의미가 있는지 살펴보기 위해 미국의 사회학자 해럴드 가핑클(Harold Garfinkel, 1917~2011)의 렌즈를 빌려 보도록 하자.

가핑클은 모두가 당연하다고 생각하는 일상을 연구했다. 일상적으로 나누는 대화와 행동은 너무나 자명한 것으로 여겨져 기존 전통 사회학의 관점에서는 큰 관심 주제가 아니었다. 점심 때 지나가는 직장 동료를 보고 "식사 하셨어요"라고 묻거나, 급하게 뛰어오는 사람을 보고 엘리베이터 열림 버튼을 눌러주는 행동은 무슨 대단한 신념이 있어서 그렇게 하는 게 아니다. 그냥 우리 일상에서 수없이 반복되는 대화와 행동이다. 그런데 이런 행동에 정말 특별한 의미가 있을까? 가핑클은 그 질문에 "그렇다"고 말한다. 그는 **에스노메소돌로지**(ethnomethodology)라는 이론을 창시해, 당연하기 때문에 그냥 지나쳤던 일상과 그 일상의 질서가 유지되는 방식을 탐구했다.[21] 우리말로는 '민속방법론'이다.

에스노메소돌로지라는 용어가 좀 낯설 수 있는데, 풀어보면 이렇다. ethno는 인종이나 민족, 즉 '사람들'을 가리킨다. method는 '방법', 그리고 ology는 '학문'을 의미한다. 즉, ethnomethodology는 '사람들의 방법을 연구하는 학문'이라고 할 수 있다. 여기서 사람들의 방법이라는 것이 일상의 국룰을 작동시키는 핵심이다.

우리의 일상은 늘 타인과의 마주침과 사회적 교류로 구성되어 있다. 원활한 일상에서는 대화와 행동 중에 자신의 의도를 상대방이 알 수 있게 전달하고, 상대방은 이를 파악해 적절하게 대응한다. 다시 말해, 우리의 일상은 상대방과 신호를 주고받고, 그 신호를 알맞게 해석해 반응하는 메커니즘으로 구성되어 있는 것이다. 우리의 일상은 별것 아닌 것 같아 보여도, 관찰 가능한 정보로 최적의 반응을 도출해 내는 매우 합리적인 과정의 결과인 셈이다. 이것이 바로 '사람들의 방법'이다. 이런 과정이 너무나도 자연스럽게 이루어지고 반복되기 때문에 우리는 일상을 당연하게 느끼는 것이다.

예를 들어보자. 경기도민이라면 다들 알고 있을 텐데, 경기도 버스는 누구나 호락호락하게 탈 수 있는 존재가 아니다. 유약한 서울

시민은 정류장에 서 있으면 버스가 무조건 정차할 것이라고 생각하는데 경기도 버스는 결코 그렇지 않다. 정류장에 서 있더라도 강한 자만이 살아남는 경기도에서 버스를 타려면 버스가 시야에 들어오는 순간부터 버스 기사님에게 버스를 탈 것이라는 우리의 의도를 충분히 인식시켜야 한다. 그렇지 않으면 버스는 멈추지 않는다.

이제 삼십여 년 간 경기도민이었던 김 씨가 팁을 드리겠다. 첫째, 버스가 보이는 순간, 차도 쪽으로 바짝 몸을 붙인다. 둘째, 기사님이 멀리서도 알아볼 수 있게 교통카드를 품에서 꺼내 든다. 셋째, 기사님과 강력한 아이컨택을 주고받는다. 약간의 과장은 있지만 이 정도 단계는 거쳐야 확실하게 경기도 버스를 탈 수 있다. 반대로 내가 기다리던 버스가 아니라면 차도에서 멀리 떨어지거나 허공을 응시하는 등 최선을 다해 타지 않을 것이라는 의사를 표현해야 한다. 이것이 경기도에서 버스를 타는 '사람들의 방법'이다. 승객은 버스를 타겠다는 의사를 버스 기사님에게 관찰 가능하도록 전달한다. 기사님은 그 신호를 이해하고, 이에 알맞게 정차하는 것이다.

지금까지 논의한 사람들의 방법은 **공유된 이해**(shared understandings)에 기반한다. 공유된 이해란 '말하지 않아도 이미 알고 있는 것', 즉 사회 구성원이 공유하고 있는 암묵적인 지식과 기대를 말한다. 이게 바로 '국룰'이다. 모두가 상식적으로 행동할 것이라는 당연한 기대감, 다시 말해 국룰이 있어야만 우리의 일상 질서가 유지된다.

그러면 우리의 상식과 기대를 저버리고 공유된 이해가 깨지면 어떻게 될까? 도시 일상에서 공유된 이해를 위반하는 것은 어떠한 결과를 가져올까?

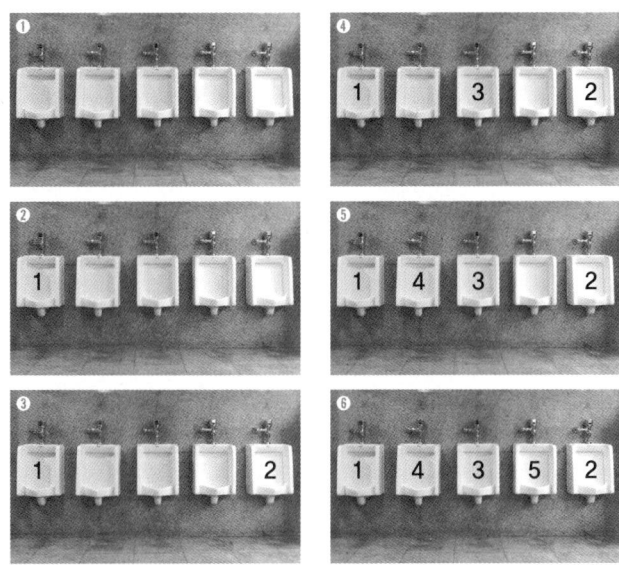

여성들은 모르는 남성들의 공유된 이해

가핑클의 위반 실험과 도시 일상의 위반

가핑클은 공유된 이해가 깨져 일상의 질서에 균열이 생기면 사람들이 어떻게 반응하는지 살펴보기 위해 실험 하나를 고안했다. **위반 실험**(breaching experiment)이라는 것인데, 사회적 교류 중에 '의도적으로' 상대방의 기대를 저버려 일상의 국룰을 위반하는 것이다. 가핑클은 본인의 수업을 듣는 학생들에게 대화 중 일반적인 표현이라도 그 의미를 하나하나 정확하게 되물어 보고, 상대방의 반응을 기록하라는 과제를 내준 적이 있다. 예를 들면, 이런 식이다.

친구   오~ 김 씨, 오랜만이다.

김 씨   오랜만이라는 것의 기준이 뭐야? 일주일? 한 달? 일 년?

친구   …… 아니 그냥 반가워서…… 그동안 잘 지냈어?

김 씨   어떤 면에서 잘 지냈냐고 물어보는 거야? 직장? 건강? 결혼 생활?

친구   미친놈……

우리는 공유된 이해를 통해 '오랜만'이라는 말이 반가움을 나타낸다고 가정한다. 그래서 '오랜만이다'라는 말을 들으면 상대방이 '그러게. 이게 얼마만이야. 진짜 반갑다.' 이런 식으로 말해주길 기대한다. 또한, 우리는 '잘 지냈어?'가 포괄적인 안부의 표현이라는 것도 알고 있다. 그래서 이런 물음에 상대방이 '나야 잘 지냈지!'라거나, 아니면 '아, 일이 좀 있었어'라는 식의 답이 나올 거라 예상한다. 그런데 이런 기대를 저버렸기 때문에 김 씨는 친구에게 미친놈이라는 소리를 듣게 된 것이다.

가핑클의 위반실험 결과, 사소한 대화의 굴룰이 깨질 때 상대방은 화를 내거나 격한 감정적인 반응을 보였고, 그로 인해 사회적 교류가 중단되었다고 한다. 이처럼 위반 실험은 일상의 활동 이면에 자리한 공유된 이해가 얼마나 중요한 역할을 하고 있는지 잘 보여준다. 공유된 이해를 토대로 견고하게 짜인 일상의 반복이 결국 우리 사회의 질서가 되는 것이다.

사회적 교류의 측면에서 도시에서는 고려해야 할 것이 하나 더 있다. 바로 공간이다. 도시에는 다양한 공간이 존재한다. 도시는 특정 공간에 있는 사람들에게 특정한 맥락에 맞는 공유된 이해를 요구한다. 공간적 맥락을 무시하고 공유된 이해를 깨버리면 한 순간에 악명 높은 도시의 '빌런(악당)'이 되어버린다. 우리가 도시에서 일상적으로 시간을 보내는 공간을 한번 생각해 보자.

  도시에서 '시민의 발' 역할을 하는 지하철은 우리에게 일상의 공간이다. 법으로 정해진 것은 아니지만 누구나 편안하고 평등하게 이동할 수 있도록 지하철에는 공유된 이해가 있다. 우선 '한 사람당 한 자리'라는 국룰이 있다. 누군가 빈자리에 가방을 올려놓고 있으면 어떨까? 아마도 성질 급한 누군가는 바로 한 마디 할 것이고, 말하는 게 불편한 누군가는 사진을 찍어 인터넷에 올리며 '강호의 도리(?)'가 깨졌다며 분개할 것이다.

  카페에도 공유된 이해가 존재한다. 카페는 커피를 마시며 동시에 사람들과 대화를 나누는 사회적 교류가 일어나는 공간이다. 물론 책을 읽거나 간단한 업무를 처리하며 혼자만의 시간을 가질 수도 있다. 그런데 '카공족(카페에서 공부하는 사람들)'이 카페에서 대화하는 사람들에게 "조용히 좀 해주세요"라고 말하며 일방적으로 독서실 분위기를 요구한다면 어떨까? 카공 좀 해 본 착하디착한 이삼십 대라면 이해해 줄 지도 모르지만, 대부분은 이런 요구가 상식의 선을 넘었다고 생각한다. 카페에서는 공부보다 대화가 훨씬 더 자연스럽다고 생각하는 우리의 공유된 이해를 거스르기 때문이다.

  도시의 공간은 저마다 특유의 공간적 맥락을 만들어 내고, 거기에 맞는 공유된 이해, 즉 국룰을 형성한다. 그리고 우리는 이렇게 공간이 부여한 국룰에 따라 그에 맞는 적합한 행동을 한다. 이것이 반복되며 도시 일상의 질서가 만들어지는데, 우리는 이를 공공질서라고 부른다. 굳이 법으로 강제하지 않아도 각각의 공간에서 활동하는 동안에는 서로의 기대를 저버리지 않는 사람들의 방법, 다시 말해 '시민 의식'이 도시 일상의 국룰을 유지하는 것이다.

도시 일상의 국룰

도시에서는 좁은 공간에 수많은 사람이 모여 끊임없이 마주치고 교류한다. 일상은 도시에서 살아가는 사람들에게 결코 사소한 일이 아니다. 우리는 상대방이 나의 의도를 잘 알아채도록 관찰 가능한 신호를 보내야 하고, 상대방은 공유된 이해에 따라 그 신호를 적절하게 해석해 적합하게 대응한다. 이것이 일상이다. 간단해 보이는 일상의 대화와 행동에도 꽤 복잡한 메커니즘이 숨어 있다. 이와 더불어 도시인에게는 한 가지 미션이 더 있다. 바로 공간이 주는 맥락을 이해하는 일이다. 지하철, 공원, 카페, 도서관 등 저마다의 공간에서 우리는 우리에게 기대되는 방식대로 일상의 질서를 지킨다.

늘 당연하게 여겼던 도시의 일상이라도, 사실 그 일상을 지키기 위해 공간을 고려하고 상대를 배려하는 노력이 필요하다. 수많은 사람이 함께 살아가다 보니, 도시에는 일상을 어지럽히는 빌런이 존재할 수밖에 없지만, 그럼에도 도시의 질서가 굳건히 유지될 수 있는 이유는 성숙한 시민 의식을 가진 여러분들 덕분이다. 이런 여러분이 바로 도시의 일상을 지켜나가는 도시의 진정한 히어로, '캡틴 시티

즌'이 아닐까?

렌즈 너머의 사회학자

| 해럴드 가핑클 | Harold Garfinkel | 1917~2011 | 미국 |

"일상생활에서 사람들은 '우리 모두가' 알고 있고 또 믿고 있는 전제된 배경, 즉 '삶의 자연스러운 사실들'을 통해 사건의 의미를 이해한다."

— 해럴드 가핑클, 《에스노메소돌로지 연구》 —

해럴드 가핑클은 1917년에 미국 뉴저지의 뉴어크에서 태어났다. 처음에는 회계학을 공부했지만, 중간에 사회학으로 전공을 바꾸었다. 하버드대학에서 탤컷 파슨스의 지도로, 일상과 사회 질서 형성에 관한 연구로 사회학 박사 학위를 받았다.

1954년에 UCLA 사회학과에 자리를 잡았고, 세상을 뜰 때까지 그곳에서 학생들을 가르치고 연구했다. 가핑클은 기존의 전통 사회학이 간과했던, 일상이 어떻게 작동되고 유지되는지를 꾸준히 탐구했다. 이를 바탕으로 에스노메소돌로지라는 사회학의 한 영역을 창시한 연구자로 잘 알려져 있다.

가핑클은 2011년 세상을 떠났는데, 《뉴욕타임즈》는 부고에서 그를 '상식의 사회학자'라고 칭했다.[22] 그의 에스노메소돌로지는 '사람들의 방법'을 배워야 하는 인공지능 기술이 발전하면서 지금 새롭게 주목받고 있다.

도시가 아이들의 학교이자
놀이터가 되려면

| 6 |

아이들이 쑥쑥 자라는 도시
미드의 자아 이론

아이들은 어디로 갔을까

"대한민국 완전히 망했네요. 와!"

한국의 저출산 현황에 깜짝 놀란 미국 석학의 반응으로, 인터넷에서 큰 화제가 된 밈이 있다.[23] 한국의 저출산 문제가 심각하기는 하다. 2023년 출생아 수는 23만 명으로 지난해보다 1만 9200명이 줄었다.[24] 합계출산율(여성 1명이 가임 기간 동안 낳을 것으로 예상되는 평균 출생아 수)도 2022년보다 0.06명 감소한 0.72명을 기록했다. 이는 경제협력개발기구(Organization for Economic Cooperation and Development, OECD) 국가의 평균 합계출산율 1.58명의 절반에도 못 미치는 수치다.

아마 과거에는 한국이 이런 국가 위기급 초저출산 문제를 겪을 것이라고는 상상도 못 했을 것이다. 김 씨의 어머니 세대는 아이들이 너무 많아 학교에서 오전반과 오후반을 나눠 2부제나 3부제 수업을 했다고 한다. 그 정도는 아니지만 김 씨가 초등학교에 다닐 때만 해도 한 학년에 40~50명씩 10학급 정도는 있었다. 현재는 인구가 많은 서울에서도 한 학년에 대략 20명씩 4~5학급이라고 한다.[25]

한 학급에서 열한 명이 두 팀으로 나눠 정식 축구 경기도 못하는 수준이다.

그렇기에 아이 한 명 한 명이 매우 소중하다. 그럼 이렇게 귀하디귀한 아이들은 어디에 있을까? 대부분의 아이들은 도시에 살고 있다. 보건복지부의 조사 결과, 전국 아동 인구의 50.7%가 서울, 경기, 인천을 포함하는 수도권에 살고 있다.[26] 부산, 대구 등 지방 광역 대도시의 아이들까지 포함하면, 대부분의 아이들이 커가는 곳이 도시인 셈이다. 아이들의 교육, 병원, 놀이, 여가 시설 등의 인프라를 고려하면 도시보다 아이들에게 적합한 곳은 없을 것이다. 그렇다면 이런 도시에서 우리 아이들은 정말 쑥쑥 잘 자라나고 있을까?

미드의 자아 이론

아이들이 도시에서 잘 자라고 있는지 관찰할 렌즈를 빌려줄 사회학자는 조지 허버트 미드(George Herbert Mead, 1863~1931)다. 미드는 사회학의 주요한 이론적 관점인 **상징적 상호작용론**(symbolic interactionism)의 대부라고 할 수 있다. 상징적 상호작용론은 사람들이 언어, 몸짓, 행동 등의 상징을 통해 주고받는 상호작용에 초점을 맞춰 사회를 이해하는 관점이다. 예를 들어, 수업 중에 학생들이 떠들어 시끄럽다면, 선생님은 말을 멈추고 교탁을 탁탁 친다. '조용히 하라'는 비언어적 상징을 학생들에게 전달하는 것이다. 학생들은 수업 중이라는 것을 떠올려 선생님의 행동을 해석하고 말소리를 낮춘다. 선생님과 학생들이 상징적 상호작용을 주고받으며 교실의 분위기가 형성되는 것이다. 이렇듯 상징적 상호작용론의 관점에서는 개인들 간에 상징이 교환되는 상호작용이 반복되면서 사회가 구성된다.

미드는 지극히 개인적인 수준으로 여겨지는 '자아(self)' 역시 사회에서 이루어지는 상호작용을 통해 형성된다고 보았다. 자아를 개인의 영역으로 바라본 심리학의 관점에서 벗어나, 미드는 자아가 사회적 관계의 산물임을 강조한 것이다.

우리는 자아라고 하면 보통 주체성을 먼저 떠올린다. 하지만 미드는 자아를 형성하기 위해서는 '자신을 객체화할 수 있는 능력'이 필수적이라고 말한다.[27] 자아가 형성되어 있다는 것은 내가 '나는 누구인가'라는 물음에 답할 수 있을 정도로 '내가(주체)' '나를(객체)' 알고 있다는 말이기 때문이다. 미드는 주어 'I(나는)'와 목적어 'me(나를)'의 차이를 통해 이런 자아의 주체성과 객체성을 설명한다.

주어로 쓰인 '나'는 태어날 때부터 갖고 있는 개인적이고 능동적인 자아다. 이 자아는 즉흥적이고 독창적이다. 그에 반해 목적어로 쓰이는 '나'는 객관적인 자아로, 타인의 시각에서 자신을 대상화하여 바라보는 사회적 차원의 자아다. 이 자아는 사회적 관계를 의식하고 사회적 규범에 의해 통제된다.

미드에 따르면 자아는 주어 '나'와 목적어 '나' 사이에 주고받는 내적 대화를 통해 완성된다. 이 둘의 균형을 유지하면서, 상황이 생길 때마다 주체적으로 반응하면서 그와 함께 그 반응이 사회적으로 적합한지 스스로 점검하고 행동한다. 이런 과정을 거치며 진정한 자아가 형성되는 것이다. 이런 자아 덕분에 우리는 능동적으로 행동하면서 동시에 사회 규범을 따르는 사회구성원으로 살아갈 수 있다.

미드의 자아 구분에 따르면 갓 태어난 아기는 진정한 자아를 갖고 있지 않다. 인생 2회차가 아니라면 '내가 분만실이라는 사회적 공간에서 우는 게 적합할까'를 고민하는 아기는 없다. 아기에게는 아직 타인의 입장에서 스스로를 돌아보고 사회적 관계와 규범에 따라 행동을 조절할 사회적 자아가 아직 형성되지 않았기 때문이다. 아이들이 자신만의 진정한 자아를 형성하고 사회의 일원으로 성장하기 위해서는 몇 가지 과정이 필요하다. 타인과의 상호작용을 통해 다른 사회구성원의 역할을 이해하고, 동시에 그들의 시각에서 스스로를 객관적으로 성찰할 수 있어야 한다. 미드는 아이들의 자아 발달 단계를 구분해 이런 자아 형성의 원리를 연구했다.

아이들의 자아 발달에 중요한 초기 단계는 놀이 단계(play stage)다. 이 시기에 아이들은 특정한 역할을 취하고 놀면서 차츰 다른 사람의 입장에서 스스로를 바라보는 방법을 배운다. 소꿉놀이를 하는 아이는 엄마 역할을 해보면서 엄마와 본인의 관계를 이해하고, 엄마의 시각에서 본인을 생각해 보게 된다.

놀이 단계는 주체인 동시에 객체가 될 수 있는 자아 형성의 시발점이긴 하지만, 아직 명확한 한계가 있다. 이 단계의 아이들은 아직 '의미 있는 타자(significant other)'의 역할만 제한적으로 취할 수 있다. 아이들이 어린이집 선생님에게 "선생님도 '엄마' 있어요?"라고 물어보는 것은 아이들이 놀이를 통해 배우는 '엄마'라는 역할이 '일반적인 엄마'가 아니라 '자신의 엄마'이기 때문이다. 즉, 이 단계에서 아이들은 본인에게 의미 있는 사람의 역할만 이해한다. 병원 놀이에서도 마찬가지다. 아이들은 직접 만나 본 특정한 의사의 행동을 따라 하는 것이지, 보편적인 의사의 역할을 파악하고 흉내 내는 것이 아니다. 그렇기 때문에 아이들은 엄마-이모-할머니 혹은 의사-간호사-환자 등 타인들의 일반적인 역할과 사회적으로 조직된 관계를 아직 연결 지어 이해하지 못한다.

그 다음은 게임 단계(game stage)다. 이 시기에 아이들은 여러 사람과 함께 게임에 참여하면서 게임의 룰과 타인의 역할, 그리고 관계 속에서 부여되는 본인의 역할을 익히며 사회적 자아를 형성한다. 축구 경기를 생각해 보자. 축구를 제대로 하기 위해서는 축구 경기의 규칙을 숙지해야 하고, 자신은 물론 다른 포지션을 맡은 선수들의 역할도 면밀히 파악하고 있어야 한다. 이 과정에서 아이들은 다른 선수들과의 관계를 고려해 자신에게 기대되는 역할을 수행한다. 골키퍼가 다른 수비수들과 합을 맞추고 충실히 골문을 지키는 것처럼 말이다(그러면 드리블하는 김병지는 뭐지?).

게임 단계가 확장되면 아이들은 '**일반화된 타자**(generalized other)'의 개념을 학습하고 비로소 완전한 자아를 형성한다. 일반화된 타자는, '나의 엄마'처럼 나에게만 의미 있는 '개별적인 타인'이 아니라, 사회의 규범과 기준을 따르는 '일반적인 타인'이다. 예를 들어, 수업 시간에 집중하고 선생님 말씀을 잘 듣는 학생, 빨간불에 멈추고 초록불에 길을 건너는 보행자, 손님을 친절히 응대하고 커피를 만드는 카페 직원 같이 우리 머릿속에 바로 떠오르는 타인의 일반적인 모습 같은 것이다.

아이들은 자신이 속한 사회의 관점과 규범, 그리고 구성원과의 관계를 내면화하여 일반화된 타자의 역할을 배운다. 일반화된 타자의 역할을 알고 있으면 사회적 기대와 규범에 근거하여, 모르는 사람과도 원활한 상호작용이 가능하다. 아직 일반화된 타자의 개념을 학습하지 못한 영유아들은 낯선 어린이집 선생님을 처음 만나면 사회적 교류를 할 수 있을 때까지 꽤 오랜 시간이 걸린다. 반면, 일반화된 타자의 개념을 내면화한 중·고등학생들은 새 학기에 담임선생님을 처음 만나더라도 능글맞게 "첫 사랑 얘기 해주세요"라고 장난칠 만큼 자연스럽게 교류를 시작할 수 있다. 사회적으로 기대되는 서로의 행동을 예상할 수 있기 때문이다. 이 과정까지 거치면 아이들은 드디어 사회의 일원으로 스스로를 객관적으로 성찰할 수 있게 되고, 사회가 기대하는 성숙한 자아를 형성하게 된다.

도시의 아이들은 잘 자라고 있는가

아이들의 자아 발달 단계에서 그냥 지나치면 안 될 전제 조건이 하나 있다. 앞서 말한 자아 발달 과정이 원활하게 이루어지려면 아이들이 일단 모여야 하고 다른 사람을 만나야 한다. 그런 측면에서 도시는 아이들의 자아 발달에 적격인 공간이다. 아이들은 도시에서 매일 많은 사람과 마주치고 상호작용한다. 도시의 아이들은 놀이터, 공원, 학교에서 또래 친구와 어울리고, 선생님과 동네 어른들에게 사회구성원의 역할과 규범을 배운다.

도시 곳곳에서 사람을 관찰하는 것도 아이들의 자아 발달에 큰 의미가 있다. 대중교통을 이용하면서 공공장소에서는 어떻게 행동해야 하는지, 마트에서 물건을 살 때는 어떻게 하는지, 또래 친구나 어른에게 인사는 어떻게 하는지 아이들은 도시를 오고 가면서 일반화된 타자의 역할을 자연스럽게 배운다. 이런 경험을 토대로 아이들은 객관적이고 사회적인 자아를 형성한다. 다시 말해, 도시는 아이들이 올바른 사회구성원으로 성장할 수 있도록 돕는 거대한 학교인 셈이다.

그런데 불과 몇 년 전, 이 거대한 학교가 무너진 적이 있었다. 2020년 전 세계를 강타한 코로나19는 도시를 봉쇄시켰고 '사회적 거리'를 만들어 내며 사람들을 고립시켰다. 식당을 비롯한 많은 자영업자들이 힘들어 했지만, 이런 상황에서 가장 큰 피해를 받은 건 다름 아닌 아이들이었다. 서울시 조사에 따르면 코로나 시기에 영유아기를 보낸 아동의 삼분의 일 정도가 전반적으로 발달이 지연되었는데, 특히 언어 발달 장애와 사회성 장애 등의 발달 문제가 두드러진다고 한다.[28] 코로나와 함께 자란 일명 '코로나 키즈'는 방역을 위한 사회적 거리를 유지하느라 사회적 관계를 통해 타인의 역할을 자연스럽게 배울 기회가 없었다. 학교 수업이 온라인으로 진행되면서 선생님과 학급 친구들을 직접 만날 수 없었다. 오랜 기간 마스크를 쓰면서 언어 사용과 대화에도 어려움을 겪었다. 혼자 앉아 휴대폰을 보는 시간이 늘면서 사회성에도 문제가 생겼다. 코로나로 인해 타인과의 상호작용이 최소화되면서 고립된 아이들의 자아 발달이 지체되고 지연된 것이다. 도시가 봉쇄되면 아이들은 건강하게 자랄 수 없다.

노 키즈존 도시? 예스 키즈존 도시!

포스트 코로나 시대가 되면서 도시 봉쇄와 사회적 거리 두기는 역사 속으로 사라졌지만, 코로나는 개인화되고 파편화된 사회를 남겼다. 우리는 이제 집단보다 개인이 편하고, 대면만큼이나 비대면이 익숙하다. 이런 사회에서 아이들이 올바른 사회구성원으로 잘 자랄 수 있을까?

'아이 하나를 키우는 데 온 마을이 필요하다'라는 아프리카 속담이 있다. 아이들 자아 발달의 본질을 꿰뚫는 속담이다. 아이들이 사회적 자아를 형성하고 사회구성원으로 잘 자라려면 도시와 도시 구성원이 제 역할을 해야 한다. 코로나가 할퀴고 간 도시는 과연 아이들에게 친화적인가? 이제는 우리가 더 많은 관심을 갖고 우리의 도시를 '예스 키즈존'으로 만들어야 할 시점이다.

파편화된 도시를 봉합하기 위해 우리 도시에는 아이들을 세상과 연결시키는 안전한 보도와 다양한 사람이 모이고 교류하는 공공공간이 필요하고, 친구들과 마음껏 뛰어 놀 수 있는 놀이터와 친절하게 세상을 알려줄 어른들도 더 많이 있어야 한다.

도시가 아이들에게 보다 친화적인 공간이 된다면 저출산 위기에 빠진 우리 사회가 아이들의 맑은 웃음소리를 들을 수 있는 기회가 조금 더 늘어나지 않을까? 달리는 버스에서 세상에 궁금한 게 어찌나 많은지 끊임없이 엄마에게 재잘거리는 아이와 눈이 마주친 김 씨는 흐뭇한 미소를 지어본다. 오늘도 도시에서 아이들은 누군가와 만나고 얘기하며 쑥쑥 자라고 있다.

렌즈 너머의 사회학자

| 조지 허버트 미드 | George Herbert Mead | 1863~1931 | 미국 |

"그가 온전한 자아를 형성할 수 있는 것은, 그가 속한 사회 집단이 수행하는 조직적이고 협력적인 활동에 대해 그 집단의 관점을 받아들일 때뿐이다."

— 조지 허버트 미드, 《정신 자아 사회》 —

조지 허버트 미드의 수업을 들은 학생은 그를 이렇게 묘사했다. "멋진 콧수염과 뾰족한 턱수염을 가진 덩치 크고, 인상 좋고, 자상한 교수님."

미드는 미국 매사추세츠에서 태어나 하버드 대학, 독일의 라이프치히 대학과 베를린 대학에서 철학과 사회심리학을 공부했다. 논문을 마무리하지 않아 박사 학위를 받지 못했지만, 미시간 대학에 임용되었다가 존 듀이의 초청으로 1894년에 시카고 대학으로 자리를 옮겨 그곳에서 평생을 가르쳤다.

미드는 글쓰기에 자신이 없어 많은 저작을 남기지 않았다. 그러나 그의 명강의에 감명 받은 성실한 학생들의 강의 노트 덕분에, 현대사회학과 사회심리학에 지대한 영향을 미친 미드의 대표작 《정신, 자아, 사회》가 사후에 세상에 나올 수 있었다.

미드는 자아를 타인과 주고받는 상호작용과 분리할 수 없는 것으로 보았고, 그렇기에 사회학의 영역에서 연구되어야 한다고 강조하며 상징적 상호작용론의 근간을 세웠다. 앞에서 만난 어빙 고프먼도 미드의 영향을 받은 대표적인 상징적 상호작용론자다.

날 좀 보소 날 좀 보소,
이거 보여주려고 핫플 갔어

7
인스타그래머블 시티
베블런의 유한계급론

소비하는 인간

매서운 겨울 새벽, 찬바람에 얼어붙은 손을 호호 불며 수많은 사람이 긴 줄을 이루고 있다. 겨울철 혹한기 훈련을 하고 있는 게 아니냐고? 모습이 비슷하긴 한데, 이들이 긴 줄을 서는 이유는 바로 '소비하기 위해서'다. 이들은 굳게 닫힌 백화점 문이 열리면 바로 들어가 무언가를 사기 위해 '오픈런'을 하고 있는 것이다. 이렇게 고생하면서까지 사야 할 물건이 도대체 무엇이란 말인가? 바로 '명품'이다. 우리나라는 1인당 명품 소비 세계 1위다. 우리는 개인당 명품 소비액이 미국보다 많다.[29]

물론 우리 인간은 늘 무언가를 소비하며 살아왔다. 하지만 명품을 사랑하는 현대 사회의 소비는 과거의 소비와 다른 양상이다. 비바람을 막아줄 방 한 칸, 계절에 맞는 옷, 풍족하진 않아도 굶지 않을 정도의 쌀과 음식 등, 과거에는 말 그대로 '필요한' 만큼 먹고 사는 것에 맞춰 물건을 사곤 했다.

오늘날은 좀 다르다. 우리는 필요가 충족되어도 소비를 멈추지 않는다. 현재를 살아가는 우리에게 '욜로'*와 '플렉스'** 문화는 어느새 소비 성향의 주요 가치관 중 하나로 자리 잡았다. 경기가 어려워서 지금은 많이 잦아 들었지만, 이런 소비 트렌드는 한번 사는 인생을 재밌고 화려하게 살고 싶어 하는 생활과 맞물려 있다. 그렇기에 자주는 못하더라도 명품옷, 애플망고빙수, 호캉스를 포기할 수 없다. 그리고 이런 소비의 기록은 SNS를 통해 불특정 다수에게 즉각적으로 공유된다.

SNS을 들여다보면 나 빼고 모든 사람이 다 잘 사는 것 같아 배가 아프다. SNS 세상은 명품 백, 파인다이닝 레스토랑, 고급 호텔 뷰로 가득하다. 그런데 조용히 혼자 가서 즐기면 되지 왜 굳이 SNS에 태그를 넣고 인증까지 하는 것일까?

오늘날 우리는 필요 이상으로 '남에게 보여 주기 위한 소비'를 하는 시대에 살고 있다. 이순신 장군이 "나의 죽음을 알리지 말라"고 하셨다면, 우리는 "내 소비를 널리 알려라" 외치고 있다. 우리는 도대체 왜 남에게 보여 주는 소비에 집착하는 걸까? 그리고 이런 소비는 우리가 살아가는 도시와 어떤 연관이 있을까?

베블런의 유한계급론

인터넷에서 베블런 효과나 베블런재라는 말을 들어본 적이 있을 것이다. 경제학에서는 보통 가격이 오르면 수요가 줄어든다고 설명한

- YOLO(You Only Live Once)는 '인생은 한번 뿐'이라는 뜻으로, 지금 이 순간을 최대한 즐기고 그 결과는 심각하게 고민하지 말자는 의미의 유행어.
- ●● flex는 부와 성공을 자랑하는 소비 행태.

다. 하지만 명품처럼 가격이 오를수록 수요가 증가하는 물건이 있다. 남들에게 보여 줬을 때 비쌀수록 인정받는 물건들이다. 바로 이런 물건이 베블런재이고, 이런 현상이 베블런 효과다.

남에게 보여 주고 싶어 하는 소비 성향을 통해 도시를 관찰할 렌즈를 빌려줄 사람은 바로 베블런 효과의 주인공 소스타인 베블런(Thorstein Veblen, 1857~1929)이다. 베블런이 활발하게 활동하던 19세기 후반의 사회과학 연구는 소비보다 생산에 초점이 맞춰져 있었다. 베블런은 이런 사회과학의 초점을 생산에서 소비로 바꿔 합리적이라고만은 볼 수 없는 인간의 과시적인 소비 활동을 설명하고자 했다.[30]

19세기 후반, 미국 경제는 호황의 시대를 맞이하고 있었다. 농업에서 공업으로 산업 기반을 성공적으로 전환하였고, 그 과정에서 어마어마한 부를 축적한 신흥 부유층이 등장하였다. 이 신흥 부유층들은 부를 과시하고 낭비하며 미국의 근본이었던 검소한 청교도식 삶의 양식을 뒤흔들었다. 이렇게 미국 사회에 혜성 같이 등장한 신흥 부유층이 바로 '**유한계급**(leisure class)', 쉽게 말하면 '일 안 하고 놀고먹는 계급'이다.

베블런은 유한계급의 기원을 경쟁에서 찾았다. 베블런은 인간이라는 존재에게 가장 중요한 가치를 자존심, 인정, 우월감 등의 감정이라고 분석하였다. 베블런에 따르면 인간은 자존심의 상실을 매우 두려워하기 때문에 자존심을 지키는 것은 물론 자신이 주변 사람보다 우월하다는 사회적 평가를 받기 위해 끊임없이 경쟁한다.

베블런은 전쟁과 약탈로 점철된 야만의 시대에서 유한계급의 원형을 발견했다. 야만의 시대를 지배하던 귀족들은 모든 생산 활동을 노예들에게 전가하고, 약탈한 전리품으로 최선을 다해 놀고먹으며 높은 신분적 지위를 과시하고 우월감을 느꼈다. 이는 산업화로 큰 부를 얻은 미국의 신흥 부유층도 마찬가지였다. 재산 수준이 지위의 척도가 되면서 미국의 신흥 부유층은 사회적 평판을 높이고 재력을 과시하기 위해 경쟁적으로 시간과 재산을 낭비하고 사치품을 소비했는데, 이것이 바로 **과시적 소비**(conspicuous consumption)다. 남에게 과시하기 위한 소비는 유한계급이 된 신흥 부유층의 자존심을 채우는 중요한 수단이었다.

신흥 부유층은 이런 과시적 소비를 통해 다른 사람보다 우월한 자신의 지위를 마음껏 표현하였다. 이들은 시도 때도 없이 호화로운 파티를 열고, 멋있다고 생각하는 건축 양식을 섞어 화려한 저택을 지었으며, 그 저택을 온갖 사치품으로 장식하였다. 그리고 자신뿐 아니라 부인과 하인까지도 고급스러운 의복과 사치스러운 장신구로 치장시키며 부를 자랑했다. 이들은 이렇게 돈을 펑펑 쓰고 한가로운 생활을 뽐내며 다른 사람들의 부러움을 즐겼다. 일반적인 사람들은 따라 하기 어려운 과시적 소비로 다른 계층과 사회적 위치를 차별화한 것이다.

베블런이 포착했던 미국의 신흥 부유층처럼, 오늘날에도 과시적 소비를 통해 자신을 드러내는 유한계급이 존재한다. 모두가 부러워하는 이들의 소비는 우리 사회에서 모든 계층이 열망하는 '워너비(wannabe)' 문화로 자리 잡았다. 한때 재벌가 며느리의 패션 스타일로 유행했던 '청담동 며느리룩'을 청담동과 아무 상관도 없는 사람들이 따라 입었던 현상을 떠올려 보면 이해가 빠를 것이다. 유한계급의 생활 양식이 이렇게 전 사회적인 유행이 되면서, 자신들만의 우월한 생활 양식을 침범당한 '진짜 유한계급'은 다른 계급과의 간격을 또 다시 넓히기 위해 더 사치스럽고 새로운 과시적 소비 양식을 창조해 낸다. 따라서 하위계급에게 유한계급의 생활 양식은 계속 좇아도 영원히 도달할 수 없는 영역으로 남게 된다. 동경의 대상인 유한계급과 같은 생활 양식을 영위할 수 없다는 것을 깨달은 하위계급에게는 상대적 박탈감만 남을 뿐이다.

1899년에 세상에 나온 베블런의 《유한계급론》은 현대 사회를 해석하는 데 여전히 유용하다. 현대를 살아가는 우리에게는 SNS라는 '과시적 소비 전시장'이 있다. 우리는 경제적 수준에 맞지 않음에도 SNS 상의 과소비를 모방하고, 모방 소비조차 불가능한 경우에는 SNS 세상을 따라가지 못하는 내 처지를 한탄하며 자괴감에 빠진다.

베블런의 유한계급론은 합리성에 근거한다고 여겨지던 현대 자본주의의 경제 활동이 다른 사람을 능가하고 우월감을 느끼고자 하는 인간의 비합리적 경쟁 성향에 생각보다 큰 영향을 받고 있다는 점을 잘 보여 주었다.

과시적 핫플 소비

자본주의 시대 유한계급의 생활 양식이었던 과시적 소비는 SNS의 일상화로 우리 사회의 보편적인 현상이 되었다. 이와 맞물려 등장한 '핫플레이스(줄여서 핫플)' 개념과 함께 과시적 소비는 이제 우리 도시 곳곳에도 침투하고 있다. 핫플은 과거 연예인이나 브랜드에 사용되던 '핫(hot)하다'라는 표현이 공간으로 확장된 표현으로 2014년부터 본격적으로 사용되기 시작했다.[31]

핫플의 조건은 한 마디로 한정 짓기는 어렵지만, 한 조사에 따르면 대체로 젊은 사람들로 북적이고, 예쁜 카페와 맛집이 많으며, 사진 찍기 좋은 곳이라고 한다.[32] 이런 곳은 '인스타 성지'라고도 불린다. 핫플에서 소비하고 시간을 보내는 행위는 그 자체로 끝나지 않는다. 인증샷을 찍고 해시태그를 표시해 SNS에 올리는 것까지 마무리해야 비로소 핫플을 소비했다고 할 수 있다. 즉, 남에게 보여 주고 자랑하는 과시적 소비가 필요한 것이다.

이런 핫플은 유행에 민감하지만 동시에 차별화를 추구하고, 경험을 중시하며 SNS로 소통하는 20~30대 청년들, 소위 'MZ세대(밀레니얼-Z세대)'가 주도한다. 물론 대부분의 MZ세대는 재산이 많거나 시간적 여유가 많은 사람들이 아니다. 즉, 베블런이 발견했던 돈 많은 유한계급의 모습과는 거리가 있다. 하지만 이들은 핫플을 방문해 '내가 그 공간에 갔었고, 그 공간을 즐겼다'는 사실을 SNS를 통해 타인들에게 널리 자랑하고 싶어 한다. 이 점에서 남들에게 소비를 과시하고자 했던 유한계급과 닮았다.

이런 핫플 소비에는 몇 가지 특징이 있다. 먼저 핫플은 유행에 어두운 김 씨 같은 사람들에게 매우 불친절한 공간이다. 멋들어지다는 핫플의 카페나 맛집은 그 외관부터 심상치 않다. 가게와 상관없는 간판이 달려 있거나 간판이 아예 없는 곳도 있고, 문이 어디에 있는 지조차 찾기 난감한 술집도 있다.[33] 그래서 김 씨 같은 핫플 초심자는 가게를 찾는 것부터가 난관이다. 가게를 찾는다 해도 이용을 못할 수 있다. 가게 운영에 대한 공지가 인스타그램으로만 안내되는 경우가 많아, 인스타그램을 안 하는 손님은 오픈 시간이나 브레이크 타임, 휴무일을 알기 힘들기 때문이다. 김 씨처럼 핫플을 제대로 즐기지 못하는 사람은 '힙(hip)'한 문화에 뒤처진 취급을 받으며 핫플 문화의 하위계급(?)이 되고 만다.

그래도 인스타그램을 팔로우해 어떻게든 핫플을 즐겨 보려고 하면, 갑자기 핫플의 대세가 바뀐다. 유한계급이 하위계급의 모방을 피해 또 다른 과시적 소비 양식을 만들어 냈듯, 핫플을 선도하는 이들은 때가 되면 또 다른 핫플을 만들어 낸다. 을지로 하면 인쇄 골목만 떠올리던 김 씨가 드디어 '힙지로'를 알게 되자, 이제는 신당동이 핫플로 떠올랐다. 신당동 하면 떡볶이 이상 생각나지 않는 김 씨 입장에서 '힙당동'의 등장은 참으로 당황스럽다.

전리품을 과시하며 지위를 뽐내던 야만 시대의 귀족들, 축적한 부를 흥청망청 소비하며 재력을 과시하던 자본주의 시대의 신흥 부유층처럼 이제 도시의 핫플에서 새로운 소비문화를 창조하여 SNS에 과시하는 젊은이들이 이 시대 도시 사회의 유한계급이 된 것이다.

인스타그래머블 시티

유한계급의 생활 양식이 사회로 스며들어 낭비와 사치가 조장된 것처럼, 남들에게 보여 주기 위한 '인스타그래머블(instagrammable) 핫플'은 도시 고유의 장소성을 제거하는 문제를 낳고 있다.

핫플을 소비하는 패턴에는 더 이상 새로움이 없다. 예쁘긴 하지만 어느새 비슷비슷해진 카페들, 맛이 좋다기보다는 사진 찍기 좋은 음식들, 인위적으로 변해가는 도시 경관들은 그 장소가 지닌 진정한 가치와 큰 상관이 없다.

용산의 녹사평역에서 조금 들어가면 경리단길이 있다. 길 첫머리에 육군중앙경리단(현재 국군재정관리단)이 있어 그런 이름이 붙었다. 인근 미군 부대의 영향으로 원래부터 이국적인 분위기가 남아 있던 경리단길이 2010년대에 들어서자 SNS에서 소문난 핫플이 되면서 경리단길은 핫플의 대명사가 되었다. 그리고 이런 경리단길을 모방한 망원동의 망리단길, 석촌호수 인근의 송리단길, 인천의 평리단길, 경주의 황리단길, 해운대의 해리단길, 일산의 밤리단길 등 수많은 '○리단길'이 우후죽순 만들어졌다. 2021년 한국관광공사의 조사에 따르면 '○리단길'은 전국에 33곳이 있다.[34] 공식적인 명칭이 아니라서 그 숫자를 정확하게 파악하기는 어렵지만, 아마 지금은 훨씬 더 많은 ○리단길이 있을 것으로 예상된다. 하나 같이 경리단길의 유래와는 아무 관련이 없는 장소들이지만 인스타그램에 올리기 좋다는 공통점이 있다.

그런데 이런 인스타그래머블 핫플이 우후죽순 생겨나는 시대일수록 나만의 의미 있는 장소를 가진다는 것이 오히려 다른 사람과 나를 구별할 수 있는 개성적인 요소가 될 수 있지 않을까? 마치 어릴 적 친구들과 동네에 만들었던 우리들만의 비밀기지처럼 말이다. 요즘 김 씨는 아내와 함께 동네를 돌아다니며 비밀 기지를 만들 장소를 물색하고 있는데, 그동안 몰랐던 멋진 공간과 숨겨진 맛집을 발견하는 재미가 제법 쏠쏠하다. 거기가 어디냐고? 비밀이다. 여러분도 남들은 모르는 나만의 비밀기지를 도시 한곳에 갖고 있는지 무척 궁금하다.

렌즈 너머의 사회학자

| 소스타인 베블런 | Thorstein Veblen | 1857~1929 | 미국 |

"유한계급은 값비싼 상품의 과시적 소비로 사회적 평판을 얻는다."

― 소스타인 베블런,《유한계급론》―

소스타인 베블런은 미국 위스콘신의 노르웨이 이주농 가정에서 태어났다. 근면 성실하고 금욕적인 청교도 문화에서 자란 베블런은 경제적 호황으로 사치와 낭비를 일삼는 미국 문화에 쉽게 적응하지 못했다.

예일 대학에서 철학 박사 학위를 받은 후, 그는 초기에 직장을 구하는 데 어려움을 겪었으나 1892년 시카고 대학의 초청으로 경제학과 사회학 강의를 할 수 있었다. 이때가 학자로서 베블런의 전성기로, 존 듀이, 조지 허버트 미드 등 유수의 학자들과 교류하며 그의 대표작《유한계급론》을 발표했다.

성격이 괴팍했다고 알려져 있는 베블런은 학생, 동료 학자, 대학과 다채롭게 갈등을 빚으며 대학을 세 번이나 옮겨 다녔다. 남들 보기에 그렇게 행복한 인생을 보내지는 못한 것 같다. 하지만 이런 그의 개인적 생애와 달리, '유한계급론'을 비롯한 베블런의 독창적인 연구와 사회 비평은 이후 피에르 부르디외의 '구별짓기'로 이어졌고, '과시적 소비' 개념은 현대 자본주의 사회를 설명하는 핵심적인 키워드로 인정받고 있다.

"늘 먹던 걸로 주세요."

"… 누구세요?"

| 8 |

프랜차이즈 도시
리처의 맥도날드화

프랜차이즈의 대명사 맥도날드

말도 안 통하고 문화도 낯선 해외에 갔는데, 배까지 너무 고프다. 간판을 읽을 수 없어 식당에 들어가기도 쉽지 않다. 그러던 중 건너편에 낯익은 노란 아치가 보인다. 한걸음에 가게로 들어가 외친다. "빅맥 플리즈!"

맥도날드는 글로벌 프랜차이즈의 대명사로 전 세계 거의 모든 곳에 있다. 한국의 불고기버거나 일본의 사무라이버거 같이 지역 특별 메뉴를 제외하면 메뉴 구성과 맛은 물론 내부 인테리어와 주문 시스템까지 거의 똑같다. 전 세계에 분포되어 있고, 모든 게 표준화되어 있다 보니, 맥도날드의 대표 메뉴인 빅맥 가격은 각 국가별 환율 수준을 측정하는 지수로 사용되고 있을 정도다.• 따라서 해외에서 뭘 먹을지 판단이 서지 않을 때, 실망하지 않고 가장 확실하게 배를 채우고 싶다면 맥도날드에 가면 된다. 세계 어디에서나 맥도날드를 가

● 빅맥 지수(Big Mac Index)는 영국의 《이코노미스트》가 매년 전 세계 맥도날드의 빅맥 가격을 비교하여 발표하는 지수로, 각국의 환율과 물가를 비교하는 데 활용된다.

면 예상 밖의 일이 잘 일어나지 않기 때문이다. 그래서 김 씨는 맛집이 그렇게나 많다는 일본 후쿠오카에서 2박 3일을 보낼 때도 맥도날드만 두 번이나 갔다.

2023년 기준으로 전 세계에는 4만 1000개가 넘는 맥도날드 매장이 있다.[35] 한국에는 422개의 매장이 있으니, 웬만한 도시에는 하나 이상은 다 있는 셈이다. 세종시에는 아직 맥도날드가 없어서 시의회가 시민들의 염원(?)을 담아 맥도날드 유치에 힘쓰고 있다는 말도 있을 정도다.[36] 우리가 살아가는 도시에는 맥도날드 말고도 아주 다양한 프랜차이즈가 있다. 식당, 카페, 편의점, 학원, 세탁소, 빵집, 헬스장, 약국, 심지어 교회까지 눈에 보이는 거의 모든 것들이 프랜차이즈다.

사람들은 왜 프랜차이즈를 이렇게 좋아하는 걸까? 그것은 현대 사회가 속도와 효율을 추구하기 때문일 것이다. 빠르고, 가격 대비 성능이 확실하며, 예상 밖의 변수가 별로 없다는 면에서 프랜차이즈는 합리적이다.

맥도날드와 같은 프랜차이즈의 합리적인 운영 원리는 점포를 넘어 우리 사회 전반에 이식되고 있다. 그런데 이런 현상을 삼십여 년 전부터 눈여겨봤던 사회학자가 있었다. 그의 렌즈를 빌려 프랜차이즈화되어 가는 우리 사회와 도시를 살펴보도록 하자.

리처의 맥도날드화

사실 본격적인 사회학 책은 베스트셀러가 되기 쉽지 않다. 이론과 용어 자체도 어렵고, 내용도 재미없게 느껴져서 손이 잘 가지 않는다. 하지만 미국의 사회학자 조지 리처(George Ritzer, 1940~)는 **맥도날드화**(McDonaldization)라는 직관적인 용어를 창조해 내며 사회학계의 베스트셀러 《맥도날드 그리고 맥도날드화》를 내놓았다.[37]

리처는 '사회학의 3대장(마르크스, 베버, 뒤르켐)' 중 한 사람인 위대한 고전사회학자 막스 베버(Max Weber)의 **합리성**(rationality) 개념을 현대적으로 계승하여, 합리성의 끝판왕인 맥도날드를 통해 현대 사회를 바라보았다.

사회학의 역사에서 워낙 중요한 인물이라 앞으로도 여러 차례 나오겠지만, 베버는 전통 사회와 근대 사회를 구분 짓는 가장 큰 차이로 '합리성'을 꼽았다. 합리성●은 논리와 계산에 근거하여 목표를 효율적으로 달성하는 행위에 기초한다. 합리성이 뭐 그렇게 대단한 거라고 호들갑이냐고? 지금에야 합리적인 사고가 당연하지만, 서구에서는 18세기말까지 마녀사냥을 했다는 걸 떠올려 보자. 이처럼 과거에 미신이나 관습에 따라 행해지던 많은 것들이 근대 사회에서는 이성, 과학, 기술로 대체되었다. 그로 인해 정치, 경제, 종교에 이르기까지 삶의 거의 모든 영역이 계산적으로 운영되고 효율적으로 움직이기 시작했다. 합리성은 근대 사회의 발전에 너무나도 큰 역할을 했지만, 그렇다고 합리성의 추구가 반드시 좋은 결과로만 이어진 것은 아니었다.

예를 들어, **관료제**(bureaucracy)는 부서를 세분화하고 각종 규정과 절

● 표준국어대사전에서는 합리성을 '이론이나 이치에 합당한 성질'로 정의한다.

차를 만들어 효율적이고 정확하게 업무를 처리할 수 있는 합리적인 조직체계다. 하지만 관료제의 대명사인 공무원 조직을 보면 부서 간 벌어지는 책임 떠넘기기와 수많은 서류 작업 및 절차로 오히려 업무 효율이 떨어지는 비합리적인 결과를 낳기도 한다. 이렇듯 베버는 근대 사회의 형식적이기만 한 합리성의 극대화가 우리 삶을 억압하는 '쇠우리(iron cage)'가 될 수도 있다고 우려했다.

리처는 맥도날드의 운영 원리에서 베버의 합리성 개념을 재발견하여 현대 사회를 해석하고자 했다. 리처의 렌즈로 봤을 때, 우리 사회는 합리적인 맥도날드의 운영 원리에 지배되면서 점점 맥도날드처럼 변해가고 있다. 리처는 이런 과정을 '맥도날드화'라고 불렀다. 리처가 분석한 맥도날드의 합리적인 운영 원리에는 다음 네 가지가 있다.

효율성

효율성(efficiency)은 목표 달성을 위해 최선의 수단을 선택하는 것이다. 패스트푸드의 대명사답게 맥도날드의 설립자 레이 크록은 30초 안에 햄버거를 만들어 파는 것을 목표로 했다.[38] 이를 위해 최적의 동선을 파악하여 조리 기구를 배치하였다. 또한, 직원을 각각 감자튀김 담당, 빵 담당, 그릴 담당, 야채 담당 등으로 분업화해 교육했다. 이와 더불어, 손님이 직접 주문을 하고, 뒷정리까지 하게 하는 운영 방식으로 고객 응대와 매장 정리에 소요되는 시간과 노동력을 최소화하였다. 이에 따라 맥도날드는 가장 효율적인 방식으로 빠르게 햄버거를 만들어 팔 수 있게 되었다.

계산가능성

계산가능성(calculability)은 질보다 양을 중시하는 것이다. 맥도날드의 대표 메뉴 이름이 벌써 양을 강조하는 빅맥(Big Mac)이다. 적은 가격에 많은 양을 배불리 먹을 수 있다는 것 자체가 합리적으로 느껴진다. 그렇기에 맥도날드 광고를 보면 늘 양을 강조한다. 이런 계산가능성은 햄버거를 만드는 직원에게도 동시에 적용된다. 몰려드는 주문에 중요한 것은 햄버거의 제작 개수이지, 햄버거의 질이 아니다. 같은 시간에 햄버거 한 개를 정성껏 만든 직원보다 대충대충이라도 매뉴얼대로 다섯 개를 만든 직원이 일을 더 잘 한 것이다.

예측가능성

예측가능성(predictability)은 말 그대로 제품과 서비스가 언제 어디서나 같을 거라는 확신이다. 맥도날드는 세계 어디를 가도 매장 디자인과 구조가 비슷하다. 메뉴의 구성과 맛, 조리 방식과 고객 응대 방식도 표준화된 매뉴얼을 따른다. 서울이나 뉴욕이나 빅맥의 맛은 기본적으로 같다. 기분 탓일지 모르겠지만, 맥도날드 직원들의 말투와 행동도 어디든 비슷하게 느껴진다. 이렇게 예측 가능한 범위 안에 있다는 점은 의외성을 싫어하는 고객들에게 안정감과 편안함을 준다.

통제

직원들은 정해진 동선과 담당, 매뉴얼에 따라 철저히 통제(control)된다. 그릴 담당은 함부로 그릴 앞을 벗어날 수 없다. 유니폼을 입는 방법과 머리카락을 정리하는 방법도 마음대로 결정할 수 없다. 고객

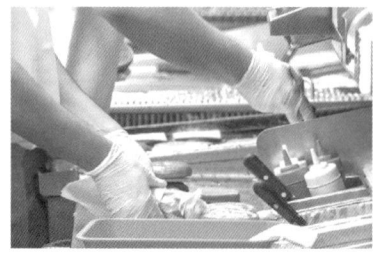
분업화된 맥도날드의 주방

질보다 양을 강조하는 맥도날드 광고

어느 나라 맥도날드인지 알 수 있을까

맥도날드에서 볼 수 있는 통제된 동선

역시 통제의 대상이다. 고객들은 정해진 동선에 따라 줄을 서서 주문하고, 직원의 부름에 따라 음식을 받아와야 한다. 주문한 햄버거 세트를 받아 자리에 앉아 먹을 때도 뭔가 편치 않다. 매장의 딱딱한 의자와 다닥다닥 붙어 있는 테이블이 고객들을 불편하게 통제하여 빨리 먹고 떠나도록 유도하기 때문이다.

맥도날드의 운영 원리를 한마디로 요약하면 "빨리, 많이, 동일하게, 정해진 대로"다. 맥도날드의 네 가지 운영 원리는 굉장히 합리적이지만, 식사 과정을 획일화하고 조리 과정을 컨베이어벨트의 부품 조립과 같은 기계적 절차로 만들어 버린다. 즉, 맥도날드에는 인간의 창의성과 자율성이 낄 자리가 없다.

합리성이 극대화된 사회가 쇠우리로 바뀌는 것을 우려했던 베버처럼, 리처 역시 맥도날드의 합리적인 운영 방식이 결국 역설적으로 획일화와 비인간성이라는 비합리적인 결과를 만들어 낸다는 점을 포착했다.

합리성을 맹목적으로 추구하는 우리 사회는 이미 맥도날드와 상당 부분 닮아있다. 주말마다 수많은 예식이 잡혀 있는 예식장에서 신랑신부가 주어진 시간 내에 신속하고, 기계적으로 결혼식을 올리는 것처럼 말이다.

도시의 맥도날드화

우리 도시도 맥도날드의 운영 원리와 무관하지 않다. 미국의 뉴욕주 롱아일랜드에는 레빗타운(Levittown)이 있다. 주택개발업자 윌리엄 레빗이 1951년에 조성한 마을이다. 레빗타운의 개발 과정은 맥도날드의 운영 원리와 많이 닮았다. 미국에서는 제2차 세계 대전 이후 제대 군인에 대한 저금리 주택 담보 대출 지원이 활발하게 이루어졌다. 여기에 자동차 산업의 발달로 통근 거리가 늘어나면서, 교외 지역의 주택 수요가 크게 증가했다. 레빗은 이 기회를 놓치지 않고 드넓은 도시 외곽 교외 땅에 최대한 빠르게 많은 주택을 건설하여 분양하려는 계획을 세웠다. 이에 따라 공장 조립 라인처럼 건설 노동자의 작업을 세분화하고, 동선을 통제하며, 일괄적으로 대량 생산된

1951년에 완공된 미국의 레빗타운. 그런데 이 정도면 자기 집이 어딘지도 못 찾을 것 같은데.

자재를 단순 조립하는 방식을 통해 효율적으로 주택을 건설해 나갔다. 그 결과 1947년부터 1951년 사이에 무려 1만 7447채의 주택을 건설할 수 있었다.[39]

하지만 레빗타운에서 개성은 찾을 수 없다. 모든 집이 똑같이 생겼기 때문이다. 마을은 합리적인 방법으로 조성되었지만 행복한 주거단지라기 보다는 뭔가 황량한 느낌이 든다.

우리나라의 도시 역시 합리성을 극대화하는 방향으로 개발되어 왔다. 우리나라의 도시개발은 속도와 효율을 중시하다 보니 단기적인 목표 달성 위주로 급하게 진행된 경향이 있다. 또 도시개발이 돈이 되려면 양도 중요하다. 작은 면적에 건물을 최대한 높게 지어 분양해야 수익이 많이 난다. 그러다 보니 고층 아파트와 빌딩 위주의 양적 공급에 치우칠 수밖에 없다. 이에 따른 도시 경관의 획일화도 문제다. 전국 어디를 가든 맥도날드가 똑같은 것처럼, 개발된 도시의 풍경은 지역과 상관없이 어째 다 비슷비슷하다. 마치 공장에서 찍어 낸 것처럼 규격화된 도시는 주민들의 행동 양식을 몇 개의 패턴으로 통제하여 다양한 생활 방식을 제한한다.

우리나라의 도시개발 방식은 "빨리, 많이, 동일하게, 정해진 대로"를 추구하는 맥도날드의 운영 원리와 크게 다르지 않다. 이렇게 프랜차이즈화된 도시는 주민의 개성과 창의성을 억압하는 비인간적인 쇠우리가 될 위험성을 내재하고 있다.

프랜차이즈 도시를 넘어서

김 씨의 회사 앞에는 두 개의 카페가 있다. 하나는 프랜차이즈 카페, 다른 하나는 개인이 운영하는 카페다. 프랜차이즈 카페에 갈 때면 김 씨는 그곳 직원과 이야기를 나눌 이유도, 기회도 없다. 정해진 대로 키오스크에서 주문을 마치면 김 씨는 하나의 번호가 된다. 그리고 "34번, 아이스 아메리카노 나왔습니다"라는 직원의 부름에 따라 커피를 가져오면 끝이다. 매뉴얼대로 만드는 커피라 빨리 나오고 맛도 균일하다.

개인 카페는 다르다. 개인 카페 사장님은 김 씨가 이름을 알려드린 적도 없는 것 같은데 어떻게 아셨는지 김 씨의 이름을 알고 있다. 주문할 때도 키오스크가 필요 없다. "늘 먹던 걸로 주세요." 이 한 마디에 주문이 완료된다. 날씨나 세상 이야기를 나누는 동안 사장님이 커피를 만들기 때문에 커피 나오는 속도가 프랜차이즈만큼 빠르진 않다. 그래도 정감이 있어서 그런지 커피 맛이 더 좋게 느껴진다.

물론 프랜차이즈나 개인 매장은 둘 다 장단점이 있다. 그렇기에 프랜차이즈가 무조건 나쁘다고 할 수는 없다. 우리가 살아가는 도시 역시 당연히 효율적으로 운영되어야 할 부분이 있다. 하지만 전방위적인 맥도날드화로 인한 극단적인 합리화는 위험하다. 리처는 결코 쉽지는 않지만, 우리가 맥도날드화 되어가는 세상에 대응할 수 있는 나름의 방법을 제시했다. 슬로우 푸드 운동이나 느린 관광, 표준화에서 벗어난 지역 특색 사업 등이다. 결국은 합리성을 순순히 받아들이지 말고 가능한 수준에서 비합리성의 여백을 최대한 만들며 살아보자는 것이다.

우리도 프랜차이즈화된 도시에 대응할 우리만의 방법을 찾아야 하지 않을까? 얼마나 빨리 도시를 개발하느냐에 많은 사람들의 관심이 쏠리는 것은 분명하다. 하지만 쇠우리에 갇힌 도시의 삶을 피하려면 충분한 시간을 들여 공간적 맥락과 정체성, 그리고 주민의 다양한 삶의 방식을 존중하는 성찰적이고 인간적인 도시계획이 필요하다. 가끔은 우리가 살아가는 도시가 프랜차이즈 같은 합리성에서 벗어나 빠름보다 느림을, 양보다 질을, 획일성보다 다채로움을, 그리고 통제보다 자유로움을 누릴 수 있다면 더 풍성한 도시 생활을 할 수 있지 않을까 생각해 본다.

렌즈 너머의 사회학자

| 조지 리처 | George Ritzer | 1940~ | 미국 |

"맥도날드화란 패스트푸드 매장의 운영 원리가 미국 사회는 물론 전 세계 여러 분야를 점차적으로 지배하는 과정을 말한다."

― 조지 리처, 《맥도날드 그리고 맥도날드화》 ―

조지 리처는 1940년 미국 뉴욕에서 태어났다. 뉴욕시립대학에서 심리학을 전공했고, 미시간 대학에서 경영학을 공부한 후, 코넬 대학에서 조직행동 전공으로 박사 학위를 받았다. 1974년부터 메릴랜드 대학에서 사회학 교수로 재직하고 있다. 그의 이력에서 알 수 있듯이 리처는 대학에서 사회학을 정식으로 배운 적이 없다.

리처는 사회학을 독자적으로 공부했는데, 특정한 학파에서 훈련받지 않아서 그런지 오히려 치우침 없이 여러 사회학 이론을 익힐 수 있었다. 그런 이력 때문인지 그는 다양한 사회학 이론을 집대성한 《사회학 이론》[40]을 내놓으며 사회학을 공부하는 수많은 학생들에게 큰 도움을 주었다.

《맥도날드 그리고 맥도날드화》는 리처의 대표작으로 베버의 이론을 현대적 관점에서 재미있게 풀어내 사회학 책으로는 정말 보기 드문 베스트셀러가 되었다. 이후 시대의 흐름에 따라 내용을 적절히 개정하고 있는데, 2024년에는 맥도날드화를 AI 시대의 맥락에서 조명하는 논문 "맥도날드화와 인공지능"을 내놓았다.[41] 아마 조만간 업데이트된 내용을 반영한 개정판을 내놓지 않을까 싶다.

트로트를 좋아하는 나와

클래식을 좋아하는 너 사이에

보이지 않는 벽

9
학군지와 교육 상속자들
부르디외의 아비투스

공부하다 미치겠네

우리가 인생에서 가장 많은 시간을 쓰는 활동은 무엇일까? 바로 '공부'다. 우리는 평생 공부한다. 10대에는 시험 본다고, 20대에는 취업을 하려고, 30대에는 승진이나 이직을 위해, 40대에는 은퇴 후의 삶을 위해, 그리고 50대 이후에는 공인중개사든 뭐든 제2의 삶을 위해 공부한다. 자기 몸집보다 큰 가방을 메고 학원으로 향하는 아이와 지하철에서 휴대폰으로 공인중개사 강의를 보는 나이 지긋한 어르신까지 말 그대로 태어나서 죽을 때까지 공부한다. 대학만 졸업하면 공부 안 해도 될 줄 알았지만 김 씨도 여전히 공부하고 있고, 앞으로도 얼마나 더 해야 할지 까마득하다. 서점에 가면 꼭 하나쯤 보이는 책 제목처럼, 진짜 공부하다 미치겠다.

이런 교육열을 반영하듯 우리나라는 대학에 대한 집착이 유독 강하다. 2023년 기준 만 25세~34세 한국 청년들의 고등교육(전문대학 이상) 이수율은 69.7%로 OECD 국가 중 최고다.[42] 또한 2024년 기준 우리나라의 대학 진학률은 무려 74.9%로 고등학생 대다수가 대학에 진학하는 엄청난 나라다.[43] 미국이나 일본 정도는 가볍게 제친다.

그렇다고 우리가 아무 대학이나 가랴? 우리는 명문대 졸업장을 원한다. 어느 대학을 나왔는지에 따라 인생의 난이도가 바뀌기 때문이다. 대학 졸업장은 또 하나의 계급을 만들어 낸다. 바로 '학벌'이다. 학벌은 평생을 따라다니며 개인의 가치를 정한다. 정치, 경제, 사회, 문화계의 요직은 명문대 출신이 꽉 잡고 있다. 명문대 졸업자는 좋은 선후배를 통해 높은 사회적 지위를 얻을 수 있는 기회가 많은 반면, 비명문대 졸업자는 가지고 있는 능력도 제대로 평가받기 어렵다. 그래서 우리는 명문대에 가고 싶어 하고, 자녀들을 명문대에 보내고 싶어 한다. 결국 학벌이라는 브랜드로 매겨진 교육 수준이 일종의 자산으로서 계층을 구별하는 요소로 작용하는 것이다.

학벌에 대한 열망은 공간적으로도 표현된다. 우리가 사는 도시에는 '학군지'라는 것이 있다. 우리나라는 거주지를 중심으로 통학 가능 범위를 정하는데, 범위에 들어가는 학교들의 집단을 학군이라고 한다. 학군지는 학군이 좋은 곳으로, 주변 학교의 수준과 교육 환경이 우수한 지역이 이에 해당된다. 서울에서는 대표적으로 대치동, 목동, 중계동 등을 주요 학군지로 보고 있다.[44] 학군지에서 자녀를 양육하면 당연히 자녀들의 명문대 입학에 큰 도움이 된다. 그렇지만 교육 프리미엄이 붙기 때문에 학군지의 아파트 값은 다른 곳에 비해 훨씬 비싸 부담스럽다. 그래도 부모들은 학군지로 들어가기 위해 모든 자원을 투입하고 총력전을 불사한다. 교육은 우리 사회에서 학군지와 비학군지의 지역 격차까지 발생시킬 만큼 중요한 요소다. 그런데 학군지에서 만들어지는 것은 눈에 보이는 성적만이 아니다! 학군지가 어떻게 돌아가는지 더 자세히 들여다볼 사회학 렌즈가 필요하다.

부르디외의 아비투스

우리 도시 곳곳을 구별 짓는 학군지를 관찰할 렌즈는 프랑스의 사회학자 피에르 부르디외(Pierre Bourdieu, 1930~2002)에게서 빌릴 수 있다. 부르디외는 **아비투스**(habitus), **장**(field), **자본**(capital)이라는 개념으로 잘 알려져 있다.[45] 그는 특히 '교육'에 관심이 많았는데, 그의 렌즈로 우리 도시의 학군지를 살펴보자.

우선 부르디외의 자본에 대한 개념이 필요하다. 우리는 자본을 떠올릴 때 흔히 돈, 부동산, 자동차 같은 물질적 자원을 떠올린다. 하지만 부르디외에 따르면 이는 자본의 여러 형태 중 하나인 경제 자본(economic capital)일 뿐이다. 우리 사회에는 경제 자본 외에 다양한 자본이 존재한다. 일단 사회 자본(social capital)이 있다. 사회 자본은 개인이 속한 사회 연결망, 즉 인맥으로 결정된다. 우리가 엘리트의 네트워크에 속해 있는지, 인간 관계가 넓은지, 얼마나 중요한 사람과 알고 지내는지가 중요하다. 다음은 부르디외의 시그니처라 할 수 있는 문화 자본(cultural capital)이다. 문화 자본은 교육 수준, 예술적 감각, 사용하는 언어 습관 등과 관련이 있다. 문화 자본은 벼락부자가 되었지만 불쑥불쑥 튀어 나오는 험한 말을 고치지 못한 졸부와 많이 배운 분위기를 풍기며 교양 있게 말하는 엘리트를 구별 짓는 요소다. 이런 각각의 자본이 사회에서 인정받게 되면 상징 자본(symbolic capital)으로 이어진다. 상징 자본은 사회적 명성과 권위에 기반을 둔 상징적인 지위다. 예를 들어, 영화 〈범죄와의 전쟁〉에서 "마, 느그 서장 남천동 살제? 내가 임마, 느그 서장이랑 임마, 어저께도 같이 밥 묵고, 사우나도 같이 가고, 다 했쓰 임마!"라고 말하는 최익현(최민식 분)은 사회 자본을 통해 상징 자본을 키운 대표적 인물이다. 사회에서 널리 인정받는 지위를 가졌다는 점에서 상징 자본이 있는 사람은 사회 활동을 하는 데 무척 유리하다.

부르디외 이론의 또 다른 주요 개념인 아비투스는 자본과 밀접한 관련이 있다. 아비투스는 개인에게 체화된 사회구조를 가리킨다. 간단하게 말하면, 개인의 행동, 인식, 취향 등 사회적 배경 속에서 자연스럽게 몸에 밴 무의식적인 습관이라고 할 수 있다. 이런 사회적 습관은 개인이 가진 자본과 연결되어 있다. 비슷한 환경에서 자란 사람은 서로 유사한 아비투스를 갖고 있는 반면, 자라난 환경이 다르면 그들 간에는 아비투스에서도 차이를 보인다. 저소득층 집안에서 태어나 어려서부터 가난에 시달린 사람과 상류층 집안에서 태어나 각종 악기를 다룰 줄 알고 다양한 언어와 예절 교육을 받으며 자란 사람은 기본적으로 삶의 가치관이나 취향, 생각, 태도가 많이 다를 것이다. 일반인과 구별되는 상류층의 품위는 바로 이런 아비투스의 차이에서 나온다.

장은 아비투스가 드러나며, 자본을 둘러싼 경쟁이 벌어지는 사회적 공간이자 무대다. 쉽게 말해 예술계와 같이 '어떠한 계' 혹은 정치

바닥과 같이 '무슨 무슨 바닥'을 떠올리면 된다. 부르디외는 사회를 교육장, 정치장, 경제장 등 여러 개의 장으로 구성된 공간으로 보았다. 사람들은 이런 장들 속에서 더 많은 자본을 얻기 위해 투쟁한다. 각 장에는 고유의 규칙에 따라 축적한 자본으로 권력 관계가 형성된다. 예를 들어, 예술장에서 인정받는 자본은 문화 자본이다. 예술장에서 예술에 대한 깊은 조예로 문화 자본을 쌓아 올린 비평가는 예술 작품의 성공과 실패를 좌지우지하는 권력을 행사할 수 있다. 영화의 가치를 한 줄로 평가하는 저명한 영화평론가는 예술장에서 높은 지위에 있다고 할 수 있다.

갑자기 많은 개념이 나와 어지러울 법한 데, 지금까지 살펴본 개념을 간단하게 정리하면, 아비투스는 '자라온 환경에 따라 몸에 밴 습관', 장은 '우리가 속한 사회적 무대', 그리고 자본은 '성공하기 위한 재료'라고 볼 수 있다. 이 세 가지가 어우러지며 우리의 사회적 위치가 결정된다. 그리고 이 세 가지를 꿰뚫는 것이 바로 교육이다.

우선 교육은 아비투스의 형성에 큰 영향을 미친다. 가정이나 학교에서 받는 교육은 학생들의 태도, 행동, 사고방식, 취향을 형성한다. 즉, 무엇을 보고 배우며 자랐는지가 중요하다. 일찍이 좋은 교육 환경에서 공부하는 습관(아비투스)을 기른 학생은 입시 무대(장)에서 좋은 결과를 내고, 학벌이라는 성공의 재료(문화 자본)를 가지게 된다. 명문대 졸업장은 취업 무대에서도 인정받아 높은 연봉이라는 또 다른 성공의 재료(경제 자본)로 교환되기도 한다. 더 나아가 학벌은 또한 훌륭한 동문과의 네트워크(사회 자본) 형성에 활용되어 다양한 사회 무대에서 많은 기회를 만들어 낸다. 덕분에 사회에서 인정받는 권위(상징 자본)를 얻을 가능성이 커진다.

　이렇게 다양한 자본을 축적한 사람은 또다시 교육을 통해 같은 방식으로 자녀의 아비투스를 형성하고, 각 장에서 우위를 점하여 자본을 상속한다. 결국 사회적 격차를 만들어 내고, 계층을 구별 짓는 데 교육이 핵심적인 역할을 하고 있는 것이다. 교육은 사회적 계층 구조를 재생산하는 중요한 메커니즘으로 작동한다.

학군지와 교육 상속자들

우리가 살아가는 도시에서는 교육 환경에 따라 계층의 재생산과 구별 짓기 현상이 쉽게 관찰된다. 중상류층 부모는 무리를 해서라도 자녀의 교육을 위해 일찌감치 학군지에 자리를 잡고 좋은 학교와 학원에서 자녀를 교육시킨다. 맹자 어머니도 학군지에 들어가려고 3번이나 이사했지 않았나?

　학군지의 훌륭한 교육 환경은 아이들 아비투스의 근간이 된다. 학군지에서 성장하는 아이들은 주로 만나는 사람이 중상류층 어른이나 본인과 비슷한 수준의 아이들이다 보니 어렸을 때부터 중상류층의 취향, 사고방식, 예절, 습관이 체화된다. 대체로 학군지의 학생들은 어릴 때부터 형성된 아비투스로 공부하는 습관이 몸에 배어 있고, 명문대 입학이라는 목표를 공유하는 면학 분위기에서 성장한다.

　여기에 더해 학군지 아이들은 부모의 경제 자본, 사회 자본, 문화 자본, 상징 자본을 전수 받아 교육장에서 비학군지 아이들과 격차를 만들어 낸다. 자녀 교육에 관심이 많은 부모의 높은 학력 수준과 가치관(문화 자본), 교육비를 뒷받침할 재력(경제 자본), 학부모들 사이에서 공유되는 입시 정보(사회 자본), 학교나 학원이 자녀들에게 더 많은 관심을 기울이도록 하는 부모님의 사회적 명성(상징 자본)으로 학군지 아이들은 명문대에 입학할 가능성이 한층 커진다. 그렇게 학군지는 비학군지와 구별되며 계층을 상속하는 공간으로 자리 잡는다.

부모의 소득[46]과 학력 수준[47]이 높을수록 자녀가 명문대에 진학할 가능성이 크다는 것은 이미 기정사실이다. 2024년 서울대 정시모집 일반전형 합격자의 4분의 1이 우리나라의 대표적인 상류층 거주지이며 최대의 학군지로 여겨지는 강남3구 출신이라는 것만 봐도 알 수 있다.[48] '강남 학군 대입 정원 상한제'라는 것까지 제시될 정도이니 강남 지역의 교육 쏠림 현상은 정말 심각하긴 하다.[49]

물론 노력에 따라 비학군지 학생도 명문대에 진학할 수 있다. 하지만 고학력 중상류층 부모로부터 풍부한 자본을 전수받으며 학군지에서 자란 학생의 취향과 사고방식은 비학군지 출신 학생과 다를 수밖에 없다. 옷 입는 것, 비전과 목표, 대화 방식, 교수님과 선후배를 대하는 태도, 과·동아리 활동, 음식 문화, 취미 생활 등 일상의 모든 면에서 이런 차이가 드러난다. 이에 따라 같은 대학에서도 아비투스의 차이로 서열을 구별 짓는 경향이 있다. 특히 학군지 출신 학생들이 주류인 명문대에서 그들과 달리 지역균형전형, 농어촌특별전형, 특성화고특별전형으로 입학한 학생들은 알게 모르게 조롱받을 때가 있다. 이런 아비투스의 차이가 만드는 불평등을 자녀가 경험하게 하지 않으려고 우리는 학군지를 열망하는 것이 아닐까?

아비투스를 바꾸는 도시의 힘

교육으로 계층이 대물림되는 도시에서 우리는 무엇을 할 수 있을까? 부르디외는 기회의 평등을 보장해야 할 교육 현장이 실제로는 권력 관계를 유지하고 사회적 불평등을 재생산하고 있다는 점을 비판했다.[50] 결국 근본적인 해결책은 누구나 좋은 교육을 받을 수 있는 도시 환경을 만드는 데서 찾을 수밖에 없다.

이에 대해 여러 도시에서 실정에 맞는 독특한 시도가 진행중이다. 그중 콜롬비아의 메데인(Medellín)• 시는 성공적인 사례로 잘 알려져 있다. 원래 메데인은 마약 카르텔로 악명 높은 범죄와 빈곤의 도시였다. 이곳 아이들의 아비투스가 어떻게 형성되어 왔을지는 뻔하다. 이런 악조건에서 2003년 메데인에서 나고 자란 세르히오 파하르도가 시장으로 당선되었다. 파하르도 시장은 2007년 메데인의 가장 가난한 빈민가에 멋진 도서관을 지었고, 어디에서나 쉽게 접근할 수 있도록 도서관 주변을 케이블카로 연결했다. 고립되어 있던 메데인의 빈민가는 도서관이 생기면서 사람들이 즐겨 찾는 곳이 되었고, 마약에 손을 대던 아이들이 하나둘 책을 읽게 되었다고 한다. 이후

• 외래어 표기법에 따라 적었지만, 현지에서는 '메데진'으로 읽고, '메데인'도 통한다고 한다.

에도 메데인은 빈민가에 교육 예산을 투자하며 '가장 교양 있는 도시'가 되기 위해 도시 혁신 실험을 계속하고 있다.[51]

물론 도서관 하나가 교육 불평등이 재생산되는 문제를 드라마틱하게 해결해 주진 않을 것이다. 그렇지만 메데인의 사례처럼 도시는 좋은 방향으로 아비투스를 변화시킬 잠재력이 있다. 그렇기에 부모의 배경과 상관없이 누구나 좋은 교육을 받을 수 있도록, 우리 도시는 끊임없는 시행착오를 통해 변화해야 한다. 그런 의미에서 도시는 교육이 낳고 있는 불평등한 계층 구조를 해결하기 위한 실험실이 될 수 있지 않을까? 우리가 살아가는 도시가 누구나 마음껏 공부에 미칠 수 있는 멋진 공간이 되었으면 좋겠다.

렌즈 너머의 사회학자

| 피에르 부르디외 | Pierre Bourdieu | 1930~2002 | 프랑스 |

"아비투스는 자신을 만들어 낸 사회적 세계를 마주할 때, 마치 '물속의 물고기'가 물의 무게를 느끼지 못하듯이, 그 세계를 당연한 것으로 받아들인다."
― 피에르 부르디외와 로익 바캉, 《성찰적 사회학으로의 초대》 ―

부르디외는 프랑스 남부 딩겐에서 우체부의 아들로 태어났다. 시골 마을의 수재였던 부르디외는 고등학생 때 파리의 명문 루이르그랑 고등학교로 전학했고, 에콜 노르말 쉬페리외르(파리 고등사범학교)에 입학해 철학을 공부했다. 이후 프랑스의 최고 국립교육기관인 콜레주 드 프랑스

(Collège de France)의 사회학 교수로 재직하였다.

'시골 촌놈'인 부르디외는 프랑스의 귀족 출신과 엘리트가 모여 있는 명문대에 입학해 심한 차별을 느꼈다고 한다. 이런 경험이 부르디외가 교육에 관심을 가지게 된 계기가 되지 않았을까 싶다.

부르디외는 그를 대표하는 아비투스, 장, 다양한 자본 개념을 토대로 불평등한 사회구조와 권력의 재생산을 심층적으로 연구하였다. 그의 사회이론은 오늘날에도 교육, 문화, 예술 등 다양한 분야에서 발생하는 사회적 불평등의 메커니즘을 설명하는 데 중요한 자원으로 쓰이고 있다.

개미는 오늘도 열심히 일을 하네,

매일 매일 살기 위해서

10

빛나는 도시의 피곤한 노동자들
마르크스의 소외론

도시의 피곤한 하루

평일 아침 직장이 밀집한 도시의 지하철역은 수많은 사람으로 붐빈다. 같은 시간대에 늘 마주치는 사람을 보면 간혹 반갑다는 마음이 들기도 한다. 다들 아침부터 어디를 그렇게 가는 걸까? 말해 뭐해, 일하러 가는 거지! 일반적으로 사회인은 하루의 대부분을 일을 하며 보낸다. 이렇듯 일은 우리 인생의 가장 중요한 부분 중 하나다.

우리는 얼마나 오래 일을 할까? 우리나라는 OECD 국가 중 근로 시간이 최상위권이다. 2023년 기준 연평균 1872시간이다.[52] 우리보다 많이 일하는 나라는 멕시코, 코스타리카, 칠레, 그리스, 이스라엘이다(이 나라들은 도대체 뭐지?). 그나마 토요일에도 출근하는 게 일반적이었던 과거●에 비하면 우리나라 근로 시간은 많이 줄어든 편이라고 한다. 그럼에도 여전히 OECD 평균인 1742시간보다 월등히 많다. 그 차이를 하루 8시간 근무로 환산하면 다른 나라의 직장인보다

● 주 5일 근무제가 5인 이상 모든 사업장에 도입된 것은 2011년 이후부터다.

일 년에 대략 16일 정도 더 근무하는 것이다.

이렇게 긴 근로 시간 때문일까? 출근하는 사람들의 얼굴을 쳐다보면 대체로 피곤에 찌들어 있다. 출근하면서 "오늘도 신나게 일을 할 수 있는 하루가 시작됐네. 완전 럭키비키잖아!" 이런 '원영적 사고(초긍정 마인드)'를 하는 사람은 그리 많지 않을 것이다.

피곤하고 힘들면 쉬지, 왜 출근을 해야 할까? 일해서 돈을 벌어야 먹고 살 수 있기 때문이다. 슬프지만 자본주의 사회에서 삶을 영위하기 위해 우리가 돈을 벌 수 있는 수단은 우리 몸뚱이에서 나오는 노동력뿐이다. 그건 의사건 선생님이건 일용직 노동자이건 마찬가지다. 먹고 살기 위해 많은 것을 포기하면서 하루하루 직장에 몸을 맡기고 일해야만 한다.

도대체 자본주의가 뭐길래 이렇게 하기 싫은 노동을 개미처럼 매일 해야만 하는 걸까? 우리 삶의 일부인 노동과 도시는 또 어떻게 이어져 있을까?

마르크스의 소외론

노동과 도시를 바라볼 렌즈를 빌려줄 사회학자는 문과계의 끝판왕 카를 마르크스(Karl Marx, 1818~1883)다. 마르크스를 좋게 보건 나쁘게 보건, 마르크스만큼 유명하고 후세에 큰 영향을 미친 사회학자는 없다. 사회학의 3대장 중 한 사람으로, 마르크스 경제학, 마르크스 지리학, 마르크스 정치학, 마르크스 철학, 마르크스 역사학 등 인문과 사회과학 거의 전 분야에 자신의 이름을 딴 '마르크스주의(Marxism)'라는 브랜드가 있을 정도로 대단한 분이다. 마르크스는 산업 혁명을 배경으로 자본주의가 빠르게 성장하던 19세기 중반, 날로 부를 축적해 가는 자본가들과 점점 더 빈곤해지는 노동자들의 극명한 삶의 차이를 직접 목격했다. 그는 이러한 현실 속에서, 자본주의 사회가 지닌 구조적 모순과 불평등에 깊은 관심을 갖게 되었다.

이때 마르크스가 주목한 것은 기존에 사회를 설명하는 데 중요한 역할을 했던 법률, 문화, 철학, 종교, 교육 같은 관념적인 요소가 아니라 경제, 즉 물질이었다.[53] 관념은 지배 구조를 정당화하는 수단일 뿐, 실질적인 계급 구분은 경제 시스템에 의해서 이루어진다는 것이다. 예를 들어, 봉건 시대에는 농지를 소유한 영주가 지배 계급이었지만, 산업 혁명을 거치며 공장을 소유한 자본가가 그 자리를 대신하게 되었다. 이러한 변화의 근본적인 이유는 법률이나 제도의 개편 때문이 아니라, 경제가 농업 중심에서 공업 중심으로 전환되었기 때문이다. 이런 맥락에서 마르크스는 사회의 구조를 결정짓는 힘이 바로 경제 시스템에서 나온다고 보았다. 그렇다면 자본주의 경제 시스템은 어떻게 사회의 지배 구조를 결정하는 것일까?

노동가치론

김 씨가 자동차 공장에 취업했다고 가정해 보자. 열심히 자동차를 조립하며 받는 월급으로 하루하루 살아가고 있는데, 갑자기 회장님이 공장을 해외로 이전한다며 공장을 폐쇄했다. 그럼 김 씨는 다른 자동차 공장에 취직하기 전까지 좋든 싫든 자동차를 만들 수 없다.

왜냐하면 생산에 필요한 기계와 공장은 김 씨 소유가 아니기 때문이다.

이때 기계, 공장, 도구, 건물, 땅, 자원과 같이 생산물을 만들어 내는 데 필수적인 것들을 생산수단이라고 한다. 마르크스는 생산수단의 소유 여부에 따라 계급이 나뉜다고 보았다. 회장님처럼 생산수단을 소유한 쪽은 부르주아(bourgeoisie)라고 불리는 자본가 계급이다. 반면, 김 씨처럼 생산수단을 소유하지 못한 쪽은 프롤레타리아(proletariat)라고 불리는 노동자 계급이다.

노동자는 기계나 공장 같은 생산수단이 없기 때문에 스스로 생산물을 만들어 팔아 자본을 축적할 수 없다. 그렇기에 노동자는 생산수단을 가지고 있는 자본가에게 노동력을 팔고, 일을 한 대가로 임금을 받아 생계를 유지한다. 사실 자본주의 사회에서 진정한 생산수단을 갖고 있는 사람은 그리 많지 않다. 대부분은 임금을 받는 노동자 계급에 속한다. 명망 있는 교수님도 임금 노동자일 뿐이다. 교수님이 일하는 데 필요한 캠퍼스 건물과 연구실, 각종 시설, 그리고 대학원생(?)도 교수님 것은 아니다. 이런 생산수단이 없으면 연구와 강의 능력이 출중하더라도 교수님은 돈을 벌 수 없다. 결국 마르크스의 구분에 따르면 수백억을 관리하는 금융맨도, 대학병원 의사도, 축구 선수도 모두 노동자인 것이다.

여기서 문제는 소수의 자본가 계급이 다수의 노동자 계급을 '착취'하면서 자본을 축적한다는 점이다. 그런데 아이러니하게도 마르크스에 따르면 생산 과정에서 상품에 가치를 직접 부여하는 것은 노동자다.[54] 물론 경제학적으로는 생산수단의 감가상각 등 더 복잡한 변수가 있지만 아주 단수한 예를 들어 보자.

빵 공장을 소유한 자본가가 원료인 밀가루 1000원어치를 가져왔다. 밀가루는 가만 놔두면 그냥 1000원어치 밀가루일 뿐이다. 노동자가 밀가루를 '뚝딱!' 빵이라는 '상품'으로 변화시키는 과정이 있어야 이를 시장에 판매할 수 있다. 빵을 1,500원에 판매하고 500원의 이익을 얻는다고 해보자. 여기서 500원의 이익은 노동자가 밀가루를 빵으로 만들어 내며 창출한 가치다. 마르크스는 이렇게 '뚝딱!' 하는 노동에서 가치가 발생한다는 **노동가치론**을 주장했다. 그러나 노동으로 창출한 500원은 온전히 노동자에게 돌아가지 않는다. 자본가는 노동자에게 임금으로 200원을 떼어주고 나머지 300원을 가져간다. 이 300원은 뭘까? 노동으로 만들어진 상품의 가치(500원)와 임금(200원)의 차이(300원)인 '잉여가치'다. 자본가는 노동의 강도를 높이거나 임금을 줄여 잉여가치를 늘리는 방식으로 자본을 축적한다. 즉, 자본주의 경제 시스템은 생산수단을 가진 자본가가 생산수단이 없는 노동자를 착취하는 계급관계를 바탕으로 지배 구조를 형성하는 것이다.

소외론

상품의 가치를 만드는 주체는 노동자이지만 정작 자본가만 부를 축적하는 모순적인 자본주의 사회에서 노동자 계급은 **소외**(alienation)된다. 마르크스는 소외를 '자본주의 사회구조에서 비롯된 인간 본질의 왜곡'이라고 정의하였다.[55] 마르크스에 따르면 노동은 의식적이고 주체적으로 세계를 창조해 나가는 인간의 본질이다. 본능적으로 집을 짓는 거미와 달리 인간은 계획적인 노동으로 창조성을 발휘해 집을 지을 수 있다. 그러나 자본주의 사회에서는 계급관계에 의해 이런 인간의 본질이 왜곡되는 소외가 발생한다. 이 과정에서 노동자는 총 네 번의 소외를 경험한다.

먼저 노동자는 노동, 즉 생산 활동 그 자체로부터 소외된다. 노동자에게 부여된 노동은 본인이 원하거나 본인에게 만족감을 주는 자율적인 노동이 아니다. 자본가와의 계약 조건에 종속되어 컨베이어 벨트 혹은 사무실의 좁은 책상에서 임금을 볼모로 강요되는 노동이다. 노동자들이 어떻게 일을 할 것인지는 자본가가 통제한다. 더럽고 치사해도 잘리기 싫으면 노동자는 자본가의 뜻에 맞춰 일할 수밖에 없다.

둘째로 노동자는 자신이 만들어 낸 생산물로부터 소외된다. 상품을 만드는 사람은 노동자 자신이지만 자신이 생산한 상품의 운명을 결정할 권리는 노동자가 아닌 자본가에게 있다. 노동자가 강철을 만들어 냈을 때 그 강철이 건물을 지을 때 쓰일지, 자동차를 만들 때 쓰일지는 노동자의 권한 밖에 있다. 모든 생산물의 소유권은 생산수단을 가진 자본가에게 속해 있기 때문이다.

셋째로 노동자는 다른 노동자들로부터 소외된다. 과거에는 인간이 협동하여 자연 환경에 대응했던 때가 있었다. 하지만 자본주의 사회에서 두드러지는 것은 협동보다는 경쟁과 갈등이다. 직장 동료는 같은 노동자 계급에 속해 있지만 기본적으로는 성과와 승진을 위해 경쟁하는 관계다. 그래서 직장에서는 친밀한 인간 관계가 형성되기 어렵다. 노동자들 사이에는 사회적 고립과 적대감이 형성되어 노동자 서로를 소외시킨다.

마지막으로 노동자는 자기 자신으로부터 소외된다. 인간에게는 자신의 의지로 스스로를 발전시켜 자아실현을 할 수 있는 잠재력이 있다. 하지만 생산 과정에서 노동자는 자신의 잠재력을 충분히 발휘할 수 없다. 일터에서 노동자가 하는 일은 단순히 생계유지를 위한 수단일 뿐이지 자아실현의 수단이 아니다. 김 씨가 회사에서 억지로 쓰는 보고서가 김 씨의 삶에 그렇게 큰 의미를 주지는 않듯이 말이다. 자본주의 사회에서 노동자는 결국 자신의 잠재력을 다 펼치지 못하게 된다.

마르크스에 따르면, 자본가 계급은 스스로 생산하는 것은 없지만, 노동자의 노동을 착취해 자본을 축적하고 사회를 지배하는 힘을 갖는다. 한편, 노동자 계급은 생산의 진정한 주체이지만 생산 활동과 생산물, 동료, 그리고 자기 자신으로부터 소외된다. 마르크스는 이런 기막힌 자본주의의 아이러니를 꿰뚫어 보았다.

도시로부터의 소외

도시는 노동자와 떼려야 뗄 수 없는 곳이다. 노동자는 일거리가 많은 도시로 몰린다. 우리나라도 1960년대부터 산업화와 함께 도시화가 시작되었고, 수많은 사람이 일자리를 얻기 위해 농촌을 떠나 도시에 자리 잡았다. 사업체와 직장이 많은 도시에는 대기업 직원, 은행원, 기자, 애널리스트, 변호사, 의사, 데이터 엔지니어, 식당 종업원, 편의점 아르바이트생, 스타벅스 파트너 등 다양한 노동자가 모여 있다. 분야마다 버는 돈도 다르고 업무 환경도 천차만별이지만, 우리 모두 노동자라는 본질만은 여전하다.

여기에서 노동자는 다시 한 번 소외되는데, 바로 도시로부터 소외된다. 우리가 살아가는 도시에는 뭐 하나 당연한 것이 없다. 지하철, 아파트, 백화점 등 도시를 형성하고 운영하는 모든 곳에 자본이 투입된다. 하지만 자본만 갖고는 안 된다. '뚝딱' 하는 노동자들의 노동이 들어가야 한다. 지하철 기관사, 아파트를 짓는 공사 인력, 백화점에서 일하는 여러 직원이 각자의 노동을 하지 않으면 도시는 돌아가지 않는다. 문제는 도시에서 나오는 성과물이 실제 도시를 만들고 움직이는 노동자에게 골고루 돌아가지 않는다는 점이다. 도시의 자본가는 축적한 자본으로 부동산 개발과 임대, 투자를 통해 도시가 만들어 낸 열매를 따먹고, 이때 얻은 이윤을 다른 곳에 재투자해 자본을 눈덩이처럼 키운다. 그에 반해 제한된 임금을 받는 노동자는 도시라는 공간에서조차 소외를 경험한다.

자본가들이 자신들만의 고급 주거 단지에서 쾌적한 도시 생활을 즐길 때, 노동자들은 쥐꼬리만 한 임금으로 수직상승하는 주거비를 감당하지 못해 도시 외곽으로 내몰리며, 도시의 편의 시설과 좋은 교육 환경이라는 수준 높은 생활 인프라에서 점점 멀어진다. 도심 한가운데 있는 한남더힐에 사는 자본가와 서울 외곽 빌라촌에서 하루 두 시간 반을 출퇴근에 써야 하는 노동자 중 누가 도시로부터 소외되고 있는지는 자명하다. 일하면서 하루에 네 번씩 소외되고 있는 마당에 노동자들은 그들이 움직이고 있는 도시로부터 한 번 더 소외되고 있는 것이다.

빛나는 도시의 피곤한 노동자들

자본가는 노동자를 착취해 축적한 자본으로 도시를 그들에게 유리한 공간으로 만든다. 교통 인프라, 생활 환경, 경관과 같은 도시 공간은 대체로 가진 사람들 위주로 구성된다.

마르크스는 견고해 보이는 자본주의 사회도 구조적인 모순에 의해 결국에는 붕괴할 것이라고 예측했다. 마르크스가 쓴 시나리오는 대략 이렇다. 자본가는 더 많은 이윤을 얻기 위해 노동 강도를 높이거나 임금을 줄인다. 하지만 노동자는 곧 소비자이기도 하다. 자본가가 이윤을 추구할수록 노동자의 구매력이 떨어지면서, 상품을 살 수 있는 사람도 줄어드는 아이러니한 상황이 펼쳐진다. 그 결과, 경기 침체가 오면 노동자의 삶은 더욱 팍팍해진다. 마르크스는 이때 노동자들이 사회의 불합리함을 자각하고, 단결하여 자본주의 체제의 변화를 이끌 주체가 될 것이라고 생각했다.

물론 마르크스의 생각과 달리 자본주의는 여전히 건재하다. 하지만 우리는 마르크스의 렌즈로 우리 도시 곳곳에 켜져 있는 자본주의의 경고등을 포착할 수 있다. 우리나라의 부동산 개발사업은 미래의 사업성을 담보로 금융회사에서 거액의 투자를 받는 프로젝트 파이낸싱(project financing, PF)을 자주 활용한다. 그런데 고급 주택을 지어도 점점 더 열악한 노동 조건으로 임금을 모아 집을 살 수 있는 사람들이 차츰 줄어든다면? 휘황찬란한 대규모 상업시설을 지어도 이를 이용할 수 있는 여건이 되는 사람 자체가 줄어든다면? 개발사업은 실패하고, 그 손해는 우리가 살아가는 도시가 고스란히 떠안는다.

지금도 경기가 나빠지면 건설회사와 금융권에서 쏘아 올린 프로젝트 파이낸싱 위기로 연쇄 부도가 언제 일어날지 몰라 조마조마할 사람이 한둘이 아니다.[56] 아직까지는 경제 위기 때마다 정부가 부실기업에 공적자금을 투입하고 제도를 정비해 연명하고 있지만, 이런 시스템이 언제까지고 버텨주리라는 보장은 없다.

마르크스의 예측처럼 자본주의가 진짜 '게임 오버'될 지는 미래로 먼저 가보지 않는 이상 알 수 없다. 하지만 우리는 오늘도 어제와 마찬가지로 일터로 출근한다. 그리고 늦은 밤까지 퇴근하지 못한 우리의 삶이 모여 빛나는 도시의 야경을 만들어 낸다. 직장에서 네 번, 도시에서 한 번, 총 다섯 번의 소외를 경험하는 여러분의 삶에 같은 노동자로서 위로를 보낸다. 언젠가는 최선을 다했던 우리 노동의 가치가 제대로 인정받을 날이 오길 기대하며, 피곤하지만 그래도 우리 인생 파이팅이다.

렌즈 너머의 사회학자

| 카를 마르크스 | Karl Marx | 1818~1883 | 독일 |

> "노동자는 더 많은 부를 생산할수록 더 가난해지고,
> 생산이 강력하고 방대해질수록 빈곤해진다."
> — 카를 마르크스, 《경제학-철학 수고》 —

마르크스는 1818년 독일과 프랑스의 접경 지역인 트리어의 법률가 집안에서 태어났다. 마르크스는 베를린 대학에서 법학과 철학을 공부하고, 1841년에 예나 대학에서 박사 학위를 받았다.

졸업 후 급진노선 신문사의 편집장이 된 마르크스는 정치적 문제로 신문사가 폐간되자 파리로 가서 프랑스의 사회주의와 영국의 정치경제학을 접하게 되었다. 그리고 그곳에서 일생의 동반자이자 물주(?)인 프리드리히 엥겔스를 만난다. 이후 마르크스는 불합리한 자본주의를 신랄하게 비판하며 노동자 혁명을 주도했고, 1848년에는 엥겔스와 함께 《공산당 선언》을 발표한다.[57] 1849년 런던으로 옮겨간 마르크스는 대영박물관에서 자본주의 시스템에 대한 깊이 있는 연구를 시작했는데, 그 결과가 바로 그 유명한 《자본론》이다. 《공산당 선언》과 《자본론》은 둘다 유네스코 세계기록유산에 등록되어 있는 기념비적인 유물이다. 이렇게 마르크스는 1883년에 생을 마감하기 전까지 노동자 혁명에 몸담은 혁명가로서 그리고 학자로서 길이길이 기억될 성과를 남겼다.

자본주의가 여전히 굳건한 지금도 가끔 '원조 빨갱이'라고 조롱 받기도 하지만, 한때 세계의 절반이 그를 추종하는 공산주의 국가였다는 사실만 봐도 현대사에 미친 마르크스의 영향력은 두말할 필요가 없다. 그의 사적 유물론, 계급론, 이데올로기 개념은 문과 계통에 전방위적으로 지대한 영향을 미쳤는데, 이 책에서도 다루는 막스 베버, 피에르 부르디외, 마누엘 카스텔, 앙리 르페브르, 위르겐 하버마스를 비롯한 수많은 사회학자들에게도 많은 영감을 주었다.

사회에서 도시 보기

도시에 사는 우리는 가끔 도시의 이런저런 모습을 오래전부터 있어 온 자연스러운 것처럼 생각한다. 하지만 도시는 엄연히 수많은 사람이 함께 만들어 낸 사회적 산물이다. 도시는 지금 이 순간에도 사회적·경제적·정치적 관계 속에서 끊임없이 변화하며 형성되고 있다.

이 장에서는 사회학 렌즈를 통해 평소 당연하다고 여겨 무심히 지나쳤던 도시의 생활양식이나, 부동산 입지 혹은 대도시의 심상에 반영되어 있는 인간의 사회적 특성을 관찰한다. 또한, 신도시, 모방도시, 도시개발, 도시의 성장, 도시계획, 도시 인프라의 배후에 존재하는, 하지만 잘 보이지 않는 사회적 힘을 조명해 본다.

사회학적 시선으로 우리 사회 속 도시를 바라보면, 단순한 건축물의 집합 너머에 도시를 만들어가는 수많은 주체의 흔적을 발견할 수 있다. 또한 도시의 의미와 도시가 형성되는 과정도 한층 깊이 이해할 수 있을 것이다.

삐에로가 걸어다녀도
놀랍지 않은 곳
그곳이 바로 도시

| 11 |

도시란 무엇인가
워스의 생활 양식으로서의 도시성

도시의 의미

우리는 도시 이야기를 하고 있다. 도시라는 건 도대체 뭘까? 분명히 우리가 살고 있는 공간인데, 막상 '도시'의 정의를 떠올리려니 쉽지 않다. 누군가에게 도시는 마천루, 아파트 단지, 지하철 등과 같은 물리적 공간일 수 있고, 누군가에게는 경제와 정치의 중심지 같은 기능적 공간, 그리고 또 누군가에게는 세련된 문화의 중심지인 사회문화적 공간일 수 있다. 그리고 이 모든 것들이 합쳐진 복합적인 공간으로 인식되기도 한다. 어찌됐든 각자의 관점과 경험에 따라 도시의 의미는 조금씩 다를 수 있다.

'도시'는 도읍(都)과 저자(市)가 합쳐진 말이다. 도읍은 지배자가 거주하며 통치하는 장소이고, 저자는 사람들이 물건을 사고 파는 시장을 뜻한다. 즉, 도시는 정치와 행정 기능을 갖추고, 수많은 사람들이 모여 활발하게 경제 활동을 하는 곳이라고 할 수 있다. 이와 같은 맥락에서, 우리나라 표준국어대사전에서도 도시를 '일정한 지역의 정치, 경제, 문화의 중심이 되는, 사람이 많은 지역'이라고 정의한다.

그렇다면 서양에서는 도시를 어떻게 보고 있을까? 영어로 도시를 뜻하는 'city'는 시민권을 뜻하는 라틴어 'civitas'에서 유래되었다. civitas는 문명을 의미하는 'civilization'과도 깊은 관련이 있다. 문명은 사람들이 비옥한 지대에 모여 정착생활을 시작하면서 이룬 물질적·사회적 발전의 결과다. 사람이 모여야 농사도 짓고, 교역도 하고, 피라미드도 지을 것 아닌가? 그렇기에 문명의 근간은 많은 사람이 모이는 도시였다. 케임브리지 영어사전에서는 city를 '집, 가게, 회사가 많고, 많은 사람이 살아가는 공간 중 마을보다는 큰 곳'이라고 정의한다.

서로 다른 문화권이지만 도시의 뜻을 살펴보면 공통점이 있다. 바로 많은 사람이 모여 생활하는 곳이라는 것이다. 그래서인지 국가들마다 기준은 조금씩 다르지만 도시와 비도시지역을 구분하는 대표적인 기준으로 인구를 사용하고 있다. 덴마크는 200명, 아르헨티나는 2000명, 인도는 5000명, 일본은 5만 명, 중국은 10만 명, 그리고 미국은 주마다 차이가 있는데 지역마다 각각 1500명에서 5만 명 사이의 인구가 거주하는 지역을 도시라고 정의한다. 우리나라도 도시를 정의하는 지방자치법이 존재하는데, 일본과 같이 인구 5만 명 이상이 거주하는 지역을 도시로 구분하고 있다.[58]

뭔가 양적인 측면에서 인구를 기준으로 도시를 정의하는 것이 부적절해 보일 수도 있다. 하지만 물이 섭씨 100도가 되면 끓어 수증기가 되듯, 사람도 많이 모이게 되면 도시에 질적인 변화가 나타난다. 그때 단순히 인구가 많다 적다 정도의 설명을 넘어서는 도시만의 성격, 즉 '도시성(urbanism)'이 발현되는 것이다. 이런 맥락에서 도시의 인구적 특성을 통해 도시를 사회학적으로 정의한 대표적인 사회학자가 있다. 그의 렌즈를 빌려 도시에 살아가는 수많은 사람들이 어떤 도시성을 형성해 나가는지 살펴보도록 하자.

워스의 생활 양식으로서의 도시성

오늘날 우리가 생각하는 도시라는 공간을 정의하는 데 큰 영향을 미친 사회학자는 바로 루이스 워스(Louis Wirth, 1897~1952)다. 사회학, 도시계획학, 지리학 등 도시를 다루는 모든 학과에서 한 번씩은 짚고 넘어가는 중요한 인물이다. 워스는 시카고 대학 출신으로 농촌과 구별되는 도시만의 특성에 주목했다. 여기서 시카고 대학 출신이라는 점을 굳이 언급하는 이유는 시카고 대학이 사회학의 역사에서 여러모로 중요한 위치에 있기 때문이다. 시카고 대학은 미국 최초로 사회학과가 설립된 대학이고, 우리가 앞서 만났던 조지 허버트 미드와 소스타인 베블런이 재직했던 곳이자, 어빙 고프먼을 비롯해 여러 저명한 사회학자를 배출한 곳이기도 하다. 특히, 1920년대부터 1940년대에 도시를 사회학적 관점에서 연구한 학자들이 활발히 활동하며, 도시사회학의 발전을 이끈 시카고 학파가 탄생한 대학으로도 잘 알려져 있다.

같은 소속사의 아이돌 그룹끼리도 윗세대와 아랫세대가 비슷하면서도 다른 점이 있듯, 같은 학파도 세대 간에 연속성도 있지만 다른 점도 분명 있다. 워스는 시카고 학파를 대표하는 2세대 학자다.

로버트 파크와 어니스트 버지스를 중심으로 한 1세대 시카고 학파가 도시의 성장에 따른 공간 구조의 변화에 초점을 맞췄다면, 워스는 도시 사람들의 삶의 방식, 즉 '생활 양식'으로 도시를 이해하는 데 역점을 두었다.[59]

워스는 농촌과 구별되고, 모든 도시에 일반적으로 적용할 수 있는 공통의 속성, 즉 도시성을 도시의 생활 양식에서 찾았다. 이런 **'생활 양식으로서의 도시성'** 의 기초가 되는 것이 바로 도시에 사는 사람들이 모여 형성하는 사회적인 관계다. 이를 바탕으로 워스는 도시를 '사회적으로 이질적인 사람들이 많이 그리고 조밀하게 살아가는 정주지'라고 보았다. 워스의 관점에서 보면, 도시만의 독특한 생활 양식을 구성하는 요인은 인구의 규모와 밀도, 그리고 이질성이다.

인구의 규모

인구 규모는 사람들 사이의 관계에 영향을 미친다. 사람이 많은 도시에서는 사람이 적은 농촌에 비해 인간 관계가 피상적이지만, 다른 한편으로는 익명성이 보장되어 개인의 자유가 커진다. 예를 들어, 작은 농촌 마을에서 매일 보던 어르신이 안 보인다면 어떨까? 마을 사람들은 곧장 어르신을 찾아 안부를 물어볼 것이다. 마을 규모가 작은 만큼 그곳 사람들은 서로의 수저가 몇 개인지 알 정도로 친밀한 관계를 맺고 있다. 이렇게 친밀한 것은 좋은데, 문제는 강한 공동체성 때문에 개인의 자유가 침해될 수도 있다는 점이다. 마을의 몇 없는 청년이 유튜브 영상을 찍느라 말없이 밭일에 빠지면 곧장 들켜 마을 어르신께 한 소리 들을 것이다. 농부보다 유튜버가 되고 싶은 청년이지만 너무나 가까운 인간 관계 때문에 자유롭게 시간을 쓰기가 이렇게나 어렵다.

한편, 인구가 많은 만큼 도시에서는 구성원이 가진 직업과 역할이 농촌에 비해 다양하다. 대다수가 농업에 종사하는 농촌 사람과 달리, 도시 사람들은 바리스타, 은행원, 택배기사, 의사, 교사 등 다양한 직종에 종사한다. 이렇게 직업적으로 분업화가 되어 사회적인 역할이 세세히 나누어져 있는데다가, 같은 역할을 하는 사람이 워낙 많기 때문에 농촌 사람들처럼 서로 매일 얼굴을 보며 일차적인 관계를 맺기가 어렵다. 그렇기에 도시에서의 인간 관계는 대부분 이차적인 관계다.

예를 들어, 도시에 사는 김 씨가 은행에서 은행 업무를 처리한다고 해보자. 다음 주에 또 처리할 은행 업무가 있다고 해서 꼭 같은 직원을 찾아가야 할 이유는 없다. 어떤 직원이든 내 은행 업무를 처리하는 역할을 하기만 하면 되기 때문이다. 김 씨와 은행원의 관계는 맡은 역할을 수행하는 사무적 관계일 뿐이다. 이처럼 농촌에 비해 도시 사람들은 필요에 따라 훨씬 많은 사람과 만나지만, 도시에는 그 역할을 대체할 사람이 많기 때문에 특정 개인에게 의존할 필요는 없다. 도시에 김 씨의 은행 업무를 처리해 줄 은행원이 얼마나 많겠는가?

이렇듯 도시의 거대한 인구 규모는 각 사람의 인간적인 특성보다 각자의 역할에 기초한 사회 생활을 가능케 하면서 높은 수준의 익명성과 개인주의를 부여한다. 그 결과, 도시는 인간 관계를 부차적으로 만들지만, 한편으로는 강한 공동체성에 묶이지 않을 자유를 준다.

인구의 밀도

한정된 공간에 인구가 많으면 당연히 인구 밀도가 높아진다. 인구 밀도가 높은 도시에서는 당연히 모르는 사람과 자주 만난다.

작은 농촌 마을에서는 마주치는 사람이 보통 다 아는 사람들이다. 그러다 보니 지나가면서 "김 씨 무릎은 다 나았어?"하며 서로 인사하고 안부를 나눈다. 농촌에서는 일단 누구라도 마주치면 멈춰 서서 잠깐이라도 이야기를 나누는 게 하나도 이상하지 않다.

그에 반해, 길거리, 지하철, 백화점 등 도시 곳곳에서는 사람들과 훨씬 더 자주 마주치지만, 다들 모르는 사람들이라 그냥 무심하게 지나친다. 내 앞에 걸어오는 사람이 뭐 하는 사람인지, 나이가 몇인지, 건강한지 큰 관심이 없다. 어차피 나와 관계없는 스쳐 지나갈 인연이다. 기본적으로 마주치는 사람들과 정서적 유대감이 없다. 인구 밀도가 높다 보니 도시에서는 사람과의 물리적 접촉이 농촌보다 훨씬 많지만, 사회적 접촉은 그보다 훨씬 적다. 만약 길거리에서 지나가는 타인에게 관심이 갈 때가 있다면 그 사람의 옷차림이나 헤어스타일, 외모가 특별할 때뿐이다. 그래서 도시인은 개개인의 본질보다 외면적인 특성에 민감하게 반응한다.

또한, 한정된 지역에 많은 사람이 밀집해서 살다 보니 경쟁이 치열할 수밖에 없다. 농촌도 당연히 좋은 땅과 좋은 집이 있겠지만, 어디 도시만 하랴! 도시에서는 더 좋은 집에서 살고, 더 좋은 직장에서 일하고, 더 좋은 학교에서 공부하기 위해 수많은 사람과 경쟁해야만 한다.

결론적으로 도시는 높은 인구 밀도에 의해 사람들 간에 사회적 거리감이 크고, 치열한 경쟁이 유발되어 농촌과 구분되는 도시 특유의 삶의 방식을 만들어 낸다.

인구의 이질성

도시에는 수많은 사람이 조밀하게 모여 살기 때문에 농촌에 비해 다양한 유형의 사람이 존재한다. 이런 다양성, 곧 이질적인 인구의 특성으로 도시 사람들은 타인에 대한 무관심, 좋게 표현하면 관용의 범위가 늘어난다.

농촌 사람들은 유사한 사회적 배경을 가지고 있고, 강한 공동체성으로 인해 생활 패턴과 삶의 가치관이 비슷하다. 그렇기에 마을의 관습에 벗어난 행동을 하는 사람에 대해 엄격할 수밖에 없다. 다 그렇게 사는데 혼자만 그 삶을 거부하기는 어려운 법이다.

반면에 도시에는 부자와 빈자, 고학력자와 저학력자, 진보와 보수, 성악가와 래퍼 등 서로 다른 배경과 개성을 가진 사람이 부대끼며 살아간다. 젊은 댄서가 농촌 마을에서 팝핑 댄스를 춘다면 어르신들이 '저 젊은이는 뼈마디가 안 좋은가' 걱정할 수도 있지만, 홍대 거리에서 팝핑 댄스를 추는 건 전혀 이상하지 않다. 도시에서는 정말 웬만큼 특이한 사람이 아니고서야 그렇게 신경 쓰지도 않는다. 삐에로 분장을 하고 돌아다녀도 무슨 이벤트를 하는 중이겠거니 싶기도 하고, 이태원이라면 그냥 '지나가는 사람 3' 정도로 보기도 할 것이다. 이런 사람도 있고 저런 사람도 있는 게 이상하지 않은 곳이 도시 아니겠는가?

도시에서는 이질적인 요소가 한데 섞여 있는 걸 당연하게 받아들이다 보니, 공동체의 가치관을 공유하는 것이 쉽지 않다. 대신 나와 다른 사람을 바라보는 상대주의적 관점이 바닥에 깔려 있다 보니 다름을 용인하는 관용 혹은 무관심이 폭넓게 자리 잡고 있다.

이제까지 한 이야기를 정리해 보면, 도시의 큰 인구 규모와 높은 밀도, 다양한 이질성은 공동체성을 약화시키고 피상적인 관계를 만들지만, 자유로운 인간 관계, 치열한 경쟁, 그리고 다름에 대한 관용 혹은 무관심이라는 도시 특유의 생활 양식을 만들어 내고 있다고 할 수 있다.

도시의 생활 양식은 어떤 도시를 만들까

UN에 따르면 전 세계 육지 면적에서 도시의 면적은 대략 2~3% 밖에 되지 않는다.[60] 생각보다 훨씬 작지만, 전 세계 GDP의 80% 이상이 바로 이 도시에서 나온다.[61] 그리고 이런 단 3%의 도시가 전 세계에 미치는 영향은 어마어마하다. 전 세계 인구의 57%인 46억 명이 좁은 도시에 모여 살고 있다는 점을 생각해 보면, 결국 도시의 영향력은 사람에게서 나오는 것이 아닐까? 우리가 알고 있는 위대한 도시는 대체로 인구가 많고 밀도도 높고 다양한 사람이 모여 산다는 특징이 있다. 뉴욕시는 인구가 약 820만 명인데, 인구 밀도는 제곱킬로미터당 1만 615명[62]이다. 우리나라의 수도 서울은 인구가 약 960만 명에 인구 밀도가 제곱킬로미터당 1만 5927명이다.[63]

그렇기에 인구적 특성에 따라 형성되는 도시의 생활 양식은 도시의 경쟁력을 설명하는 데에도 고려해 볼 수 있다. 경제학자 에드워드 글레이저는 비도시 지역과 구별되는 도시의 엄청난 생산력이 결국 '인적 자본'에서 나온다고 보았다.[64] 예로부터 도시는 혁신의 발전소였다. 혁신은 다양한 사람들이 도시에서 자유롭게 접촉하고 새로운 아이디어를 주고받으며 경쟁한 결과다. 도시의 번영과 성공에 도시의 인구 규모, 밀도, 다양성이 중요하게 작용한다고 볼 수 있다.

도시학자 리처드 플로리다 역시 비슷한 맥락에서 도시의 경쟁력을 논의했다.[65] 인구가 집중되어 밀도가 높아지면 경쟁과 다양성이 증가하고, 이런 도시 환경에서 창의성이 발현된다는 것이다. 또한, 개방적이고 관용적인 도시의 분위기는 성별, 인종, 민족, 성적 취향을 차별하지 않기에 '창조계급(creative class)', 즉 창의적인 인재를 끌어 모은다. 플로리다가 '슈퍼스타 도시'라고 말한 뉴욕, 런던, 시애틀과 같은 성공한 도시에는 이처럼 창의적이면서 이질적인 사람들이 많이 모여 산다.

글레이저와 플로리다를 연결해 보면, 결국 다양한 사람이 한곳에 밀집해 모일 때 생겨나는 도시의 생활 양식, 즉 인간 관계의 자유로움과 경쟁, 그리고 관용이 도시의 성장 동력이자 성공의 열쇠인 셈이다. 하지만 뭔가 부족하다. 왜냐하면 워스가 꼬집은 것처럼 인간 관계의 자유로움, 경쟁을 통한 발전, 관용의 이면에는 결국 비인간적인 인간 관계, 사회적 거리감, 공동체적 가치관의 부재가 존재하기 때문이다.

이런 측면에서 도시사상가 제인 제이콥스는 도시에서 우리가 잊고 있던 공동체의 중요성을 일깨운다. 제이콥스는 좋은 도시란 사람들이 자주 마주치고 유기적으로 연결되어 지역공동체가 살아있는 '인간적'인 도시라고 했다.⁶⁶ 아무리 휘황찬란해도 서로에게 무관심하고 파편화된 도시는 죽은 도시다. 그렇기에 살아있는 도시가 되기 위해서는 도시 생활 가운데 우리의 몸과 마음을 기댈 수 있는 공동체가 하나쯤은 꼭 있어야 한다는 것이다.

그래서 도시란 무엇인가

워스는 도시의 인구적 특성이 사회적 유대감과 공동체성을 옅게 할 거라고 보았지만, 다행히 꼭 그런 것만은 아니었다. '도시 마을 사람들(urban villagers)'의 존재 덕분이다. 도시 마을 사람들이란 도시에 거주하지만 마을처럼 공동체를 이루며 살아가는 사람들을 말한다.

대표적으로 해외의 한인 커뮤니티가 있다. 미국 LA에는 코리아타운이 있는데, 이들이 LA라는 대도시에 산다고 그들의 공동체성과 유대감이 약할까? LA 한인들은 1992년 LA폭동도 단결하여 막아낸 사람들이다. 폭동이 일어나자 한인들은 서로를 지키기 위해 신속하게 무장하여 자경단을 조직했고, 한인마트 지붕 위로 올라가 폭도들과 공성전을 벌이며 코리아타운을 사수했다. 대부분이 군필자인 그들을 폭도들이 어떻게 이기겠는가? 이런 한인 공동체의 활약은 지금도 미국에서 '지붕 위 한국인(rooftop Koreans)'이라고 회자될 정도로 미국 사회에 강렬한 인상을 남겼다.

이런 사례는 워스가 발견한 도시의 속성처럼 도시에 다양한 사람이 조밀하게 많이 모여 사는 것은 분명하지만, 그렇다고 도시 생활이 반드시 공동체의 의미를 약화시키는 것만은 아니라는 점을 보여준다. 도시를 함께 뛰어 다니는 러닝 크루, 눈빛 하나면 내가 뭘 주문할 지 아는 단골 가게, 서로의 삶을 나누고 서로를 위해 기도하는 교회 공동체 등, 우리의 도시 생활에는 여전히 좋은 인간 관계를 맺으며 같이 할 수 있는 일들이 정말 많다.

메마른 관계, 치열한 경쟁, 무관심으로 가득한 도시 생활이 차갑게 느껴질 때가 있다. 하지만 이런 도시에서도 공동체 활동이 조금씩 늘어난다면, 우리 도시는 지금보다 더 따뜻해지지 않을까? 결국 도시란 본질적으로 나와 다른 수많은 사람이 '함께' 살아가는 공간이다. 작고 사소해 보여도 우리가 만드는 공동체의 작은 온기가 차가운 도시를 잠시나마 녹여줄 수 있을지도 모른다.

렌즈 너머의 사회학자

| 루이스 워스 | Louis Wirth | 1897~1952 | 미국 |

"사회학적으로 도시는 이질적인 개인이 많이 밀집하여 모인 영구적인 정착지로 정의할 수 있다. 이런 최소한의 정의를 바탕으로 기존 사회 집단에 대한 지식을 고려하여 도시성 이론을 정립할 수 있다."

― 루이스 워스, 《생활 양식으로서의 도시성》 ―

루이스 워스는 1897년 독일에서 태어나 1911년에 미국으로 이민을 갔다. 20세기 초반을 호령하던 시카고 대학 사회학과에서 학사, 석사, 박사를 모두 취득한 '성골' 시카고 학파 사회학자다.

워스는 학문적으로 지도 교수인 로버트 파크와 지도 교수의 스승인 게오르크 짐멜의 영향을 받았다. 파크에게서는 경쟁과 같은 생태학적 관점을, 짐멜에게는 도시의 규모와 사회 관계에 초점을 맞추는 사회문화적 관점을 이어받았다.

"생활 양식으로서의 도시성"이라는 워스의 1938년 논문은, 도시가 농촌과 다른 생활 양식을 어떻게 형성하는지를 논리적으로 탐구하여 도시사회학의 중요한 이론적 성과로 인정받고 있다.

그는 도시의 생활 양식을 지나치게 일반화했다는 비판을 받기는 하지만, 도시를 사회학적 관점으로 탐구하는 도시사회학 분야를 크게 발전시켰다는 점에는 별 이견이 없다. 1949년에는 미국사회학회 회장을 맡으며 연구 활동을 이어갔지만, 1952년에 강의를 마치고 심장마비로 급작스럽게 세상을 떠났다.

마포로 갈까요 성동으로 갈까요

차라리 용산으로 갈까요

| 12 |

부동산 최고의 입지를 찾아서
파크와 버지스의 도시생태학

어디 살까요

부동산. 우리에게 매우 익숙한 말이다. 부동산의 사전적 의미는 말 그대로 옮길 수 없는(不動) 재산(産)이다. 토지와 주택, 건물 같은 것이 대표적이다. 하지만 부동산은 이런 사전적 의미 그 이상이다. 주거, 직장, 교육을 비롯해 우리 생활 모든 부분과 매우 밀접하게 엮여 있기 때문이다. 그래서 부동산 관련 뉴스는 매일 아니 거의 매시간 흘러나오고, 우리나라 전국 도시 어딜 가도 공인중개사무소를 볼 수 있다.

'부동산 불패'라고 불릴 정도로 부동산은 명실상부 우리나라 최고의 자산이다. 부동산 가격의 등락에 따라 수많은 사람이 울고 웃는다. 특히 주택은 그 본래 기능인 거주만큼이나, 아니 그 이상으로 투자의 대상이다. 우리에게 집은 '사는(live)' 곳이면서 동시에 '사는(buy)' 것이다.

'누가 어디에 집을 사서 몇 억이 올랐다'는 이야기에 우리는 '영혼까지 끌어 모아' 집을 산다. 부동산에 인생을 '몰빵'하고 있는 것이다.

학교 다닐 때 인생의 목표가 명문대 합격이었다면, 사회인으로서 인생의 목표는 내 집 마련이다.

이렇게 중요한 부동산의 가격을 결정짓는 요소 중 가장 중요한 한 가지를 꼽으라면 뭘까? 뭐니 뭐니 해도 입지다. 집을 살 때도, 아이 교육을 위해서도, 장사를 하더라도 입지가 최우선이다. 직장과 가까운가, 교통은 편리한가, 좋은 학교와 학원이 있는가, 상권과 편의시설이 가까운가, 주변 환경은 쾌적한가 등 따져봐야 할 것이 한둘이 아니다. 그렇기에 부동산 거래 전에는 꼭 직접 가서 집을 보고 동네도 둘러 봐야 한다. 현장을 방문해 입지를 따져보는 것이다. 분양 광고에는 '지하철에서 도보 10분'이라고 적혀 있지만 알고 보니 우사인 볼트 기준이라든지, '아이 키우기 좋은 단지'라더니, 유모차가 롤러코스터가 되는 경사가 숨어 있다든가 하는 불상사를 피하기 위하려면 직접 가보는 수밖에 없다.

이렇게 입지를 살펴보며 우리가 확인하는 것은 결국 공간이 생긴 모양, 즉 공간 구조다. 우리가 살아가는 도시에는 특정 패턴에 따라 형성된 공간 구조가 있다. 일반적으로 도시 어느 지역에 일자리 중심지가 생기면 그 주변으로 상권이 발달하고, 교통망을 통해 주거지역과 연결되며, 주거지역 인근에는 교육과 생활 편의 시설이 들어선다. 이런 도시의 공간 구조는 우리 삶의 질과 밀접하게 연결되어 있기 때문에 부동산 가치에 큰 영향을 미친다.

그렇다면 도시의 공간 구조는 어떤 과정을 통해 형성될까? 정말 도시의 공간 구조에는 일반적인 패턴이 존재할까? 이 궁금증을 해결하기 위해 도시의 공간 구조를 사회학의 렌즈로 관찰했던 듀오가 있다. 이들의 렌즈를 빌려 도시의 공간 구조가 어떻게 형성되는지 살펴보자.

파크와 버지스의 도시생태학

로버트 파크(Robert E. Park, 1864~1944)와 어니스트 버지스(Ernest W. Burgess, 1886~1966)는 루이스 워스를 만날 때 잠깐 언급했던 시카고학파의 1세대 거목이다. 사회학은 원래 프랑스 혁명과 산업 혁명이라는 거대한 변화 속에서 태동한 근대 사회를 해석하려고 만든 학문이기 때문에 오랫동안 그 중심지는 유럽이었다. 하지만 1920~1940년대에 미국의 시카고 대학에서 드디어 '미국'적인 사회학이 등장하며 세계의 주목을 받게 되는데, 그것이 바로 시카고라는 대도시를 배경으로 탄생한 '도시사회학(urban sociology)'이다. 파크와 버지스는 **도시생태학**(urban ecology)이라는 새로운 이론적 틀을 체계화하며 시카고 학파 도시사회학의 황금기를 이끌었다.

생태학(ecology)은 원래 생물종이 주변 환경과 어떻게 상호작용하는가를 탐구하는 생물학의 한 분야다. 파크는 생물이 서로 다른 생물종과 균형을 이루고 주변 자연 환경에 적응해 나가는 생태계의 변화 과정에서 영감을 얻었고, 이런 관점을 사회학에 적용해 도시를 해석하는 도시생태학을 정립했다.[67]

예를 들어, 연못의 생태계에는 물고기, 곤충, 식물 등 여러 생물종이 서로 상호작용하며 균형을 이루고 있다. 그런데 여기에 새로운 종이 들어오면 생태계의 균형 상태가 깨지면서 몇몇 생물종은 연못의 가장자리로 쫓겨난다. 그리고 새로 침입한 종이 연못에 떡하니 자리를 잡으면서 다시 새로운 평형 상태가 만들어 진다.

파크와 버지스는 자신들이 살고 있는 시카고를 연구 공간으로 삼아 한창 발전하고 있는 대도시 시카고를 직접 발로 뛰어 다니며 관찰했다. 그리고 그들은 도시에서 공간이 생태학적인 과정을 통해 구성되고 변화한다고 생각했고, 이 과정을 경쟁(competition), 지배(dominance), 침입(invasion), 승계(succession)로 구분했다.

경쟁

연못의 여러 생물종이 서로 좋은 자리를 차지하기 위해 경쟁하듯, 한정된 도시 공간에 살고 있는 사람들도 편안하고 쾌적하며 유리한 공간에 자리를 잡으려면 경쟁을 할 수밖에 없다. 이런 경쟁에 따라 도시의 토지 이용 패턴이 형성되고 공간이 그에 맞게 배분된다. 도시 중심부에 쇼핑몰을 짓고 싶은 사람도 있지만, 고급 사무 공간을 마련하고 싶은 사람도 있을 수 있다. 그들 사이의 경쟁에 따라 땅값이 비싼 도심에 어떤 기능이 들어올지가 결정된다.

지배

경쟁의 결과는 지배인데, 힘이 더 센 종이 연못을 차지하듯, 경쟁을 통해 우세한 집단이나 기능이 등장하면 도시 공간이 바로 그 집단과 기능에 지배된다. 예를 들어, 산업도시의 경우 공업이라는 우세한 기능이 도시의 주요 공간을 점유하면서 공장은 도시의 공간 배치를 결정짓는 중요한 요소가 된다.

침입

지배는 영원하지 않다. 평화로운 연못에 외래종인 황소개구리가 들어오는 것처럼, 도시에도 새로운 집단과 기능이 지속적으로 유입된다. 이에 따라 새로운 경쟁이 생기고, 도시로 유입된 집단과 기능이 점차 세를 넓히면서 기존의 공간 구조에 변화를 가져온다. 싼 임대료와 넓은 작업실을 찾아 공업 지역에 젊은 예술가들이 유입되면, 공장과 예술가의 작업실이 같은 공간을 두고 경쟁하게 되는 것처럼 말이다.

승계

덩치 큰 황소개구리가 작은 토종 개구리의 자리를 차지하면서 새로운 생태계가 만들어지듯, 경쟁에서 승리한 집단과 기능이 공간을 지배하게 되면 도시 공간이 재편되며 새로운 균형이 만들어진다. 이 과정을 승계라고 한다. 쇠락한 공장 지대에 예술가들이 찾아들고, 그에 맞춰 멋진 카페와 레스토랑이 하나둘씩 생겨나면, 그곳은 어느새 젊은이들이 자주 찾는 핫플레이스로 거듭난다. 자연히 임대료가 오르고 월세를 감당하지 못하는 공장은 다른 곳으로 떠나고, 망치 소리만 들렸던 공간이 핫한 상권으로 승계되며 도시의 공간 구조가 새롭게 재편된다.

경쟁, 지배, 침입, 승계의 과정은 도시 공간 내에서 반복적으로 일어나며, 도시에 질서를 부여하고 평형 상태를 만들어 낸다. 버지스는 이런 도시생태학 이론을 적용하여 시카고를 실증적으로 분석했다.

시카고의 성장과 공간 구조의 형성

뉴욕, LA와 함께 미국의 3대 도시로 꼽히는 시카고는 미국의 서부 개척 시기 동부와 서부를 잇는 허브 역할을 하며 19세기 후반부터 존재감을 드러내기 시작했다. 교통의 중심지가 된 시카고는 곧 산업 도시로 성장했고, 도시화가 빠르게 진행되면서 다양한 인종의 노동자가 대거 유입됐다. 그 결과, 인종 간 갈등은 물론, 범죄와 교통 혼잡, 노동과 위생 문제 등 각종 도시 문제가 발생했다. 역설적이지만 사회학은 문제에서 꽃피는 학문이다. 도시 문제가 만연한 시카고는 시카고 대학의 사회학자들에게 최고의 연구실이었고, 이런 시카고의 도시 문제를 이해하고 해석하는 과정에서 시카고 학파의 도시사회학은 전성기를 맞이했다.

파크와 함께 시카고 학파를 이끌었던 버지스는 시카고에서 주거, 공장, 상업, 빈민가와 같은 도시 공간이 인종과 계층별로 나뉘며 일련의 패턴이 만들어지는 현상에 주목했고, 이를 설명하기 위해 도시생태학 이론에 기반한 **동심원 모델**(concentric zone model)을 제시했다.[68]

버지스에 따르면, 도시 성장의 초기에는 원자재를 구하기 쉽고 생산한 상품을 유통하기 용이한 도시 중심부에 중심업무지구(Central

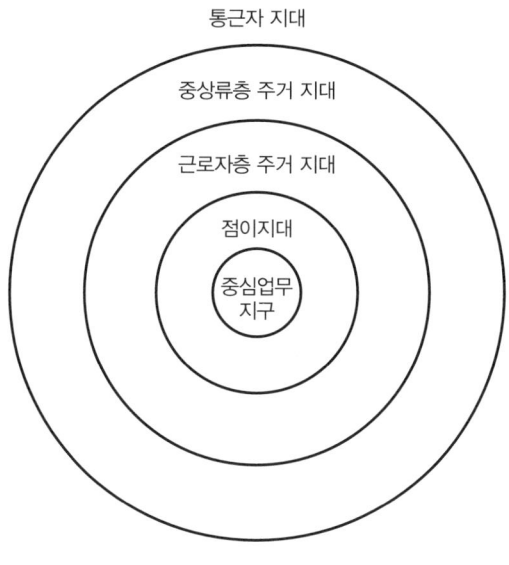

버지스의 동심원 모델

Business District, CBD)가 자리 잡는다. 이런 중심업무지구 주변으로 침입과 승계가 반복되고 외연이 넓어지면서 도시가 확장되고 집단별 특성과 기능에 따라 도시 공간이 각 구역으로 분화된다.

중심업무지구에는 행정 기관, 기업의 본사, 백화점, 극장, 금융 기관 등이 자리 잡는다. 상업과 행정의 중심지로 다양한 식당과 극장, 상업과 업무 시설, 그리고 시청이 조밀하게 위치한 시카고 루프(Chicago Loop) 지역이 그 예다.

중심업무지구와 접한 점이지대(Zone in Transition)에는 기회를 찾아온 이민자들이 몰려들면서 범죄가 늘고 교통이 혼잡해지는 등 여러 도시 문제가 발생한다. 이에 따라 기존에 살던 사람들이 새로운 주거 환경을 찾아 떠나고, 그 자리를 저소득층 이민자가 채우면서 기존 주거지가 불량 주택, 시장, 창고, 경공업 시설이 혼재된 지역으로 바뀐다. 시카고 루프 주변의 슬럼가와 차이나타운이 대표적이다.

근로자층 주거 지대(Zone of Workingmen's Home)는 점이지대보다 조금 더 나은 주거 환경을 갖추고 있고, 도심에서 일하는 노동자를 위한 주택 지구가 자리 잡는다. 공장과 거리가 멀지 않아 이 지역에는 공장 노동자와 그 가족이 주로 거주한다.

중상류층 주거 지대(Residential Zone)에는 블루칼라 노동자보다는 중산층 화이트칼라 사무직을 위한 주택지가 대규모로 형성된다. 이들을 위한 학교, 공원 등의 생활 편의 시설이 잘 갖추어져 있다. 중산층이 모여 살기 때문에 주택의 질이 높고 편의 시설 접근성이 좋다.

마지막으로 통근자 지대(Commuters Zone)에는 중산층 이상의 고소득층 거주자들이 대규모의 고급 주택가를 형성해 쾌적하게 거주한다. 간선도로를 포함한 교통망이 잘 발달해 있어 고소득층은 자동차를 이용해 도시 중심부로 쉽게 접근할 수 있다.

버지스의 동심원 이론으로 보면 시카고는 도시 공간이 집단별·기능별로 적절히 분화돼 있다. 이렇게 도시 공간을 배분하는 요인은 크게 두 가지가 있다.

첫째, 사회적 요인이다. 사람들은 일반적으로 자신과 비슷한 인종이나 계층과 함께 살기를 원한다. 따라서 기존 거주지에 다른 집단이 유입되면, 원래 거주하던 사람들이 새로운 지역으로 떠나는 침입과 승계 과정이 발생한다. 이로 인해 도시 공간은 집단별로 분화된다.

둘째, 경제적 요인이다. 토지의 가격은 도시 공간을 배분하는 결정적인 기준 중 하나다. 경쟁이 치열해 높아진 토지 가격을 감당할 수 있는 집단은 도시의 핵심 공간과 쾌적한 주거 환경을 차지할 수 있지만, 그렇지 못한 집단은 상대적으로 열악한 지역에 정착할 수밖에 없다. 즉, 지가의 차이에 따라 도시 공간이 차등 배분된다. 도시의 토지 가격 분포를 보면 도시의 공간 구조를 대략적으로 파악할 수 있다.

이처럼 도시가 성장하고 분화되는 원리를 체계화했던 도시생태학의 관점은 부동산 연구에도 접목 가능하다. 부동산에 중요한 것은 결국 우리가 동네 분위기라고 뭉뚱그리는 동네 사람들의 특성과 해당 지역에 형성된 토지·주택의 가격이지 않은가?

도시생태학과 부동산

물론 파크와 버지스의 도시생태학이 모든 도시에 통용되기는 어렵다. 당장 같은 미국의 뉴욕만 봐도 도심 외곽 교외의 멋들어진 주택보다 맨해튼 시내의 아파트가 훨씬 더 비싸다. 서울도 마찬가지다. 서울에는 대표적으로 세 개의 중심지가 있다. 바로 4대문 안 쪽의 도심, 여의도, 그리고 강남이다. 각 중심지에는 특화된 업무, 상업, 행정 기능이 밀집해 있다. 서울에서는 시카고와 달리 교외 지역보다 중심지와 가까울수록 주택 가격이 비싸다.

'강남3구(강남, 서초, 송파)', '마용성(마포, 용산, 성동)', '노도강(노원, 도봉, 강북)', '금관구(금천, 관악, 구로)' 등 부동산에 조금 관심이 있는 사람이라면 들어봤을 만한 용어들이다. 서울 부동산 시장에서는 비슷한 생활 환경, 아파트 가격 등을 기준으로 급을 나누는데, 이 용어들은 유사한 수준의 자치구를 묶어 표현한 것이다. 여기서 상급지라 부르는 강남3구에는 우리나라 부유층이 모여 살고 있고, 서울 3대 업무지구● 중 하나인 강남의 GBD(Gangnam Business District)를 품고 있으며, 생활 환경이 매우 좋다. 그 밑으로는 마용성이 있다. 이 자치구들은 도심, 여의도, 강남과 가깝고 교통이 편리하다는 강점이 있다. 서울을 보면 오히려 중심지와 거리가 먼 곳의 아파트 가격이 낮은 경향이 있다. 즉, 서울에는 도심 외곽일수록 고급 주거지가 위치한다는 버지스의 동심원 이론을 적용하기 어렵다.

더 나아가, 도시의 공간적 구조라는 것이 생태계처럼 꼭 '자연스럽게' 생겨난다고 볼 수는 없다. 강남과 같은 상급지의 경우, 국가의 도시계획과 기업의 부동산 개발의 혜택을 받은 곳들이 많다. 즉, 도시의 공간 구조에는 권력과 자본도 큰 영향을 미친다.

이런 의미에서 도시생태학이 전 세계 모든 도시에 통용되는 모델이라고 보기는 어렵지만, 그럼에도 도시 공간 구조를 체계적인 사회 이론으로 해석하고자 한 최초의 시도라는 의의는 부정할 수 없다. 또한, 도시생태학의 모든 면을 수용하기는 어렵지만, 사람들은 비슷한 집단끼리 살고 싶어 하고 더 좋은 환경을 찾아 떠난다는 점, 토지 가격에 따라 거주지가 분화된다는 점 등 고개가 끄덕여지는 부분도 적지 않다.

지금 살고 있는 곳을 떠나 상급지로 가기 위해 많은 사람들이 부

● 나머지 두 업무지구는 도심의 CBD(Central Business District), 여의도의 YBD(Yeouido Business District)이다.

동산을 공부한다. 우리는 중상류층이 사는 대단지 아파트, 좋은 학군, 직장으로 출퇴근하기 편한 교통의 요지, 쾌적한 생활 편의 시설을 원한다. 우리 모두는 이렇게 상급지로 '침입'하여 그 자리를 '승계' 받고자 하는 '생태적 욕망'을 가지고 있다. 지나치게 단순하고 다소 편협하다는 비판을 받으며 과거의 명성을 많이 잃었지만, 파크와 버지스의 도시생태학이 여전히 사회학과 도시계획 영역에서 중요하게 다뤄지는 이유는 쉽게 부인할 수 없는 인간의 생태적 욕망을 꿰뚫어 보았기 때문이 아닐까? 더 나은 환경에서 살고 싶은 마음에 김 씨 역시 오늘도 부동산 뉴스를 기웃거리며 도시의 공간 구조를 면밀하게 살피고 있다.

렌즈 너머의 사회학자

| 로버트 파크 | Robert E. Park | 1864~1944 | 미국 |

"도시는 물리적 메커니즘이나 인공 구조물 그 이상이다.
도시는 그곳에 사는 사람들의 역동적인 삶과 밀접하게 연결되어 있다.
도시는 자연의 산물이고, 무엇보다 인간 본성의 산물이다."
― 로버트 파크와 어니스트 버지스,
《도시: 도시 환경에서의 인간 행동 연구를 위한 제안》―

로버트 파크는 미국 펜실베이니아에서 태어났다. 미국 미시간 대학에서 철학을 공부한 파크는 현실세계를 경험하고자 신문기자로 활동했는데,

직접 도시를 누비며 취재하던 기자로서의 경험이 아마 파크가 도시에 대해 관심을 가지게 된 계기가 아닐까 싶다.

파크는 기자를 그만두고 더 깊은 공부를 위해 독일로 유학을 떠났다. 그곳에서 게오르크 짐멜을 만나 사회학에 관심을 가지게 되었고, 하이델베르크 대학에서 박사 학위를 받았다. 이후 시카고 대학의 사회학 교수로 임용되어 도시사회학의 발전과 시카고 학파의 학풍을 형성하는데 큰 역할을 했다. 이곳에서 루이스 워스를 지도하기도 했다.

미국 흑인들의 처우 개선에 관심이 많던 파크는 말년에 시카고 대학에서 은퇴한 후에 대표적인 흑인 대학이었던 피스크 대학에서 강의와 연구를 이어나갔다.

파크가 정립한 도시생태학은 시카고 학파 도시사회학의 기초가 되었고, 직접 발로 뛰며 자료를 수집하고 관찰하는 그의 사회학 연구방법론은 많은 도시 연구자들에게 큰 영감을 주었다.

| 어니스트 버지스 | Ernest W. Burgess | 1886~1966 | 캐나다·미국 |

어니스트 버지스는 캐나다에서 태어나 미국 시카고 대학 사회학과에서 박사 학위를 받았다. 그리고 불과 삼년 만에 시카고 대학의 사회학과 교수로 임명되어 파크와 함께 시카고 학파의 도시사회학 전성기를 이끌었다. 파크와 함께 가르친 학생이 앞에 나온 루이스 워스다. 특히 파크와 함께 쓴 《도시: 도시 환경에서의 인간 행동 연구를 위한 제안(The City: Suggestions for the Investigation of Human Behavior in the Urban Environment)》은 도시사회학의 고전으로 시카고 학파의 도시 연구방법론과 도시생태학

관점을 잘 소개하고 있다.

  파크와 함께 도시생태학을 체계화하고, 동심원 모델이라는 걸출한 연구 결과를 남긴 버지스는 1966년에 그의 거대한 연구실이었던 시카고에서 눈을 감았다. 버지스의 동심원 모델은 전 세계의 사회학 교과서와 도시계획학 교재에 실려 여전히 학문적 가치를 인정받고 있으며, 도시개발 계획과 정책 수립에 지금까지도 적지 않은 영향을 미치고 있다.

나는 나를 따끔하게 채찍질 할 수 있는
차가운 도시 남자
하지만 내 여자에겐 따뜻하겠지

13

대도시에서 살아남기
짐멜의 대도시와 정신적 삶

대도시의 시대

도시의 영향력은 점점 커지고 있다. 국가 지도자들이 모이던 정상회의가 2010년부터는 도시 수준으로 확장되어 세계 도시정상회의 시장포럼(World Cities Summit Mayors Forum)도 열린다. 이렇게 도시의 위상이 높아지면서 도시 중에서도 영향력이 큰 대도시(metropolis)가 최근 들어 더욱 주목 받고 있다.

국가마다 차이는 있겠지만, 유엔 해비타트(UN-Habitat) 기준으로 보면 대도시는 인구 30만 명 이상의 도시를 말한다.[69] 그리고 대도시와 인근 생활권(대도시권)을 합쳐 인구 1000만 명 이상의 지역을 특별히 메가시티(megacity)라고 부른다.[70] 우리나라에서는 최근에 메가시티에 대한 논의가 활발한데, 국토교통부는 아예 전 국토를 8대 초광역 메가시티로 재편하려는 구상도 진행 중이다.[71] 특히 충청권은 이미 '충청광역연합(충남, 충북, 대전, 세종)'이라는 뭔가 멋진(?) 이름을 가진 메가시티 구축 계획을 공식적으로 발표하였다.[72] 전 세계적으로는 인구 3778만 명의 도쿄 대도시권, 2139만 명의 뉴욕 대도시권,

1279만 명의 LA 대도시권 등이 있다.[73] 서울의 경우, 단독으로도 메가시티급 도시지만, 인접한 김포, 고양, 양주, 의정부, 남양주, 구리, 부천, 광명, 과천, 하남, 성남을 서울 대도시권에 포함시키면 대략 1494만 명[74]으로 LA 대도시권보다 규모가 더 큰 메가시티가 된다.

대도시는 인구의 집중과 정치·경제·사회·문화적 기능의 집적으로 세계적 차원에서 경쟁력을 발휘하고 있다. 뉴욕의 금융 산업이 흔들리면 세계 경제가 삐걱대고, LA 할리우드의 영화 제작 상황에 따라 세계 문화 산업의 판도가 바뀌는 것처럼 말이다. 2020년을 기준으로 전 세계에는 1934개의 대도시가 있는데, 빠르게 도시화가 진행되고 있는 개발도상국을 중심으로 신흥 대도시가 점점 늘어나고 있어 2035년에는 대도시가 2363개로 증가할 전망이다.[75]

지금 우리는 거대한 대도시가 세계적 트렌드로 떠오르고 있는 대도시의 시대에 살고 있다. 이전과 다른 차원의 영향력을 가진 대도시는 우리가 살아가는 방식에 어떠한 변화를 불러올까? 사회학의 렌즈로 대도시와 대도시에서 살아가는 우리의 삶을 관찰해 보자.

짐멜의 대도시와 정신적 삶

대도시 하면 바로 떠오르는 사회학의 거장은 독일의 게오르크 짐멜(Georg Simmel, 1858~1918)이다. 여러 번 언급하지만, 흔히 사회학의 3대 장을 마르크스, 베버, 뒤르켐이라고 한다. 짐멜 역시 이 세 사람에 뒤지지 않을 정도로 현대사회학의 정립에 기여한 바가 크기에, 짐멜까지 포함하여 사회학의 사천왕이라 하기도 한다(줄여서 '맑베뒤짐').

우리는 앞에서 루이스 워스에게 '생활 양식으로서의 도시성'이란 렌즈를 빌린 적이 있다. 워스는 짐멜에게 많은 영향을 받았는데, 짐멜이 워스의 지도 교수인 로버트 파크의 스승이었기 때문이다. 짐멜의 도시에 대한 사회학적 해석은 파크에게, 그리고 파크로부터 워스에게 전달되어 미국 시카고 학파의 도시사회학 정립에 기여하였다.

짐멜의 대도시에 대한 통찰은 그의 생애와 무관하지 않다. 짐멜은 독일의 수도 베를린에서 태어나고 자랐다. 베를린은 그가 열세 살이 되던 1871년에 독일 제국의 수도가 되어, 그가 활발하게 활동한 19세기 후반에는 근대 대도시로 빠르게 발전하고 있었다. 베를린의 급격한 사회 변동과 삶의 변화를 몸소 겪은 짐멜은 대도시를 전통 사회와 확연히 다른 근대성의 근거지로 보고 연구했다. 짐멜이 특히 관심을 가진 것은 화폐 경제와 유행, 이방인과 같이 대도시의 독특한 특성과 그에 따라 변화하는 도시인의 정신적인 삶이었다.[76]

화폐 경제

근대에 들어와 자본주의가 발전하면서 경제의 중심지 역할을 맡은 대도시는 화폐 경제를 근간으로 성장하였다. 자본주의를 대표하는 화폐는 단순한 교환 수단을 넘어 세상의 모든 것을 저울질하는 등가물 역할을 한다. 평생을 진리를 발견하기 위해 노력한 교수님의 강의와 갓 튀긴 맛있는 치킨은 둘 다 중요하지만(?) 이 둘의 질적 가치를 비교하기는 쉽지 않다. 하지만 화폐를 통해 보면 '대학교 한 학기 학비는 치킨 200마리'로 너무나 간단하게 환산될 수 있다. 아무리

상이한 질적 가치를 갖고 있다 해도 화폐 경제는 모든 것을 비교 가능한 양적 가치로 바꿀 수 있다.

이런 화폐의 특성은 인간 관계에도 영향을 미친다. 화폐 경제의 본거지인 대도시에서는 인간 관계 역시 화폐를 기준으로 형성된다. 서로에 대한 유대 관계가 중요했던 근대 이전 사회에서는 다른 지역 사람이거나 다른 종교를 가졌다는 이유만으로 거래를 꺼렸을런지도 모른다. 하지만 오늘날 도시의 인간 관계에서 중요한 것은 화폐로 환산되는 효용이다. 아웃백 스테이크 하우스에서 담당 서버가 전라도 사람인지 불교 신자인지는 사실 알 바 아니다. 담당 서버의 개인적인 배경보다는 내가 지불한 음식값에 걸맞은 서비스가 제공되는지가 훨씬 더 중요하다. 한 마디로 사람의 가치도 경제적 가치로 계량화되어 평가되는 것이다.

사람도 돈으로 평가하는 사회에서, 사물은 어떠하랴? 대도시의 사람들은 마주치는 모든 것을 화폐로 환산하고 계산한다. 길을 걸어가면서도 '저 차는 얼마일까', '저 집 전세는 비쌀까', '저 회사는 연봉을 얼마나 줄까' 등 우리의 생각은 돈을 타고 흐른다.

이렇게 일상적인 사물과 공간은 물론 인간적인 가치까지도 화폐 단위로 매겨지는 대도시에서 우리는 하루에도 수없이 많은 자극에 노출된다. 이런 자극들로 이미 과부화된 상태에서 간당간당 겨우 '멘탈'을 잡고 있는데, 길거리 행인이나 카페 직원, 식당 종업원 등 매일 스치는 여러 사람에게 일일이 감정적으로 반응한다면 어떻게 될까? 아니면 복잡한 대도시에서 눈에 띄는 모든 사물과 현상 하나하나에 관심을 기울인다면? 아마 정신적으로 탈진해 버릴 것이다.

그렇기에 대도시 사람들은 신경과민으로부터 스스로를 보호하기 위해 외부 자극에 감정적으로 반응하기보다 냉담하고 둔감한 태도를 취한다. 이는 소소한 것들에 지나치게 얽매이지 않을 수 있어 자유롭다고 느낄 수도 있다. 하지만 이런 심리적 방어 기제의 일환으로 속내를 감추며 살아가다 보니, 대도시 사람들은 차갑고 감정 없는 사람처럼 보이게 된다.

유행

대도시에서는 개인들 고유의 독특한 인격이 온전히 드러나기 어렵다. 인간 관계도 깊지 않고 그조차도 필요에 따라 자주 바뀌기 때문에 상대방에게 자신의 개성을 각인시키기 어렵다. 게다가 돈을 기준으로 질적 차이가 양적으로 환산되는 대도시의 삶에서 개개인 고유한 특성은 그리 중요하지도 않다. 이런 환경에서 대도시 사람들은 남에게 주목받고 싶은 욕구를 가질 수밖에 없고, 이를 위해 유별난 행동, 멋 부리기, 과장 등의 방식을 활용한다. 그렇다고 출근길에 피에로 복장을 하고 나설 수는 없는 노릇이다. 이때 적당히 주목 받으면서도 지나치게 튀지 않는 '유행'이 유용한 도구가 된다.

유행은 한 사회에서 검증된 가치를 모방하는 과정이다. 그렇기에 유행을 따른다는 것은 사회적 집단에 속하고자 하는 욕구와, 동시에 주목받고 싶은 욕구를 모두 충족시킨다. 대도시에서는 새로운 트렌드에 민감하게 반응하는 센스를 갖추면서도, 남들과 잘 어울릴 줄도 알아야 개성과 소속감을 동시에 잡을 수 있다. 다시 말해, 유행은 개성을 표현하기 어려운 대도시의 삶에서 나름대로 자신을 드러내면서도 소속감을 얻고자 하는 사람에게 필수적인 요소인 셈이다.

이방인

짐멜이 발견한 대도시의 또 다른 특징은 바로 '이방인'의 존재다. 이방인은 가깝고도 먼 사람들이다. 이들은 사회적 활동을 할 때는 다른 사람들과 똑같다. 관광객이라고 식당에서 돈을 내지 않고 밥을 먹지는 않는다. 이방인 역시 도시의 법과 규칙을 따르기 때문에 당연히 식당에 가면 돈을 내고 밥을 먹는다. 다만 차이가 있다면, 이방인은 가족이나 친구 혹은 동네 이웃과 달리 오랜 기간에 걸쳐 형성된 개별적인 유대감이 없다. 다시 말해, 이방인은 사회적으로는 우리와 별반 다르지 않고 물리적으로도 우리 바로 옆에 있는 가까운 존재지만, 그들은 이 지역의 누구와도 특별한 인격적 관계로 연결되지 않았다는 점에서 멀리 떨어진 존재다.

대도시는 관광객, 노동자, 학생 등 타지에서 다양한 이방인이 끊임없이 몰려드는 공간이다. 그렇기에 대도시 사람들은 언제나 이방인과 교류하고 상호작용할 준비를 하고 있어야 한다. 생각해 보자. 관광객이 많이 찾는 대도시에는 얼마나 많은 "익스큐즈 미"가 들려오겠는가? 광장 시장 상인들은 간단하게라도 영어를 할 수밖에 없는 처지다. 서울역에 자주 가는 김 씨 역시 혹여나 외국인이 길을 물어볼까 싶어 당황하지 않으려고 파파고를 깔았다.

화폐 경제와 유행, 그리고 이방인이 만들어 내는 대도시의 근대적 특성은 결국 냉담하고 자극에 둔감한 성격, 속하고 싶으면서도 돋보이고 싶은 마음, 모르는 사람과 섞이며 경험하는 낯섦과 같은 대도시 사람들 특유의 정신적 삶을 형성한다.

대도시에서 살아남기

짐멜이 날카롭게 관찰한 **대도시와 정신적 삶***에 잘 어울리는 말이 있다. 바로 '차도남'이다. 차도남은 '차가운 도시 남자'의 줄임말로, 2008년에 웹툰 〈마음의 소리〉에서 처음 나왔는데, 이제는 일상적인 말이 되었다.

차도남의 특징이라고 하면, 차가운 성격이지만 내 사람은 은근히 잘 챙기는 세심함, 시크한 옷차림과 외모, 일과 자기관리에 엄격하고 이성적인 태도를 들 수 있다. 드라마에 자주 나오는 멋진 실장님 같은 느낌이랄까.

그런데 왜 하필 '따뜻한' 도시 남자가 아닌 '차가운' 도시 남자일까? 짐멜이 이야기했듯 대도시가 전달하는 엄청난 자극을 견디려면 차가워질 수밖에 없다. 시크한 옷차림과 외모는 주목 받기 어려운 대도시에서 '나'라는 사람이 여기 존재하고 있다는 것을 알리는 신호일지도 모른다. 일과 자기관리에 엄격한 것은 낯선 타인들과 부대끼며 살다 보니, 인격보다 기능적으로 평가받을 수밖에 없는 비인간적인 대도시에서의 생존법이 아닐까?

● 짐멜이 1903년에 발표한 에세이의 제목이다.

우리는 대도시에서 살아남기 위해 따뜻함과는 거리가 먼 차가운 도시인이 된다. 이런 현상은 짐멜의 '**문화의 비극**' 개념으로 이해해 볼 수 있다. 짐멜에 따르면 인간은 창조성을 발휘하여 예술, 철학, 과학, 기술, 제도 등 문화를 만들어 낸다. 하지만 이런 문화가 차츰 복잡해지면서 인간은 자신이 만들어 낸 문화를 이해하고 통제하기 점점 어려워진다. 더 나아가 역설적으로 창조물인 문화가 창조자인 인간을 지배하는 순간까지 가게 된다. 마치 인간의 혁신성이 집약된 스마트폰이 우리의 삶을 지배하고 있는 것처럼 말이다. 짐멜은 이렇게 인간의 창조성과 자율성이 문화적 산물에 지배되는 상황을 '문화의 비극'이라고 불렀다.[77]

문화의 비극은 대도시에서도 나타나고 있다. 다양한 사람이 함께 모여 거대한 대도시를 만들어 냈지만, 대도시는 점점 우리의 정신적 삶을 옥죄고 있다. 우리가 만들어 낸 대도시에서 생존하기 위해 차가운 도시인으로 변해가는 것은 비극이 아닐 수 없다.

우리나라에서도 메가시티 구상이 이제 본격적으로 진행되고 있다. 과연 우리는 앞으로 만들어질 메가시티에서 대도시의 비극을 비껴갈 수 있을까?

희극과 비극 사이의 메가시티

국가 간의 경쟁이 도시 간의 경쟁으로 확대되면서 메가시티는 이제 거스를 수 없는 대세가 되었다. 우리나라에서도 2023년 김포가 쏘아 올린 '메가시티 서울'에 대한 주장이 정치권으로 번졌고, 고양, 구리, 하남 등 서울에 인접한 다른 도시들까지 들썩이며 메가시티의 가능성과 현실성이 논의되고 있다.

메가시티는 분명 장점이 있다. 일단 지금 서울로 편입을 논의하고 있는 서울 인접 도시들은 이미 서울생활권에 포함되어 있다.[78] 서울 인접 도시에서 서울로 통근하는 인구의 비율은 적게는 12%에서 많게는 20% 이상이다.[79] 사실상 서울의 영향력 아래에 있다고 봐도 무방한 수치인데, 행정구역이 달라 비효율성이 발생한다는 것이다. 주민 편의를 위해 서울과 교통 연계를 개선하려고 해도 수많은 행정적 절차를 거쳐야 한다. 메가시티 서울이 현실화되면 서울생활권 내에서 불필요하게 중복되던 예산과 행정 비용이 감소할 것이라 기대된다. 또한, 서울이 '벌크업'되면서 규모가 대폭 커지는 만큼 도시의 기능도 다양해진다. 서울의 경제·정치적 기능에 김포의 항구, 고양시의 대규모 주거지역, 과천의 정부청사 등 분산되어 있던 기능들이 메가시티로 통합되어 더 많은 부가가치를 창출하고, 세계적인 수준의 도시로 입지를 다질 수 있을 것이다.

하지만 메가시티에 대한 논의에서 도시에 사는 사람들의 정신적 삶에 대한 고려는 크게 주목 받지 못하고 있다. 2023년 기준 서울 사람의 10% 정도는 본인의 정신 건강이 좋지 않은 편이라고 생각한다.[80] 10%가 적어 보일 수 있지만, 산술적으로만 계산해도 서울 인구 960만 명 중 10%면 96만 명이다. 서울광역권이 메가시티가 되면 더 많은 인구가 집중되어 도시 내 자극이 증가하고, 더욱 더 몰개성적인 문화와 비인간적인 관계가 형성될 가능성이 있다. 이는 사람들의 정신 건강에 더욱 부정적인 영향을 미칠 것이다. 신경과민과 피로로 가득한 메가시티의 일상에서 스스로를 보호하기 위해 사람들은 더욱 냉담해질지도 모른다. 뉴욕과 같은 메가시티에서 느낄 수 있는 차가운 도시 분위기가 더 이상 남의 나라 일만은 아닐 수도 있다. 그럼에도 메가시티에 대한 주된 논의는 여전히 경제와 교통 문제 수준에 머물러 있다.

대도시는 이미 배려 혹은 여유와는 거리가 멀다. 이런 대도시는 이제 더 큰 메가시티를 향한 변화의 기로에 서 있다. 우리는 오늘도 수많은 모르는 사람을 스쳐 지나고, 나와 비슷한 옷차림의 사람은 애써 외면하며, 마주치는 모든 사물과 사람이 돈과 겹쳐 보이는 대도시에서 살아가고 있다. 점점 차가워져 가는 대도시 사람들에게 메가시티는 과연 비극일까 희극일까? 메가시티의 시대를 맞이하며 짐멜의 문화의 비극에 대한 경고를 다시 한 번 곱씹어 볼 때가 되었다.

렌즈 너머의 사회학자

| 게오르크 짐멜 | Georg Simmel | 1858~1918 | 독일 |

"대도시에 사는 개인들은 심리적으로 신경과민 상태인데,
이는 외적·내적 자극들이 급속하게 그리고 끊임없이 바뀌기 때문이다."

― 게오르크 짐멜, 《대도시와 정신적 삶》 ―

게오르크 짐멜은 1858년 독일 베를린에서 태어났고, 베를린 대학에서 역사와 철학을 공부해 1881년에 같은 대학에서 철학 박사 학위를 받았다. 그는 대도시를 중심으로 나타나기 시작한 시대의 변화를 정확히 포착한 사회학자였다. 도시의 시대가 되며 두드러진 화폐 경제와 같은 거대한 흐름은 물론, 유행이나 이방인과 같이 대수롭잖게 볼 수 있는 일상의 특징도 놓치지 않았다.

하지만 유대인이라는 점이 그의 발목을 잡았다. 20세기 초 독일의 반유대주의적인 사회 분위기에 가로 막혀 짐멜은 그의 고향이자 인생의 전성기를 보낸 베를린에서 끝내 교수 자리 하나 얻지 못했다.

1914년 짐멜은 베를린을 떠나 스트라스부르크 대학에서 교수 자리를 겨우 얻었지만, 베를린을 떠나온 짐멜은 그곳에서 이방인일 뿐이었다. 엎친 데 덮친 격으로 1914년 7월에 제1차 세계 대전이 터졌고, 1918년 9월, 종전을 두 달 남짓 앞두고 짐멜은 그가 사랑한 베를린이 아닌 스트라스부르크에서 눈을 감았다.

평생을 이방인처럼 살다 갔지만, 그의 학문은 로버트 파크와 같은 미국인 제자를 통해 미국으로 건너가 미국 사회학의 씨앗이 되었다.

보여 줄게
완전히 달라진 나의 모습

14
신도시의 탄생
르페브르의 공간의 생산

신도시의 탄생

누군가 '어디 사세요'라고 물었을 때, 일산 사람들은 고양에 산다고 말하지 않고 일산에 산다고 대답하는 경향이 있다. 성남보다는 분당, 안양보다는 평촌, 수원보다는 광교, 화성보다는 동탄, 파주보다는 운정 산다고 대답하는 것도 비슷한 맥락일 것이다. 지금 언급하는 곳은 모두 '신도시'다. 일산에 오래 살았던 김 씨가 변명을 해보자면, 일산에 뭔가 대단한 신도시 자부심 같은 게 있어서 그런 게 아니라, 고양에 산다고 하는 것보다 일산에 산다고 하면 더 빨리 알아듣기 때문이다. 생각보다 고양시는 잘 모르지만, 일산 하면 호수공원이나 킨텍스, 꽃박람회 정도는 떠올린다. 그만큼 우리나라에서 신도시는 꽤 명확한 인지도가 있다.

 신도시는 말 그대로 새로 만들어진 도시다. 자연스럽게 형성된 도시가 아니라 특정 기능을 위해 계획적으로 세워진 도시인 것이다. 개념상 주거중심도시, 공업도시, 교육도시, 행정도시 등 다양한 유형의 신도시가 있지만, 보통 신도시라고 하면 일산이나 분당처럼 아파트 단지만 즐비한 풍경이 떠오른다. 과거 정부가 나서서 대규모 주택 단지를 빠르게 짓던 '수도권 신도시' 개발 방식이 우리 머리에 박혀 있기 때문이다.

수도권 신도시의 시작은 분당, 일산, 평촌, 중동, 산본의 1기 신도시부터다. 1기 신도시 건설은 우리나라 도시계획 역사에 한 획을 그은 도시개발 사업이다. 당시 노태우 대통령은 치솟는 집값을 잡기 위해 군인 출신 특유의 추진력으로 1989년부터 1996년까지 수도권 5개 지역에 신도시를 만들어 주택 30만 호를 공급하였다.

1기 신도시의 특징은 크게 두 가지다. 정부 주도의 도시계획으로 대규모 택지 개발이 이루어졌다는 점, 그리고 다수의 건설업체가 달려들어 5~7년 만에 초고속으로 미개발지를 새로운 도시 공간으로 탄생시켰다는 점이다. 1기 신도시의 탄생은 일정 기간이긴 했지만 서울의 집값을 큰 폭으로 떨어뜨렸고, 서울을 둘러싼 수도권의 공간 구조를 획기적으로 바꿔 놓았다. 또한 단독주택 위주의 주거 문화가 대단지 아파트, 각종 편의 시설, 소비 공간이 갖춰진 중산층 친화적인 주거 문화로 전환되는 데 중요한 역할을 하면서 사회적으로도 큰 영향을 미쳤다.

1기 신도시의 효과가 꽤 좋았다고 여겨졌는지 2003년 노무현 정부 시절에도 집값이 스멀스멀 상승하자 2기 신도시를 개발하였고, 역시 집값 문제로 골머리를 앓던 문재인 정부도 2018년부터 3기 신도시개발을 시작해 현재 진행 중이다. 이런 추세로 신도시가 계속 생기다 보면 나중엔 해병대처럼 신도시들끼리 '신도시 몇 기냐'고 물어볼 지도 모르겠다.

이렇게 목적과 기능을 미리 정해 놓고 미개발지를 신도시로 개발하는 힘은 어디에서 나올까? 그리고 우후죽순 탄생하는 신도시의 공간은 어떻게 형성되는 것일까? 신도시 공간에 숨겨져 있는 사회학적 의미를 한번 살펴보도록 하자.

르페브르의 공간의 생산

앙리 르페브르(Henri Lefebvre, 1901~1991)는 '공간'을 사회학의 영역에서 체계화한 프랑스의 사회학자다. 그는 제2차 세계 대전이 끝나고 1960년대 프랑스의 경제 복구 과정에서 자본주의 체제가 도시 공간을 어떻게 재편하고 변화시키는지 직접 지켜보았다. 급속도로 변화하는 도시에서 르페브르는 누가 어떻게 공간을 만드는지에 관심을 가졌고, 공간이 자본주의 시스템을 지배하는 사람들의 기획에 의해 마치 상품처럼 생산된다는 **공간생산론**을 제시하였다.[81]

사실 공간은 시간에 비해 우리의 세계관에서 그렇게 큰 부분을 차지하는 개념은 아니었다. 어린 시절 방학 때 생활계획표는 분 단위로 기가 막히게 짜면서 어디서 시간을 보낼지, 즉 공간에 대해서는 크게 생각해 보지 않았다. 그 이유는 시간은 내가 계획한 대로 바꿔 나갈 수 있다고 보는 반면, 공간은 '이미 주어진 부차적인 것'이라 여겼기 때문이다. 그러나 르페브르는 자본주의 사회에서 공간의 중요성을 인식하고, 마르크스주의적인 시각을 통해 공간을 물리적인 배경을 넘어 자본주의 체제를 공고화하는 수단이자 결과물이라고 보앉다.

르페브르는 자본주의 사회에서 공간이 생산되는 과정을 세 가지 갈래로 해석하였다. 먼저 **공간 재현**(representation of space)이다. 공간 재현은 권력층과 자본가들이 그들의 지배 이념과 경제적 목적을 반영하여 공간을 기획하고 설계하는 과정이다. 도시계획, 건축 설계, 행정 규제 등을 활용해 정부 관료와 도시계획가는 권력과 자본의 논리에 따라 공간을 2차원의 도면에 그려내 구획하고 배치한다. 이로 인해 공간은 원래 가지고 있던 추억, 감정, 역사성 같은 절대적인 가치를 잃고, 교환 가능한 상품으로 변한다. 예컨대, 낡았지만 추억이 담긴 주택가도 자본주의 사회에서는 지도 위의 한 점으로 추상화될 뿐이다. 정치적·경제적인 목적을 위해 이런 주택가는 재개발되어 아파트 단지로 바뀌고, 더 비싼 가격으로 시장에서 거래된다. 결과적으로 자본주의 사회의 지배층은 공간 재현을 통해 공간을 상품화하고, 이를 자본 축적의 도구로 바꾸어 버린다.

두 번째는 **공간적 실천**(spatial practice)이다. 공간적 실천은 실제로 사람들이 공간을 이용하고 그 안에서 살아가는 방식을 말한다. 예를 들어, 우리는 공원에서 산책도 하고 운동도 하고 벤치에 앉아 쉬기도 한다. 그런데 공원이라는 공간을 이용하면서 우리가 100% 자율적으로 행동한다고 할 수 있을까? 우리는 설계된 산책로를 따라 걷고, 조경과 경관에 맞춰 배치한 벤치에 앉는다. 아파트 단지든 가로수길이든 도로나 지하철역이든 모두 공간 재현에 의해 기획된 공간이다. 우리는 이런 공간에서 머물고, 걷고, 살아가며, 그렇게 반복되는 공간적 실천을 통해 우리의 일상을 형성한다.

세 번째는 **재현 공간**(space of representation)이다. 재현 공간은 주관적으로 체험되는 공간이다. 공간에서 얻게 되는 경험, 기억, 감정은 공간에 의미를 부여하는데, 이 과정에서 우리는 공간 재현으로 기획된 공간을 재해석하기도 하고 거부하기도 한다. 우리는 공간을 저마다의 방식으로 이해하고, 또 대안적인 공간을 제안할 수 있다. 도심 속에서 버스킹을 하는 사람들을 생각해 보자. 그들은 길거리에 자리를 잡아 악기를 연주하고 노래를 부르면서, 원래 기획된 공간의 용도와는 전혀 다른 방식으로 공간을 활용한다. 그들만의 상상력으로 도시 곳곳을 공연장으로 재해석하면서 공간 기획자의 애초 의도에서 탈출하는 것이다. 그들의 도시 경험은 도시에 색다른 활력을 불어넣고 나름의 재현 공간을 만들어 낸다.

이런 구분에는 프랑스 학자 특유의 난해함이 서려 있다. 영화 제작 과정에 비유해 조금 쉽게 생각해 보자. 공간 재현은 작가가 시나리오를 쓰는 것에 비유할 수 있다. 공간적 실천은 배우가 시나리오에 따라 실제로 연기하는 과정이다. 그리고 재현 공간은 배우가 연기를 하며 시나리오를 재해석해 새로운 대사를 만들어 내는 것이라고 할 수 있다. 시나리오 대로 연기 하던 배우가 내뱉은 즉흥적인 대사가 영화의 한 장면이 되듯이 공간 재현, 공간적 실천, 재현 공간 역시 상호작용하며 도시라는 공간을 생산한다. 기획된 도시 공간에서 일상을 살아가는 사람들이 새로운 공간의 의미를 창출하면서 입체적인 도시가 만들어지는 것이다. 결국, 공간은 그저 주어진 것이 아니라, 공간을 둘러싼 다양한 주체들의 활동이 얽히면서 끊임없이 재구성되는 '사회적 생산물'이다.

르페브르의 렌즈로 보면, 도시는 결국 공간을 상품화하려는 자본주의의 의도와 그 공간에서 살아가는 우리의 일상이 교차하는 지점이다. 도시계획과 같은 공간 재현 방식은 자본의 논리에 따라 공간을 기획하고 우리들의 일상생활을 조정한다. 르페브르의 공간생산론의 핵심은 권력과 자본에 의해 상품화되어 가는 공간을 비판적으로 고찰하고, 이를 통해 우리의 일상생활을 지배하는 공간의 불합리함을 밝혀내는 것이다. 르페브르는 이런 지배적인 공간의 질서에서 벗어나 우리의 방식으로 공간을 경험하고 변화시키며, 도시를 단순한 상품이 아닌 진정한 삶의 공간으로 재구성할 수 있는 가능성을 찾으려고 한 것이다.

일산 신도시 공간의 생산

일반적으로 신도시는 국가 주도의 공간 기획으로 조성된다. 그곳에 이주한 사람들은 최초 기획된 공간 환경에 따라 살아가고, 그 과정에서 공간에 새로운 의미를 부여하기도 한다. 이런 과정이 단계별로 나타나기 때문에 신도시는 공간의 생산 과정을 파악할 수 있는 좋은 사례가 될 수 있다.

이런 맥락에서 르페브르의 공간생산론 렌즈를 통해 우리가 관찰할 신도시는 바로 김 씨가 나고 자란 일산이다. 다른 신도시와 마찬가지로 일산 신도시는 국가와 지방정부인 고양군(현재는 고양시), 건설사, 도시계획가 등 다양한 주체에 의해 인위적으로 생산된 공간이다.

일산은 원래 조상 대대로 농사를 짓던 한가로운 농촌 마을이었다. 평화롭던 일산은 노태우 정부의 신도시 개발 계획으로 상전벽해를 경험한다. 표면적으로 신도시 개발 계획은 서민들에게 안정적으로 주택을 공급하기 위함이었지만, 그 배경에는 권력과 자본의 논리가 얽혀 있었다.

1988년 서울 올림픽으로 막대한 돈이 풀리자 물가가 상승하고 부동산 투기가 만연하면서 집값이 천정부지로 올랐다. 특히 서울의 아파트 가격은 1987년에서 1988년 사이에 약 18.5%가 상승했다.[82], 주택 가격이 너무 올라 서민들의 주거 문제가 심각해지자 노태우 정부의 지지율이 계속해서 떨어졌다.[83] 엎친 데 덮친 격으로 중동 건설 붐 (1973년~1982년) 이후에 할 일이 없어진 건설업계가 불황[84]을 맞자, 국내 건설 경기를 부양하고 자본의 순환을 원활하게 해야 할 필요가 있었다. 이때 정부가 꺼내든 카드가 바로 서민들의 주거 문제에 대한 불만을 해소하여 정권 지지를 도모하고, 건설사들에게 일거리를 줄 수 있는 신도시 개발이었다.

일산의 원주민은 자신들의 생활 터전을 지키기 위해 거세게 저항했으나 정부의 의지는 너무나도 확고했다. 정부가 주도한 개발 계획은 결국 일산을 신도시 설계 도면에 올렸고, 건설사들은 기존의 생활 터전을 하나하나 지우며 일산을 새로운 공간으로 바꿔나갔다.[85] 르페브르의 렌즈로 보면 권력과 자본을 대표하는 정부와 건설사가 도시를 기획하고 개발하면서 일산이 공간 재현의 과정을 거치게 된 것이다.

우여곡절 끝에 1990년에 첫 삽을 뜬 일산 신도시 개발은 빠르게 진행되었다. 논밭이었던 일산에 총 6만 9000호의 주택이 공급되면서 대규모 아파트 단지가 조성되었다. 그렇게 만들어진 일산 신도시는 현재 어떤 모습일까?

현재 일산 신도시는 자족 기능이 부족한 전형적인 베드타운이다. 그 원인은 공간 재현 과정에서 자족 시설을 갖추기 위해 지정된 토지가 건설사와 유통 대기업에 매각되면서 주거와 소비 시설 위주로 공간이 형성되었기 때문이다. 원래 고양시에 조성되었어야 할 출판 단지와 마이스(MICE) 산업● 지원 부지에는 주상복합 아파트만 우뚝 서 있다.[86] 그 결과 일산 신도시는 자신만의 지역 정체성 없이, 아파트, 오피스텔, 대형마트 중심의 상품화된 공간이 되어 버렸다.

이런 공간은 일산 신도시 특유의 단조로운 일상을 만들어 냈다. 사방에 아파트와 오피스텔만 널려 있기에 주민들의 일상은 일할 곳은 없고 소비할 것만 많은 공간에 길들여져 있다. 대단지 아파트에서 나와 서울까지 먼 거리를 이동해 하루를 보내고 다시 대단지 아파트로 돌아오는 삶, 주말에 느지막이 일어나 대형 마트에서 장보거나 쇼핑하고 가족들과 외식하며 시간을 보내는 삶이 일산 신도시의 대표적인 일상이다. 이것이 일산 신도시의 공간적 실천인 것이다.

또한 이런 공간 경험은 일산 신도시에 몇 가지 주관적인 이미지를 형성했다. 일산 하면 떠오르는 '노잼 도시', '은퇴해서 살기 좋은 도시', '애만 키우기 좋은 도시', '살기는 좋은데 떠나고 싶은 도시'라는

● Meetings(회의), Incentives Travel(포상여행), Conventions(컨벤션), Exhibitions/Events(전시와 행사)를 아우르는 서비스 산업.

이미지가 바로 그것이다. 이에 따라 주민들은 일산 신도시에 특색 있는 자족 시설을 유치하기 위해 다양한 활동을 펼치고, 지역을 활성화할 수 있는 로컬콘텐츠를 발굴하는 등 대안적인 재현 공간을 만들기 위해 힘쓰고 있다.[87]

일산 신도시는 결국 도시 공간이 권력과 자본의 논리에 따라 기획되고 생산된다는 사실을 보여 주는 대표적인 사례다. 이렇게 만들어진 상품화된 공간은 우리의 도시 일상을 제한하며 재편하고 있다. 그럼에도 한 가지 희망이 있다면, 우리는 도시를 우리가 살기 원하는 공간으로 만들기 위해 꾸준히 노력하고 있다는 점이다.

공간의 미래

지금도 권력과 자본에 의해 수많은 공간이 생산되고 있다. 정치가 혼란할 때마다 국민적 관심과 지지를 얻기 위해 대규모 택지 개발과 주택 공급이 발표된다. 건설 경기가 어려울 때에도 대출과 규제를 풀어 재개발·재건축을 유도해 경기를 부양하는 정책을 펼치는 것을 자주 본다. 그저 우연의 일치일까? 새롭게 계획되는 택지 개발과 재건축으로 공간이 지닌 이전의 기억은 제거되고 콘크리트로 우뚝 선 새 건물이 들어선다. 공간을 통해 권력을 유지하고 자본을 축적하려는 기획으로 공간의 가치는 그저 도면과 화폐가치로 치환되어 버린다.

상품화된 도시 공간은 이제 우리의 인식을 지배하며 우리 삶 깊숙이 침투했다. 우리는 신도시가 계획될 때 지역의 특성과 장소적 의미를 살리는 것이 중요하다고 말한다. 하지만 실제 우리의 관심은 그곳에 투자 가치가 얼마나 있을지, 그리고 과연 제2의 강남이나 판교가 될 수 있을지에 있다. 이 와중에 일산을 비롯한 지어진 지 20년 이상이 된 계획도시는 '노후계획도시특별법'●에 근거한 재건축으로 또다시 상품화될 운명에 처해 있다. 안전을 위해서라면 재건축을 하는 것이 맞겠지만, 안전진단을 아예 면제하는 노후계획도시 특별법 제정은 재건축을 통한 공간의 생산이 단지 '안전' 때문만은 아니라는 점을 시사한다.[88]

이 과정에서 과연 이득은 누가 볼까? 지금 일산에 살고 있는 사람들일까 아니면 권력과 자본을 가진 사람들일까? 정부가 추진하는 노후계획도시 재건축은 과연 일산을 '노잼 도시'가 아닌 '유잼 도시'로 바꿔 놓을 수 있을까? 그 과정에 참여하는 기업들은 도시를 어떻게 변화시킬까? 르페브르는 실제 도시에서 일상을 보내는 주민의 필요와 상관없이 공간을 마음대로 재단하는 자본주의의 모순을 비판했다. 이제는 정권 지지율과 기업의 자본 축적보다 그곳에서 살아가는 주민의 일상을 먼저 생각해 봐야 한다. 도시에서 일상을 보내는 우리에게는 공장에서 찍어 낸 듯한 '상품'으로서의 도시가 아니라 다채롭고 의미 있는 '작품' 같은 공간으로서의 도시에 살아갈 권리가 있다. 이런 권리가 당연하게 받아들여지는 미래를 위해 우리

● 이 법은 노후계획도시를 광역적·체계적으로 정비하기 위하여 필요한 사항을 지원함으로써 도시기능을 향상하고 정주여건을 개선하며, 미래도시로의 전환을 도모하여 국민생활의 질적 향상에 이바지함을 목적으로 한다. (노후계획도시 정비 및 지원에 관한 특별법 제1조)

역시 누군가가 짜놓은 도시의 단조로운 일상에서 벗어나, 보다 능동적으로 도시를 탐험해야 한다. 결국, 노잼 도시를 유잼 도시로 재창조하는 것은 바로 도시에 사는 우리에게 달려 있다.

렌즈 너머의 사회학자

| 앙리 르페브르 | Henri Lefebvre | 1901~1991 | 프랑스 |

"(사회적) 공간은 (사회적) 생산물이다."

― 앙리 르페브르, 《공간의 생산》 ―

앙리 르페브르는 1901년 프랑스의 랑드에서 태어났다. 파리 대학에서 철학을 공부했고, 제2차 세계 대전에서는 레지스탕스로 활동했다. 마르크스주의자였던 르페브르는 1930년에 프랑스 공산당에 입당했으나, 스탈린주의를 비판했다는 이유로 공산당에서 쫓겨났다. 이후 그는 스트라스부르 대학을 거쳐 낭테르 대학에서 사회학을 가르치는 교수가 되었다. 낭테르 대학에서 그가 가르친 걸출한 제자 중 한 명이 '시뮬라시옹'으로 유명한 장 보드리야르다.

르페브르는 그의 생애에 걸쳐 프랑스의 근대화, 산업화, 도시화를 직접 경험했다. 이런 경험은 그가 도시와 공간에 대해 관심을 갖게 된 계기가 되었다. 르페브르는 지배층의 권력 유지와 자본 축적에 공간이 이용되는 시대의 흐름을 꿰뚫어 보았고, 그의 사상적 기반이었던 마르크스주의를 공간에 적용한 공간생산론으로 계급혁명의 시대를 넘어 도시·공간

혁명의 시대를 열었다. 그에 앞서, 르페브르가 1968년에 출간한《도시에 대한 권리》[89]는 프랑스 68혁명 당시 자본주의 권력으로부터 도시를 되찾자는 급진적인 운동에 불씨를 제공했다.

사회학, 지리학, 도시계획학 등 공간을 다루는 여러 분야에서 그의 이론이 재해석됨에 따라 르페브르는 공간이론의 선구자로 당당히 인정받고 있다. 그의 이론 덕분에 우리는 2차원 도면에 갇혀 있던 공간을 마침내 우리가 살아가는 역동적인 3차원 공간으로 바라볼 수 있는 렌즈를 갖게 되었다.

어딜 보시는 거죠?

그건 도시의 잔상입니다만

15

'진짜' 도시는 존재하는가
보드리야르의 시뮬라시옹

기호를 소비하는 세상

우리는 무언가에 의미 부여하기를 좋아한다. 빵이라고 다 같은 빵이 아니다. 일반적인 빵과 '성심당'의 빵은 다르다. 1957년 대전에서 개업한 성심당은 '빵지 순례'의 종착지다. 대전에 오면 '기승전 성심당'이다. 이런 명성에 부합하듯, 성심당의 빵은 그냥 씹고 목으로 넘기는 음식물이 아니라 대전 그 자체다. 성심당 빵을 먹는다는 것은 곧 대전을 먹는 것과 같다. 맛이나 가격과 별개로 성심당 빵은 뭔가 특별한 가치가 있다. 이걸 굳이 사회학적으로 말하면, 성심당 빵에는 **사용 가치**(use value)와 **교환 가치**(exchange value)를 뛰어넘는 **기호 가치**(sign value)가 있다고 할 수 있다.

하나하나 살펴보자. 사용 가치는 빵을 먹었을 때의 맛과 배부름 같이 사용자가 느끼는 유용성으로 매겨지는 가치이고, 교환 가치는 빵의 가격처럼 시장에서 형성되는 객관적인 가치다. 그리고 기호 가치는 성심당이 대전 그 자체를 의미하듯 실질적 기능과 가격을 넘어 별도로 부여된 상징적 가치를 말한다.

기호 가치의 또 다른 예로 아이폰을 들 수 있다. 기능과 가격에 상관없이 아이폰은 삼성의 갤럭시 휴대폰과 다른 기호 가치가 있다. 갤럭시를 쓰는 사람이 뭔가 투박하고 나이 많은 사람처럼 보이는 반면, 아이폰은 쓰는 사람에게 왠지 감성적이고 트렌디한 느낌을 준다.

도시 역시 그렇다. 우리는 같은 아파트라도 삼성아파트나 현대홈타운보다 뭔가 더 고급스러워 보이는 래미안과 힐스테이트를 원한다. 그러다보니 기능과 가격을 넘어 뭔가 특별한 의미와 상징을 부여하고자 하는 도시의 기호 가치에 압도되어 혼란스러울 때가 있다. 검단신도시디에트르더펠리체, 회천신도시로제비앙더메트로폴리스, 광주전남공동혁신도시빛가람대방엘리움로얄카운티 등 요즘 아파트 이름은 한 번에 이해하기가 쉽지 않다. 뭐 나름대로 작명 규칙이야 있겠지만, 확실히 시어머니들은 이름이 헷갈려서 못 찾아오실 것 같긴 하다.[90]

이렇듯 기호를 소비하는 현대 사회에서 기호로 가득 찬 도시는 어떻게 해석할 수 있을까? 기호에 압도되는 도시의 미래는 어떻게 될까? 기호라는 렌즈로 세상을 바라봤던 사회학자를 만나 보도록 하자.

보드리야르의 시뮬라시옹

장 보드리야르(Jean Baudrillard, 1929~2007)는 앞에서 만났던 르페브르의 제자로 **포스트모더니즘** 계열의 대표적인 사회학자다. 포스트모더니즘은 '이후'라는 의미의 접두사 'post'와 '근대주의'로 번역되는 '**모더니즘**'의 합성어다. 간단하게 표현하면 '근대 이후' 혹은 '근대에서 벗어난' 사상적 경향인 셈이다. 한국말로는 탈근대주의라고 많이 번역되는데, 어쩐지 용어의 맛이 살지 않아, 여기서는 '포스트모더니즘' 그대로 사용한다.

포스트모더니즘은 20세기 초까지 수백 년간 우리 사회를 해석하는 데 지배적인 역할을 했던 근대성에 도전하는 이론적 사조다. 근대성은 역사가 이성적이고 합리적으로 특정한 방향을 따라 의미 있게 진보해 나간다는 믿음에 근거하고 있다. 반면에 포스트모더니즘은 복잡한 현대 사회를 명확하게 설명할 수 있는 진리는 존재하지 않으며, 우리는 역사가 어디로 흘러가는지, 아니 흘러가기는 하는지 알 수 없다는 입장이다. 보드리야르 역시 근대성에 반기를 들어, 우리가 살아가는 세계에는 단선적인 진보가 존재하지 않을뿐더러 현실과 비현실의 혼재로 혼란과 공허함만이 가득하다고 보았다.

보드리야르의 렌즈는 소비에 대한 탐구에서 시작한다. 우리는 그동안 소비를 말하면서 사용 가치와 교환 가치를 주로 고민했다. 사용 가치와 교환 가치의 측면에서 보면, 우리는 떡진 머리를 잘 풀어주는 샴푸가 적절한 가격일 때 소비한다고 생각했다. 하지만 보드리야르는 현대 사회에서 소비가 사용 가치나 교환 가치뿐 아니라 기호 가치에 의해서도 이루어진다고 보았다. 우리가 샴푸를 살 때 정말 기능과 가격만 따질까? 알게 모르게 TV 광고에서 전지현이 긴 머리를 찰랑거리는 모습에 혹해 엘라스틴을 집어 들지는 않았을까? 오늘날과 같이 광고, 영상, 인터넷, SNS와 같은 미디어가 발달한 현대 사회에서 우리는 사물에 부여된 상징과 의미에 큰 영향을 받는 기호 소비를 한다. 기호가 지배하는 현대 사회에서 우리에게 중요한 것은 사물의 '이미지'다.

보드리야르는 이런 시각을 **시뮬라크르**(simulacre)와 **시뮬라시옹**(simulation)라는 개념으로 확장했다.⁷¹ 프랑스 학자답게 용어가 혀에 쫙쫙 붙지 않기 때문에 먼저 용어부터 정리하는 게 좋겠다.

먼저 시뮬라크르는 '원본 없는 이미지'를 말한다. 이미지는 원본을 복사해 만든다. 복사를 하려면 실제로 원본이 있어야 한다. 미키마우스가 쥐를 보고 만들어진 것처럼 말이다. 하지만 시뮬라크르는 원본을 복사하는 수준이 아니라 아예 원본이 무엇이었는지 알 수 없을 정도로 복사본이 원본을 대체해 '진짜'가 되는 것이다.

종교에 따라 마음으로 예수님을 느끼고 인지할 수 있을지는 모르겠지만, 여러분이 직접 눈으로 예수님을 본 적은 없을 것이다. 그런데 그림이나 영화를 통해 우리는 예수님을 찰랑이는 긴 머리와 미남형의 밝은 얼굴, 인자한 미소의 소유자로 알고 있다. 근거가 되는 실제 예수님의 모습은 알 수 없지만, 예수님의 이미지는 우리에게 '사실'처럼 느껴진다. 그래서 나중에 천국에 가서 예수님을 직접 만나면, 우리가 생각했던 예수님의 모습과 달라 당황할지도 모르겠다. 이렇듯 시뮬라크르는 사실과 무관한 독립적인 실체가 되어 오히려 현실을 압도하고 대체한다. 이로 인해 현실과 복사본의 구분이 모호해지거나 아예 사라지는 초현실적 상태를 **하이퍼얼리티**(hyperreality) 혹은 초과실재라고 한다.

시뮬라시옹은 시뮬라크르의 동사적 표현으로, 현실에 없는 가짜가 진짜보다 더 진짜인 것처럼 느껴지는 하이퍼얼리티를 형성하는 과정을 말한다. 시뮬라시옹을 대표하는 장소는 바로 라스베이거스다. 라스베이거스라는 도시 자체가 바로 시뮬라크르다. 라스베이거스의 호텔들은 전 세계 대표 도시들을 복제해 만들어 낸 것인데, 라스베이거스라는 한 지역 안에 수많은 도시들이 모여 있는 것 같은 착각을 일으킨다. 라스베이거스에서 우리는 몇 분 이내에 뉴욕, 베니스, 파리 등 먼 나라의 멋진 도시들을 둘러볼 수 있다. 뉴욕의 모조품에 불과하지만 우리는 라스베이거스에서 뉴욕으로 꾸민 호텔에 방문하여 진짜 뉴욕에 온 것처럼 복제된 자유의 여신상 앞에서 사진을 찍고, 복제된 브룩클린 다리를 보며 맥주를 마신다. 가짜를 진짜보다 더 진짜처럼 즐기면서 하이퍼리얼리티 형성에 동참하고 있는 것이다. 보드리야르는 이렇게 진짜보다 진짜 같은 가짜에 의해 현대 사회가 지배되고 있다고 보았다.

에이, 그래도 진짜와 가짜는 다르지 않느냐고? 진실과 거짓이 뒤섞여 사실 관계를 판별하는 것 자체가 불가능한 가짜 뉴스를 생각해 보면, 진짜와 가짜를 구별하는 게 생각보다 만만치 않다는 것을 인정할 수밖에 없을 것이다. 누군가가 근거 없이 퍼다 나른 글이 사실로 둔갑되고, 전쟁 뉴스가 일인칭 슈팅 게임 게임처럼 보이고, 광고와 SNS에서는 근원을 알 수 없는 기호와 이미지가 난무하는 세상이다. 더 이상 무엇이 진짜이고 무엇이 가짜인지는 의미도 없고 중요하지 않다. 이제 우리 사회는 내파(implosion), 즉 내부에서 폭발하고 붕괴되어 진짜와 가짜의 경계가 소멸된 상태가 된다. 그 결과 의미는 하나둘 사라지고 그 자리에 껍데기인 기호만 남아 있는 허무의 세계가 도래한 것이다. 가짜인지 진짜인지 구별이 안 되는 뉴스가 무슨 의미가 있겠는가? 그냥 뉴스라는 이름만 남은 것일 뿐. 보드리야르는 이렇게 말했다. "의미는 죽음을 면할 수 없다."

하이퍼리얼 시티

의미 없이 껍데기만 복제되는 상황은 우리 도시에서도 자주 만날 수 있다. 우리가 살아가는 도시 역시 끊임없이 복제되고 있기 때문이다. 우리나라 도시의 특징 중 하나는 장소의 고유한 특징이나 성격, 즉 '장소성'이 모호하다는 것이다.

다들 알다시피 우리나라에서 서울의 강남은 '부촌', '교육1번지', '파워엘리트 도시'를 대표한다. 이에 따라 강남은 도시 공간 그 이상을 상징한다. 그래서 특정 도시에서 가장 부유하고 학군이 좋은 지역을 '○○의 강남'이라고 부르기도 한다. 부산의 해운대구, 대구의 수성구, 대전의 유성구 등이 그 예다.

이런 강남의 이미지를 닮고 싶은 욕망은 '강남 따라하기'로 이어진다.[92] 강남의 도시 공간을 본 따 새로운 도시들이 우후죽순 복제되어 만들어지기 시작했다. 강남과 비슷한 방식으로 1990년대에 수도권 1기 신도시인 일산, 분당, 평촌, 중동, 산본이 개발되었고, 2000년대에는 광교, 판교, 운정을 비롯한 12개의 2기 신도시가 건설되었다. 지금은 창릉, 계양, 교산을 포함한 8개 신도시가 새로이 만들어지고 있다. 이 밖에도 대규모 택지 개발이 시행될 때마다 우리는 '제2의 강남', '준강남'이라는 타이틀을 붙이고 있다.

하지만 모두가 알고 있듯, 강남 개발이라는 모델을 복제해 도시를 건설한다 해도 그 도시는 강남이 되지 않는다. 원본인 강남의 장소적 특성과 개발 맥락에 대한 고려 없이 복제된 도시에는 아파트 숲과 자로 잰 듯한 격자형 도로, 의무적으로 만든 공원과 같이 강남을 상징하는 기호만 남는다. 그 결과, 강남을 본뜬 도시들의 장소성은 사라지고 이제는 어디가 어딘지 구분하기조차 어려워지고 있다. 거대한 아파트 숲이 들어찬 도시 공간에 여러분이 뚝 떨어졌을 때 그곳이 어디인지 금방 알 수 있다고 자신 있게 말할 수 있을까? 일산에 삼십 년을 산 김 씨도 멀리서 보면 일산과 분당이 잘 구분되지 않는다.

이 밖에도 뭔가 좋아 보이는 것은 죄다 복제된다. 일산, 분당, 운정, 김포한강, 동탄, 광교 등 수많은 신도시에는 공통적으로 호수공원이 있고, 전국에는 수많은 '○○단길'이 있다. 서로가 서로를 복제하면서 우리의 도시는 무엇이 원본이었는지조차 생각나지 않을 만큼 의미 없는 기호로 가득 채워지고 있다. 보드리야르의 렌즈로 보면, 우리는 시뮬라크르의 지배를 받아 껍데기만 남은 도시에서 살고 있는 것이다.

'진짜' 도시는 존재하는가

도시에는 한때 핫했던 공간들이 있다. 익선동이 그랬고, 전주 한옥마을이 그랬다. 옛 한옥을 활용하여 특색 있는 상점과 음식점으로 유명했던 익선동은 상업화 바람이 불면서 건물 외형만 한옥이고 내부는 한옥과 아무런 접점이 없는 방식으로 리모델링되었다. 전주 한옥마을은 한옥과 전혀 상관없는 바게트와 초코파이, 길거리 음식으로 유명하다. 이렇게 겉과 속이 다르고, 의미와 기호가 상응하지 않는 도시 공간에서 우리는 무엇이 이상한지조차 느끼기 어려울 정도로 길들여져 있다.

우리가 살아가는 도시는 도대체 뭘까? 도시라는 게 존재하기는 하는 것일까? "이것은 파이프가 아니다"라는 글자가 크게 자리 잡은 르네 마그리트의 파이프 그림과 마찬가지로, 보드리야르도 현대 도시를 보며 "이것은 도시가 아니다"라고 말할지 모르겠다. '뇌절(똑같은 말이나 행동을 반복하여 상대방을 질리게 하는 것)'에 가까운 복제와 맥락 없는 공간이 난무하는 도시는 본질과 아무 상관없는 이미지가 떠다니는 가상현실과 같기 때문이다. 이런 하이퍼리얼 시티에서 도시의 의미는 사라지고 허무한 도시의 껍데기만 남는다. 지금이라도 이런 도시에 살아가는 우리를 지배하는 이미지와 기호, 시뮬라크라를 바라보며 '내가 숨 쉬는 이곳 여기에는 어떤 의미가 있을까'를 고민해 볼 필요가 있지는 않을까? 이 순간에도 무엇을 본 따 만들었는지 알 수 없는 휘황찬란한 하이퍼리얼 시티는 우리를 삼키기 위해 입을 벌리고 있다.

렌즈 너머의 사회학자

| 장 보드리야르 | Jean Baudrillard | 1929~2007 | 프랑스 |

"시뮬라크르란 결코 진실을 감추는 것이 아니다. 진실이야말로 아무것도

존재하지 않는다는 사실을 숨긴다. 시뮬라크르는 참된 것이다."

— 장 보드리야르, 《시뮬라시옹》 —

1929년 프랑스 렝스에서 태어난 장 보드리야르는 가족과 친척을 통틀어 처음으로 대학을 진학했다고 한다. 파리의 소르본에서 독일어와 독일 문학을 배운 보드리야르는 1966년 낭테르 대학에서 앙리 르페브르의 조교가 되면서 철학과 사회학을 공부하기 시작했다. 그리고 당대 프랑스 최고 지성이었던 앙리 르페브르와 피에르 부르디외, 롤랑 바르트의 심사를 받아 박사 학위를 받았다.

보드리야르는 현실과 가상의 경계가 사라지고, 모든 것이 기호와 이미지로 대체되는 현대 사회를 비판적으로 분석했다. 그가 제시한 '시뮬라시옹'이라는 개념은 현대의 소비 현상 분석과 미디어, 예술계에 커다란 영향을 미쳤다. 영화 〈매트릭스〉에도 주인공 네오의 보물창고로 보르리야르의 책 《시뮬라시옹》이 잠깐 등장한다. 2002년에는 한국을 찾아 민속촌의 전통 혼례식을 보고 완벽한 시뮬라시옹이라고 말한 적도 있다. 낭테르 대학과 유럽 대학원(European Graduate School, ESG) 교수로 사회학과 철학을 가르쳐 온 보드리야르는 2007년에 세상을 떠나기 전까지 이미지와 기호, 시뮬라크르가 지배하는 현대 사회에 날카로운 비판의 메시지를 끊임없이 던졌다.

보드리야르는 모더니즘에 반기를 든 포스트모더니즘의 대표적인 사상가로 인식되고 있지만, 정작 본인은 자신의 생각이 포스트모더니즘이라고 말한 적이 없다. 어쩌면 우리가 이해하고 있는 보드리야르의 생각은 원본을 알 수 없는 시뮬라크르일지도 모르겠다.

손에 손 잡고 벽을 넘자더니만,
왜 내 손은 안 잡아주지?

16

88올림픽과 도시개발
그람시의 헤게모니

통치 수단이 된 문화

당연한 이야기이지만 우리는 '지배'를 싫어한다. 그러나 좋든 싫든, 우리는 모두 지배 속에서 살아간다. 지배는 사회 질서의 근간이기 때문이다. 국가는 우리에게 특정한 행동을 강제할 힘이 있다. 이 세상에 세금 내고 싶은 사람이 있을까? 그렇지만 우리는 세금을 낸다. 일상에서도 우리는 지배 관계 속에 있다. 회사에는 우리 위로 여러 직급이 존재하고, 그들의 계획과 결정에 따라 우리의 업무가 결정된다. 하기 싫어도 자본주의 사회에서 먹고살려면 어쩔 수 없이 해야만 하는 일이다.

이런 지배 관계에는 어쩔 수 없이 불합리한 면이 있을 수밖에 없다. 불합리함을 더 이상 참지 못하면 혁명이 일어난다. 1789년 프랑스 혁명, 1917년 러시아 혁명처럼 역사적으로 굵직한 혁명은 꽤 많다. 하지만 과거에 비해 현대 사회에는 주목할 만한 혁명이 거의 없다. 그 이유 중 하나를 현대의 진보된 통치술에서 찾을 수 있다. 현대 사회의 지배는 강제적이고 억압적인 힘보다 예술이나 스포츠, 미디어와 같은 문화적 측면을 적극 활용한다. 사람들이 문화를 수용하는 과정에서 알게 모르게 세상에 무관심해져 세상을 뒤엎을 동력을 쉽게 얻지 못한다는 것이다.

일례로 1980년대 전두환 정부는 이전까지 제한적으로만 허용하던 '3S (Screen, Sports, Sex)'를 대대적으로 개방했다.[93] 군사 독재에 대한 반발을 억제하고, 국민들의 눈을 다른 데로 돌리기 위해 영화, 프로 스포츠, 유흥·향락 서비스를 대대적으로 활용했다고 알려져 있다. 이런 가운데 1988년 서울 올림픽 유치는 문화적 지배가 투영된 대표적인 사례라고 할 수 있다.

우리나라에서 세계적 스포츠 행사인 올림픽이 열린다는데 다른 곳에 신경 쓸 겨를이 있을까? 올림픽이 열리면서 국민들은 대한민국에 소속감과 자부심을 느끼게 되었고, 정권에 대한 불만은 어느새 성공적인 올림픽 개최에 대한 염원으로 바뀌었다.

성공적인 올림픽을 개최하기 위해서는 뭐가 필요할까? 집을 비웠던 아내가 예정보다 일찍 돌아온다고 하면 어지럽힌 집을 급하게 치우는 김 씨처럼, 전 세계에서 찾아오는 손님을 맞기 위해서는 그들이 오기 전에 도시를 정비해야 한다. 경기장도 짓고, 도시 미화도 하고, 낡은 도시 인프라도 개선해야 한다. 전두환 정부는 올림픽을 기대하는 여론과 호의적인 언론 보도 덕분에 서울의 도시 경관을 빠르게 바꿔나갈 수 있었다. 올림픽을 활용한 문화적 지배가 우리가 살아가는 도시에 영향을 준 것이다.

이런 올림픽을 통한 지배 전략과 그 수단으로서의 도시개발을 사회학의 렌즈로 보기 위해 이탈리아에서 '가장 위험한 두뇌'로 불렸던 사상가를 만나러 가보자.

그람시의 헤게모니

안토니오 그람시(Antonio Gramsci, 1891~1937)는 이탈리아의 마르크스주의 사상가로 이탈리아 공산당을 창당해 무솔리니의 파시스트 정권에 맞선 혁명가다. 그는 무솔리니 정부에 의해 11년 동안 감옥에 갇혀 있었는데, 그때 감옥에서 쓴 《옥중수고》가 마르크스주의에 새로운 지평을 개척했다고 평가받고 있다.[94] 대표적인 이론이 바로 **헤게모니**(hegemony)라는 개념이다.

그람시의 헤게모니 렌즈를 제대로 이해하려면 앞에서 만났던 마르크스를 다시 한 번 살펴봐야 한다. 마르크스는 사회를 움직이는 데 중요한 것은 관념이 아니라 경제라고 했다. 새로운 용어와 함께 이 생각을 조금 더 발전시켜 보자.

마르크스주의는 사회구조가 **토대**(base)와 **상부구조**(superstructure)로 이루어졌다고 보았다. 법률, 문화, 철학, 종교, 교육 같은 관념적인 것들이 상부구조에 해당하고, 물질과 경제 시스템이 토대에 해당한다. 이때 상부구조는 경제 시스템을 지배하는 계급의 이익을 대변한다. 예를 들어, '자본주의 사회의 교육 제도는 양질의 노동자를 양성하여 자본가의 노동 인력 충원을 수월하게 하는 수단이다'라는 시각처럼 토대에 맞춰 상부구조가 규정된다는 것이다. 즉, 상부에 해당하는 사회 시스템은 토대의 경제 시스템에 따라 돌아간다고 보았다.

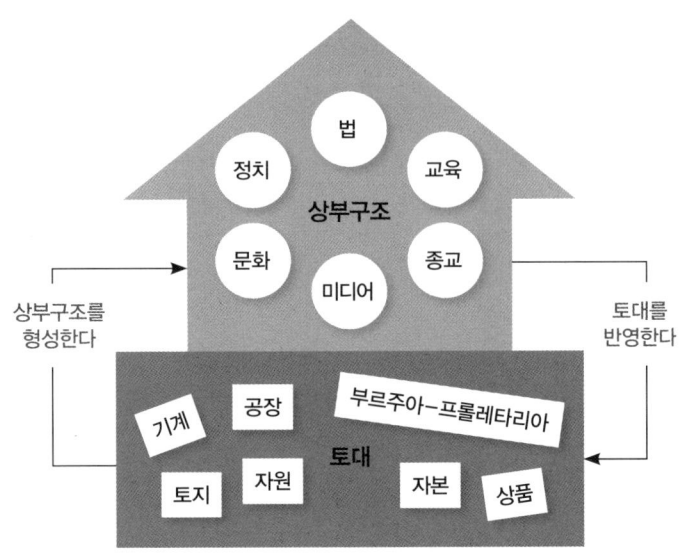

이데올로기적 상부구조와 경제적 토대의 관계

 마르크스는 노동 착취에서 비롯된 자본주의 사회의 모순으로 경제 시스템을 둘러싼 계급 간의 갈등이 심화되고, 결국 단결한 노동자가 혁명을 통해 자본주의를 붕괴시킬 것이라고 예측했다. 하지만 현실은 어떤가? 노동자의 불만이 고조되면 자본주의는 복지 정책을 확대하거나 누구나 열심히 일하면 성공할 수 있다는 여론을 조성하여 노동자를 달래며 살아남았다. 다시 말해, 토대의 반영일 뿐이라고 생각했던 상부구조가 오히려 토대를 공고히 하는 데 직접적으로 영향을 미친 것이다.

 이런 맥락에서 '자본주의 위기는 왜 마르크스의 예측처럼 노동자 혁명으로 이어지지 않았을까'를 고민하던 그람시는 그 실마리를 지배를 능동적으로 정당화하는 상부구조에서 찾으며, 헤게모니라는 개념을 제시하였다.

　헤게모니는 지적(intellectual) 혹은 문화적 지도력이다. 이는 사법적·행정적 권력이나 국가의 경찰력에 포괄적으로 나타나는 강제성과 대비되는 개념으로, 시민의 '자발적인 동의'에 기반을 두고 있다. 다시 말해, 헤게모니는 지식과 문화를 이용해 피지배 계급이 자발적으로 지배 계급의 논리를 따르게 하는 힘이다. 여기에는 지배 계급의 생각이 투영되어 있는 교육, 언론, 예술 등의 상부구조가 큰 역할을 한다. 예를 들어, 학교에서는 자유시장경제의 탁월함을 강조하며 학생들을 교육하고, 언론에서는 재벌에 대한 처벌이 국가적 위기로 이어질 것이라 겁을 준다. 이로 인해 시민들은 지배 계급의 물리적인 강제력 없이도 알아서 자본주의 체제를 지지하고 거기서 비롯된 지배 관계를 자발적으로 수용한다. 이로 인해 시민들이 세계를 바라보는 관점은 어느새 지배 계급의 관점과 같아진다. 쉽게 말해, 지배 계급의 헤게모니에 '가스라이팅' 당하는 것이다. 헤게모니를 장악한 지배 계급은 이런 방식으로 지배를 정당화하고 권력을 유지한다. 현대 사회는 이제 총칼로 지배하는 사회를 넘어 펜으로 지배하는 사회가 된 것이다.

　그람시는 사회의 변혁과 혁명을 위해 지배 계급의 이런 전략을 간파하고, 먼저 헤게모니 싸움에서 승리해야 한다고 주장했다. 그람시는 지배 계급과 싸우는 방식을 두 가지로 나누었는데, **기동전**(war of maneuver)과 **진지전**(war of position)이다. 기동전은 프랑스 혁명처럼 지배 계급과 정면 대결에 나서는 투쟁, 즉 물리적 충돌과 실천을 뜻한다. 한편, 진지전은 지배 계급의 헤게모니에 도전하고 대안적인 사상을 제시하여 교육, 언론, 학문, 예술 등 광범위한 문화적 영역에서 시민 사회의 동의를 얻어 내는 전술이다. 우리나라 군사정권 시기, 독재에 저항하고 민주화를 향한 열망을 표현하며 자발적인 사회운동의 정신적 기틀이 된 저항문학이 대표적인 예다.

그람시는 사회를 바꾸기 위해서는 기동전보다 진지전이 선행되어야 한다고 보았다. 지배 계급이 지배하고 있는 지적·문화적 주도권을 둘러싼 싸움에서 먼저 승리해야 한다는 것이다. 지배 계급의 헤게모니를 깨고, 지적·문화적 주도권을 탈환하여 사회의 모순을 폭로하는 메시지를 확산시키는 것이 중요하다고 보았다. 이런 메시지를 통해 시민들이 사회의 불합리함을 깨닫게 되어야 비로소 실천적인 투쟁을 통한 새로운 질서로의 전환이 가능하다는 것이다. 그렇기에 그람시는 20세기 초반, 전체주의적인 파시즘 그리고 모순적인 자본주의 체제와의 헤게모니 싸움에서 진지전의 선봉에 설 지식인의 역할이 중요하다고 강조하였다.

88올림픽과 서울의 도시개발

올림픽과 같은 초대형 이벤트는 우리 사회의 수많은 모순을 잠재우며 지배 계급이 헤게모니를 장악할 수 있는 강력하고 유용한 도구다. 우리나라에서도 그 사례를 찾을 수 있다. 전두환이 이끈 신군부는 12.12 군사 반란과 5.17 내란으로 정권을 찬탈하였다. 정당한 절차를 거치지 않고 정권을 잡은 전두환 정부는 시민들의 지지가 필요했다. 이런 상황에서 국가적 이벤트를 통해 시민들의 관심을 환기시키라는 일본 우익인사 세지마 류조의 조언을 들었고, 이에 전두환 대통령은 올림픽을 유치하기 위해 사활을 걸었다고 전해진다.[95]

정부의 강력한 의지와 현대그룹 정주영 회장의 적극적인 유치전 덕분에 1981년에 서울의 올림픽 개최가 확정되었다. 덕분에 군사 정권을 비판적으로 바라보던 국민의 눈을 올림픽으로 돌리는 데 일단 성공하였다. 이제 성공적인 올림픽 개최를 헤게모니 장악의 도구로 활용하여 국민들에게 정부의 위대함과 정당성을 내세우고 지지를 끌어 올려야 했다.

올림픽은 분단의 아픔을 딛고 기적과도 같은 경제 성장을 이룬 대한민국의 화려한 국제 사회 데뷔 무대였다. 전 세계가 지켜보는 88올림픽의 성공적 개최를 위해 정부는 서울 전역에 대대적 인프라 구축과 개발 사업에 착수하였다. 올림픽의 주 무대가 될 잠실 지역이 우선 정비되었고, 한강 종합 개발이 추진되었으며, 선수촌 건설, 시민 공원 조성, 올림픽대로 점검이 급박하게 이루어졌다.

이렇게 서울이 남 보기에 부끄럽지 않게 개발되고 있을 때, 정부의 눈에 걸리적거리던 것이 하나 있었다. 바로 달동네라 불리던 불량주거지였다. 대한민국의 발전을 세계인들에게 각인시켜 국민들에게 자부심을 심어줘야 하는 상황에서 정부는 서울의 도시 미관을 해치는 달동네를 제거할 필요가 있었다. 이때 서울 내의 달동네 200여 곳이 강제로 철거되었다.

대표적인 곳이 바로 지금의 서울시 노원구 상계동이다. 1980년대 상계동 일대는 서울 다른 지역보다 집값이 쌌기 때문이 가난한 사람이 많이 모여 살았다. 주민들은 가난했지만, 그래도 이웃 간의 정이 있던 동네였다. 하지만 88서울올림픽 개최 계획과 함께 상계동에 재개발이 추진되면서 비극이 시작되었다. 전 국민이 역사적인 올림픽 개최로 한창 들떠 있던 1987년, 서울시의 행정 집행으로 용역 인력 천여 명, 구청 직원과 전경이 동원되어 주민들은 삶의 터전에서 쫓겨났다. 쫓겨난 주민들 중 일부는 이듬해 경기도 부천시 고강동 고속도로변에 임시 건물을 지어 새로운 삶터를 마련하였지만, 1분 남짓 올림픽 성화가 지나간다는 이유로 이 마저도 철거되었다. 이들의 삶터가 제거되는 동안, 언론은 올림픽의 열기를 취재하느라 정신이 없었다.

  강제 철거된 달동네 주민들의 처지와는 대조적으로 '민족의 영광'이라 불렸던 1988년 서울 올림픽은 성공적으로 마무리되었다. TV에는 전쟁을 겪은 나라라고 생각되지 않을 만큼 잘 정비된 도로를 따라 성화 봉송자가 달리는 장면이 비추어졌다. 세계도시로 거듭난 서울의 경관을 바라보며 시민들은 세계 속의 당당한 국제시민으로서 올림픽에 동참할 수 있었다. 정부의 올림픽을 이용한 헤게모니 장악은 성공적이었고, 시민들은 올림픽이 남긴 현대적인 서울의 경관에 열광했다. 그 사이 강제 철거된 불량 주거지 주민들의 사연은 조용히 잊혀졌다.

누구를 위한 올림픽과 도시개발인가

올림픽과 같은 국제 행사는 국가의 위상을 높이고 국민의 자부심을 고취하는 수단으로 활용되면서 많은 경우 도시개발과 엮이게 된다.[96] 평창 올림픽을 준비하는 동안 평창에는 각종 올림픽 경기장과 기념관이 건설되었고, 유치에 실패하긴 했지만 부산 엑스포도 부산의 북항 개발과 신공항 건설, 부산형 급행철도 등 여러 도시 인프라 개발과 연계되어 있었다.

하지만 이런 메가 이벤트를 위한 도시개발은 필연적으로 무언가를 손쉽게 제거한다. 88올림픽이 누군가의 삶터를 제거해 버렸듯, 평창 동계올림픽을 위한 스키장은 오백여 년을 지켜온 우리나라의 유일한 원시림인 가리왕산을 훼손하였고,[97] 엑스포를 전제로 조기 개항하려고 했던 부산 신공항 역시 가덕도의 1급 해양 생태 환경을 파괴할 것이라는 우려가 있었다.[98] 그럼에도 메가 이벤트와 연계된 도시개발과 보존 사이의 진지전에서는 대체로 정부, 기업, 언론의 힘을 입은 개발측이 승리해 왔다. 우리 역시 메가 이벤트를 기대하면서 알게 모르게 개발에 동조해 왔다. 이런 맥락에서 현재 우리가 살아가는 도시 경관의 일부는 결국 메가 이벤트의 열기에 잊혀진 무언가가 사라짐으로 만들어져 왔다고 할 수 있다.

우리는 올림픽 유치에 또다시 도전하고 있다. 2036년 하계 올림픽의 대한민국 후보 도시로 전북특별자치도가 서울시를 누르고 선정되었다. 주변 도시와 연대하여 대구, 광주, 충북 청주, 충남 홍성, 전남 고흥의 경기장을 활용하면 기존 인프라만으로도 충분히 올림픽을 개최할 수 있다는 설명을 덧붙였다. 과연 우리나라가 또다시 올림픽을 유치한다면 이번에는 소중한 것들을 잃어버리지 않을 수 있을까? 아니면 그동안 그래왔던 것처럼 올림픽을 준비한다는 명목으로 화려한 도시개발에만 열중할까?

여기에 대한 진지전은 이미 시작되었다. 올림픽과 같은 국제 행사 유치에 찬성하든 반대하든 중요한 것은 "국제 행사가 국익과 시민을 위해 반드시 유치되어야 하고, 이를 위해 도시개발은 필수적"이라며 우리의 지지를 호소하는 헤게모니에서 벗어나, 이 행사가 누구를 위한 것이고, 또 누구를 위한 도시개발인가를 먼저 논의하는 것이다. 도시개발의 어두운 측면을 가린 올림픽의 흑역사는 한 번이면 충분하기에.

렌즈 너머의 사회학자

| 안토니오 그람시 | Antonio Gramsci | 1891~1937 | 이탈리아 |

> "사회 집단의 패권은 '지배' 그리고 '지적이고 도덕적인 지도력'이라는 두 가지 방식으로 나타난다."
> — 안토니오 그람시, 《옥중수고》 —

안토니오 그람시는 1891년 이탈리아의 사르데냐에서 태어났다. 4살 때 척추를 다쳐 안타깝게도 성장이 150센티미터에서 멈추었다. 장애가 있었지만 흙수저였기에 일을 해야만 했고, 공부가 하고 싶어 토리노 대학에 장학금을 받으며 입학했지만, 건강 때문에 결국 중퇴하고 말았다.

1913년 이탈리아 사회당에 입당한 그람시는 토리노 지역 노동자를 결집해 좌파 세력의 중심이 되었고, 1921년에는 이탈리아 공산당을 창당하여 반파시스트 운동에 뛰어들었다. 그런 와중에 키 큰 미녀 바이올린 연주자와 결혼한 인생의 승리자(?)이기도 했다.

당시 파시스트의 우두머리는 베니토 무솔리니였다. 무솔리니는 권력을 장악하는 데 방해가 되는 공산당의 리더인 그람시를 감옥에 투옥했는데, 재판 과정에서 판사는 그를 가리켜 '이탈리아에서 가장 위험한 두뇌의 소유자'라고 평했고, '20년 동안 두뇌를 쓰지 못하게 해야한다'며 20년 형을 선고했다고 전해진다.

감옥에서 오히려 두뇌가 더 잘 돌아간 것인지, 그람시는 2848쪽의 옥중수고를 써내며 헤게모니 개념으로 마르크스주의를 한 단계 진화시켰다. 경제적 토대에 매몰되었던 단순한 마르크스주의자들과 달리 고개를 들어 세상을 지배하는 지식과 문화의 가치를 알아본 것이다. 한 평 남짓한 감옥에서 옥중수고를 쓰며 혁명을 이어갔던 그람시는 투옥 11년째인 1937년, 46세의 나이로 감옥에서 세상을 떠났다.

돈이 많고 책 읽을 시간이 많았던 당대의 지식인과 달리, 그람시는 진짜 흙수저 프롤레타리아 지식인이었고, 키는 작았지만 당대 이탈리아에서 정치적·사상적으로는 누구보다 커다란 거인이었다.

주 예수의 은혜인지

(주)예수의 은혜인지

17

강남 초대형 교회의 탄생
로건과 몰로치의 성장기제론

한국 교회의 초고속 성장

도시의 야경을 보다 보면 높이 솟은 환한 빌딩과 도로 위 자동차가 만들어 낸 헤드라이트 불빛 사이로 이질적인 붉은 막대가 보인다. 바로 십자가다. 세속적인 도시의 빌딩숲과 아파트 단지들 사이로 밝게 빛나는 수많은 교회의 십자가를 보면 뭔가 기분이 묘하다. 이런 도시 풍경에 익숙하지 않은 외국인은 '왜 이리 무덤이 많지'하며 착각을 한다는 말도 있다.

우리나라에는 얼마나 많은 교회가 있을까? 2023년 기준 우리나라에 교회는 5만 3846개가 있다.⁹⁹ 사거리에 한두 개씩은 꼭 있는 편의점이 5만 7132개라는 점을 감안하면 굉장히 많은 편이다. 우리나라의 뿌리가 개신교에 있는 것도 아닌데 어떻게 이렇게 많은 교회가 있을까?

우리나라에 서양의 개신교 선교 활동이 본격적으로 시작된 것은 기껏해야 1880년대부터지만, 한국 교회는 채 백 년이 되지 않는 동안 전 세계에서 유례를 찾기 힘든 성장을 경험했다. 특히 1960년대부터 1980년대까지 매 십년마다 개신교 교인 수는 두 배씩 늘었다. 1970년대 후반에는 전국에 매일 6개의 교회가 세워지는 시기도 한참 있었다.[100] 이 기간은 바로 우리나라의 급격한 도시화 시기와도 맞물린다. 도시의 세속적 문화와 경건한 종교 활동이 얼핏 어울리지 않아 보이지만, 차갑고 삭막한 도시에서 교회는 기댈 곳이 없는 사람을 품어주던 따뜻한 공동체였다. 그렇기에 도시개발이 급격하게 이루어지면서 연대감 결핍과 정체성 상실이라는 사회적 변화가 두드러졌던 서울을 중심으로 교인이 빠르게 늘었고, 그 과정에서 몇몇 교회는 엄청난 규모를 자랑하는 초대형 교회로 성장할 수 있었다.●

1950~60년대에 도시화가 이루어진 강북 도심에서 초대형 교회가 가장 먼저 나타났고, 이후 1960~70년대의 여의도 개발, 1970~80년대의 강남 개발, 1980~90년대의 강동 택지 개발을 비롯한 서울 각 지역의 도시개발과 함께 해당 지역을 대표하는 초대형 교회가 등장했다.

그렇다면 우리나라에서 초대형 교회가 가장 많은 지역은 어디일까? 2024년 기준으로 우리나라에는 20개의 초대형 교회가 있는데, 그중 12개가 서울에 위치하고 있다.[101] 이중 서울에서 집값 투톱이며 대표적 부촌인 서초구와 강남구에만 초대형 교회 4곳이 4.5킬로미터 반경 안에 몰려 있다. 이들 교회는 모두 강남 개발 당시 강남에서 개척하거나 강남으로 이주한 교회들이다.

'교회의 성장은 하나님의 은혜 덕분이죠'라고 말할 사람도 물론

● 일반적으로 교인 수 3천 명 이상을 대형 교회, 1만 명 이상을 초대형 교회로 구분한다.

있겠지만, 우리는 지금 도시를 사회학의 눈으로 보고 있다. 다소 불경스럽게 느껴지더라고 사회학의 렌즈로 유독 강남에 초대형 교회가 몰려있는 이유는 무엇일까 생각해 볼 필요가 있다. 과연 강남 개발은 초대형 교회의 성장과 어떤 연관성이 있을까?

로건과 몰로치의 성장기제론

미국의 사회학자 존 로건(John R. Logan, 1946~)과 하비 몰로치(Harvey L. Molotch, 1940~)는 도시의 성장을 이끄는 지역 네트워크의 역학 관계를 공동으로 연구했다. 이 두 사람이 원래부터 서로를 잘 알았던 것은 아니었다. 상대의 논문 내용이 마음에 안 들었는지 서로 '디스'를 주고받다 같이 연구하게 되었다고 한다. 물론 둘 다 사회학자였기에 이들의 디스전은 학술지에서 이루어졌다. 로건과 몰로치는 도시 성장을 주제로 비판을 주고받다 서로 동의하는 공통점을 찾았다. 바로 '도시의 장소'를 교환 가치가 있는 '상품'으로 보고 연구하고 있다는 점이었다. 이런 공통점을 발견하게 되면서 로건과 몰로치는 함께 연구를 진행했는데, 그 결과가 바로 **성장기제론**(growth machine theory)이다.[102] 로건과 몰로치는 도시가 성장을 위해 체계적이고 조직적으로 작동하는 일종의 기계 같다고 보았다.

로건과 몰로치는 도시의 장소가 시장에서 거래되는 상품과 마찬가지로 교환 가치와 사용 가치를 갖고 있다고 설명했다. 보드리야르를 만났을 때 나왔던 그 교환 가치와 사용 가치 맞다. 이때의 교환 가치는 지역의 개발과 성장으로 발생하는 경제적 이익과 관련이 있고, 사용 가치는 그 지역의 삶의 질과 관련이 있다. "일산은 살기는 좋지만 투자할 곳은 아니야"라고 말할 때, '살기 좋다는 것'은 사용 가치를, '투자할 곳'은 교환 가치와 관련이 있는 것이다(실제로 일산에서 자란 김 씨가 자주 듣던 말이다).

도시를 쥐락펴락하는 지역의 정치인과 자본가는 도시의 사용 가치보다 교환 가치, 즉 '상품성'을 높이는 방향으로 도시를 개발하고 성장시키기 위해 노력한다. 이들에게는 도시에 사는 사람의 삶의 질보다 도시를 성장시켜 부동산 가치를 올리고 이윤을 얻는 게 더 중요하다. 그리고 이들과 한마음으로 도시의 성장을 통해 교환 가치의 상승을 염원하는 주체들이 있는데, 이 모두를 통틀어 '**성장연합**(growth coalition)'이라고 부른다.

성장연합에는 도시 내 다양한 집단이 포함되는데, 핵심적 주체로 해당 지역 지방정부의 고위공무원, 유력 정치인, 부동산 개발업자, 기업과 금융인, 그리고 언론이 있다. 보조적 주체로는 대학을 비롯한 각급 학교, 박물관이나 극장 등의 문화 시설, 지역 연고 프로 스포츠 구단 등이 있다. 도시가 성장하면 지방정부의 고위공무원과 정치인, 부동산 개발업자가 이득을 보는 것은 당연하고, 지역 언론 입장에서는 부동산 광고 수입이 늘어난다. 또한 인구가 늘고 인재가 유입되기 때문에, 대학, 기업, 박물관, 프로 스포츠 구단도 간접적으로 이득을 본다. 따라서 도시의 성장과 개발에 의한 이득을 최대한 많이 얻기 위해 각 집단은 서로 연합하여 끊임없이 도시 성장을 추구하고, 도시를 성장기제로 만든다. 다시 말해, 성장연합은 도시가 성장했을 때 서로 그 이득을 나눠 갖는 집단들 간의 네트워크인 셈이다.

도시가 성장하면 모두에게 좋은 게 아닌가 싶기도 하지만, 문제는 성장연합에 의한 도시 성장의 이득이 도시 구성원 전체에 고루 돌아가지 않는다는 점이다. 오히려 교환 가치에 치우친 도시 성장은 도시의 사용 가치를 떨어뜨릴 가능성이 있다. 지나친 상권 개발이 소음 공해와 쓰레기 배출 문제를 일으켜 동네 주민들의 삶의 질을 저해하는 것처럼 말이다.

강남은 이런 성장연합의 주무대였다. 강남의 성장은 정관계 인사, 자산가, 건설사, 학교 등 강남 개발의 이익과 밀접하게 엮인 네트워크에 의해 촉진되었다. 강남 개발이 정치인과 공직자의 정치 자금 마련, 자산가의 부동산 투기, 아파트 건설사의 재벌화, 고등학교의 명문화 등 각 집단의 이익과 맞물려 있기 때문이었다. 1960년대 중반부터 시작된 강남 개발이 본격화되면서 1972년부터 15년 간 땅값이 무려 2000배[103]가 올랐고, 강남은 성공적으로 부와 권력이 집중된 현대 도시의 중심으로 성장했다. 그 결과 성장연합의 각 집단은 그들 모두 원하는 목표를 이룰 수 있었다.

강남 한복판에 우뚝 선 초대형 교회는 이런 강남의 성장연합과 무관할까? 이제 로건과 몰로치의 렌즈로 강남 초대형 교회의 성장 과정을 살펴보며 강남 개발과의 연결점을 한번 짚어 보자.

강남 초대형 교회의 탄생

교회가 성장하기 위해서는 무엇이 필요할까? 가톨릭 성당이 바티칸의 직영점이라고 한다면, 개신교 교회는 사실상 자영업 매장처럼 운영된다고 할 수 있다. 자영업 운영에 자본, 고객, 매장이 필요하듯이, 교회 역시 자본, 교인, 예배당이 필요하다. 그리고 도시의 성장은 이런 요소를 갖추는 데 안성맞춤이다. 이런 맥락에서 성장연합의 보조적 주체라고 볼 수 있는 교회는 강남 개발 과정에서 교회 성장에 필요한 요소들을 확보하며 초대형 교회로 성장할 수 있었다.[104]

우선 자본부터 살펴보자. 강남에서 초대형 교회로 성장한 여러 교회의 공통점은 모두 개발 초기에 강남 토지를 매입했다는 것이다. 신사동의 모 교회는 강남을 기회의 땅으로 여겨 1978년에 과수원 땅 2000평을 3억 원에 구입했는데,[105] 사십여 년이 지난 현재 교회 부지 가격은 개별공시지가 기준으로 총 1천억 원이 훌쩍 넘는다고 한다.[106] 강남 개발로 부동산 자산이 폭등한 것이다.

강남에 건설된 대규모 아파트 단지와 그로 인해 유입된 인구의 증가도 초대형 교회의 성장에 한몫 하였다. 강남에는 1975년부터 십여 년간 4만 9280가구분의 아파트가 들어섰다.[107] 이에 따라 인구도 1970년 6만 7697명에서 1985년에는 77만 2223명으로 크게 증가하였다.[108] 인구의 증가는 잠재적 신자의 증가이기도 하다. 그런 의미에서 아파트는 강남 교회의 '선교 어장'이었다. 압구정동 아파트 상가에서 시작해 아파트 선교에 공을 들인 압구정의 모 교회는 성공적으로 교세를 확장해 이즈음 이미 교인 수가 1만 명을 넘었다.[109]

자본도 있고, 교인도 있으면 이제 대형 예배당이 있어야 한다. 강남의 초대형 교회는 대형 예배당을 짓기 위해 교회 내부의 네트워크를 이용해 성장연합의 또 다른 주체인 정관계와 재계의 도움을 받았다. 먼저 신사동 모 교회의 경우, 교인이었던 건설회사 사장의 도움으로 1978년에 예배당 건축을 대금 후지급 조건으로 진행하였다. 그런데 문제가 있었다. 당시 예배당 건축에 대한 건설부의 세칙이 변경될 것이라는 소식이 들리면서 애초 교회가 계획했던 규모로 짓기 어려워진 것이다. 이런 상황에서 교회 장로와 동창인 강남구청장이 변경된 건설부 세칙을 보고 받기 전에 먼저 건축 허가서에 도장을 찍어주었고, 그 결과 계획대로 공사를 진행할 수 있었다.[110]

압구정의 모 교회도 1980년에 교인이었던 건설회사 사장의 주도로 강남의 주택가에 예배당 건축을 시작할 수 있었는데, 그 예배당 건물은 지금까지도 해당 건설사가 지은 가장 작은 건축물로 기록되어 있다. 하지만 주택가라는 부지 특성상, 건축 공사 중 집이 부서지고 수도관이 끊어지며, 정전이 발생하는 사고로 인근 주민이 큰 불편을 겪었다. 이에 따라 주민들은 강남구청, 해당 건설사와 교회에 항의했으나 법에 저촉되는 부분은 없다는 답변과 함께 특별한 조치가 취해지지는 않았다.[111]

서초동의 모 교회 역시 예배에 참석하던 한 건설회사 임원을 통해 1980년에 당시 시세 100만 원 대였던 부지를 40만 원이라는 헐값에 분할 지불로 마련하였다.[112] 그러나 교회가 매입한 대지는 아파트 건설 용도였기 때문에 시청 건축과로부터 건설 불가 통지를 받을 수밖에 없었다. 이때 교회 집사의 소개로 서울시 부시장과 면담할 수 있었고, 수월하게 용도변경을 허가 받아 예배당을 지을 수 있었다.

  강남 개발에 따른 자본 축적과 교인 확보, 그리고 성장연합으로 이어진 정관계 인사와 기업인의 도움으로 마련한 대형 예배당은 해당 교회들이 강남을 대표하는 초대형 교회로 성장할 수 있는 발판이 되었다. 학연, 지연, 혈연을 넘어 '교연'이라는 말이 버젓이 존재하듯, 초대형 교회는 현재 강남 중상류층 문화의 본거지이며 강남 엘리트의 친교의 장으로 여겨진다.[113] 이를 통해 강남 초대형 교회는 이제 도시계획 그 자체에도 영향을 미칠 수 있는 힘을 갖게 되었다.

도시의 십자가는 무엇을 위해 빛나고 있나

초대형 교회는 이제 단순한 종교 집단이 아니라 정치적·사회적 영향력을 가진 도시 세력이다. 선거철만 되면 평소에는 교회에 얼씬도 하지 않던 후보들이 초대형 교회 예배에 참석하여 개신교 유권자에게 얼굴을 비추는 것은 하나의 관습이 되었다.

  초대형 교회의 힘은 단연 교인으로부터 나온다. 개신교 교인의 수가 타 종교보다 압도적으로 많은 우리나라에서 초대형 교회의 교인 수는 가볍게 1만 명을 넘으니 표심을 얻기 위해 초대형 교회부터 공략하는 것은 어찌보면 당연한 일이다.● 실제로 김영삼 대통령과 이명박 대통령은 아예 강남 초대형 교회의 장로였는데, 이 점은 대

● 종교 인구 현황에 따르면 한국의 개신교 교인 수는 총 967만여 명으로 한국에서 교인 수가 가장 많은 종교다. (문화체육관광부-2018 한국의 종교 현황).

권주자로서 유리한 요소였다.[114] 초대형 교회의 이런 사회적 영향력은 교회가 도시 공간 형성에 주도적인 역할을 할 수 있는 기반이 되었다.

신사동 모 교회의 경우, 강남에서 축적한 자산을 기반으로 주요 개발지였던 안산, 상계, 일산, 부천, 분당, 수지, 동탄에 본 교회의 프랜차이즈(?)인 지교회를 설립했다. 도시개발지에 한정적으로 제공되는 종교 전용 부지를 확보하면서 개신교 중심의 신도시 종교 경관 형성에 혁혁한 역할을 하였다.

압구정 모 교회와 서초동의 모 교회는 교회 네트워크를 통해 도시계획상 특혜를 받았다는 비판을 받기도 했다. 신사동 교회가 분당에 설립한 지교회의 부지는 건축법상 교회 설립이 불가능한 '교육연구 및 복지시설'로 지정되어 있었으나, 설립된 2003년부터 8년 동안 별다른 제재 없이 교회를 운영했다. 이 사실이 공론화되자 성남시는 강제이행금 부과 없이 6개월 만에 초고속으로 해당 부지의 용도를 종교부지로 변경해 주었다.[115]

한편, 서초동 교회는 2010년 서초역 근처 새 예배당 건축 당시, 공공도로의 지하를 점용하여 사회적 파장을 일으켰다. 특정 종교의 공공 재산 사적 사용이라는 논란과 함께 해당 교회가 당시 교인이었던 정관계 인사를 통해 공공도로 점용 허가를 받을 수 있었다는 특혜 정황이 알려졌다.[116] 최근에서야 점용한 공공도로를 원상회복하라는 대법원 판결이 나왔으나, 교회는 여전히 공공도로를 점유하여 만든 예배당 철거 명령에 불복하고 있다.

신성한 교회는 이렇게 세속적 도시와 많은 영향을 주고받는다. 도시의 성장과 함께 탄생한 초대형 교회는 도시의 상품성을 상승시키기 위해 온 힘을 다하는 성장연합과 결코 무관하지 않다. 지금도 수많은 재건축과 재개발 현장에서 많은 교회가 대형교회로의 성장을 꿈꾸고 있다.

하지만 최소한 교회는 도시 성장의 열매를 따먹기보다 도시 성장 과정에서 소외된 사람들의 공동체가 되는 데 더 관심을 가져야 하지 않을까? 과거 서울의 급격한 도시화 과정에서 가족과도 같은 정을 나누며 도시 생활에서 잃어버린 따뜻한 소속감을 주던 교회가 오늘날에는 특정 계층만을 위한 곳이 되지는 않았는지 돌아볼 필요가 있다. 저기 저 강렬한 빛을 뿜어 내는 도시의 십자가는 무엇을 위해 빛나고 있을까?

렌즈 너머의 사회학자

| 존 로건 | John R. Logan | 1946~ | 미국 |

"도시는 사실상 '성장기제'가 된다. 성장 윤리는 정치 체제, 경제 개발 의제, 심지어 야구팀이나 박물관과 같은 문화적 기관까지 지역사회의 거의 모든 측면에 스며들어 있다."

— 존 로건과 하비 몰로치, 《도시의 부: 장소의 정치경제학》 —

존 로건은 1946년에 태어나 UC 버클리에서 사회학 박사 학위를 받았다. 《미국 사회학 저널(American Journal of Sociology)》에 도시에서 교외화

(suburbanization)가 진행될 때 나타나는 고밀도 빈민층 거주 지역에 대한 논문을 게재하며 몰로치와 의견을 주고받다 인연을 맺었다. 로건은 2004년부터 브라운 대학에서 사회학 교수로 재직하고 있다.

| 하비 몰로치 | Harvey L. Molotch | 1940~ | 미국 |

하비 몰로치는 1940년에 태어나 미국의 시카고 대학에서 도시사회학을 공부했다. 시카고 학파의 전통적 도시생태학의 한계를 극복하려는 시도의 일환으로 《미국 사회학 저널》에 '성장기제'라는 개념을 제시했다. 경쟁을 통한 평형 상태에 관심을 기울인 도시생태학과 달리, 몰로치는 도시 내 여러 집단들의 네트워크로 만들어지는 도시 공간에 초점을 맞춰 연구했다. 그는 로건과 함께 성장기제 개념을 발전시켜 도시의 성장을 둘러싼 집단 간 역학 관계를 설명하는 성장기제론을 체계화했다. 몰로치는 현재 뉴욕 대학 사회학과 명예교수다.

서로 생긴 모습은 달라도
우리는 모두 계획

18
도시계획의 두 시선
베버와 하버마스의 합리성

도시계획의 탄생

신문과 방송에는 항상 수많은 계획이 나온다. '스마트도시계획', '도시재생전략계획', '도시·주거환경정비기본계획', 우리가 살아가는 도시는 늘 무언가를 계획한다. 도시가 치킨이라면, 계획은 맥주다. 이 둘은 늘 함께 움직인다. 치킨을 시켰는데 맥주가 없으면 낭패이듯, 도시에 계획이 없을 때, 이를 '난개발'이라고 한다.

도시와 계획을 합친 '도시계획'은 지금껏 우리 도시의 풍경을 많이 바꿔 왔다. 집을 만들고, 철도와 도로를 놓고, 학교와 공원을 만드는 일은 모두 다 계획대로 진행된다. 도시계획은 그래서 도시에 살아가는 우리의 삶과 매우 밀접하다. 그럼 이런 도시계획은 어떻게 탄생하게 되었을까?

역사상 가장 중요한 혁명이 무엇이냐고 물어보면 사람마다 의견이 다를 수 있지만, 도시의 발전에 중요한 역할을 한 혁명만큼은 명확하다. 바로 산업 혁명과 프랑스 혁명이다. 산업 혁명은 농업에서 공업으로 산업 구조를 바꿔 놓았고, 프랑스 혁명은 신분제를 철폐하여 농노에게 자유를 주었다. 이 두 혁명 이후, 공업의 중심지에 자유로운 노동자가 몰리면서 도시화가 시작되었다.

하지만 도시화는 결코 장밋빛이 아니었는데, 주택, 상하수도, 병원 등의 인프라가 완비되고, 치안, 보건, 교육 시스템이 제대로 작동하기도 전에 사람들이 밀려들면서 근대 도시는 '도시 문제'라는 것을 경험하게 된다. 일을 찾아 농촌에서 도시로 온 노동자들은 매일 장시간 노동에 시달렸으나 제대로 잠을 청할 쾌적한 집이 없었고, 비위생적인 환경으로 인한 도시의 질병, 통제되지 않는 범죄, 공동체성의 상실, 빈곤 등으로 극한의 삶을 살게 되었다.

도시계획은 바로 이런 도시 문제를 해결하기 위해 태어났다. 일단 '계획'이란 것 자체가 현재의 문제를 해결하고 미래의 목표를 성취하기 위해 수립하는 것이다. 심각한 도시 문제를 해결하고 선제적으로 예방하기 위해서 도시는 '계획적'으로 만들어져야 할 필요가 있었다.

1853년부터 1870년까지 진행된 프랑스 파리의 대대적인 개조 사업은 근대의 종합적인 도시계획의 시작이라고 여겨진다. 나폴레옹 3세에 의해 파리 시장으로 임명된 조르주-외젠 오스만 남작은 중세의 유산인 좁은 도로, 비위생적 환경, 교통 체증의 도시 문제를 겪고 있던 파리에서, 도로 폭을 넓히고 상하수도를 정비하고 가스 가로등과 녹지를 조성하면서 도시를 바꿔나가기 시작했다. 길이 넓어지자 경찰 투입이 신속해져 물리적인 질서 유지도 가능해졌다. 사실 노동자 혁명과 봉기를 저지하고 사회적 통제를 강화하고자 한 정치적 의도가 존재하긴 했지만, 도시 전체를 대상으로 한 최초의 물리적 공간 계획이었고, 사회적 혼란을 통제하는 공공 계획이었다는 점에서 파리 대개조 사업은 큰 의의가 있었다. 이런 맥락에서 도시계획이란 공공성을 고려하여, 물리적·사회적으로 다양한 도시의 문제에 대응하고 더 나은 미래를 만들어 나가는 수단이라고 할 수 있다.

그렇다면 도시에 꼭 필요한 도시계획은 '어떻게' 펼쳐 나가야 할까? 수많은 사람들이 살아가는 도시의 미래를 어떤 기준도 없이 마음 내키는 대로 계획할 수는 없는 노릇이다. 그렇기에 도시계획가들은 도시계획을 체계적으로 수립하고 실현하기 위한 '계획이론'이 필요했다. 학자마다 관점은 다르지만, 그들 모두 사회학에서 많은 영향을 받았다는 공통점이 있다. 사회학의 렌즈는 공공성을 따지는 도시계획가에게 유용한 도구로 안성맞춤이었을 것이다. 그럼 도시계획가에게 렌즈를 빌려준 두 명의 대표적인 사회학자를 만나 보자.

베버의 합리적 종합 계획과 하버마스의 의사소통적 계획

도시계획에 대해 직접적으로 뭐라고 말한 적은 없지만, '도시계획을 어떻게 할까' 고민하는 수많은 사람에게 자신의 렌즈를 흔쾌히 빌려준 사회학자는 바로 '사회학계의 고트(GOAT, Greatest Of All Time)' 중 한 사람인 막스 베버(Max Weber, 1864~1920)와 현존하는 최고의 사회학자 위르겐 하버마스(Jürgen Habermas, 1929~)다.

베버는 근대 사회의 특징을 **합리성**(rationality)의 증대로 보았는데, 그 과정에서 인문사회과학 분야에 엄청난 영향을 미쳤다. 하버마스는 이런 베버의 합리성을 비판적으로 계승하여 **의사소통적 합리성**(communicative rationality) 개념을 발전시켰다. 도시계획가들은 이 두 거목의 렌즈로 도시계획의 두 패러다임을 만들어 냈는데, 바로 **합리적 종합 계획**(rational-comprehensive planning)과 **의사소통적 계획**(communicative planning)이다.

우선 베버의 합리성 개념에 근거하여 가장 먼저 주류 계획이론으로 떠오른 합리적 종합 계획부터 살펴보자. 베버는 전통 사회를 지배하던 미신적 사고가 '탈주술화(disenchantment)'되면서 근대 사회에 과학, 이성, 기술에 근거한 합리적 사고가 자리 잡게 되었다고 보았다. 예를 들어, 지배자의 권한이 신으로부터 주어졌다고 믿었던 전통 사회와 달리, 근대 사회에서는 지배자의 권한을 법적·합리적 정당성에서 찾게 된 것이다.

합리성은 목적을 달성하기 위해 최적의 수단을 고려하는 행위에 기반한다. 즉, 특정한 목적을 이루려면 어떤 수단을 선택해야 하는지, 그리고 이로 인해 어떤 결과가 만들어질 것인지 예측하고 계산하는 것이다. 여기에 적합한 조직이 바로 **관료제**다.[117] 베버에 따르면 이상적인 관료제는 위계 질서에 따라 권위가 부여되고, 효율적으로 업무를 세분화하여 분담하며, 다른 그 어떤 요소나 기준보다 실적에 의해 평가된다는 특징이 있다. 이런 관료제에서는 전문성 있는 엘리트 관료가 더 많은 권한을 갖고 규칙에 따라 명령을 하달하여 가장 효율적으로 목적을 달성할 수 있다. 바로 우리가 알고 있는 공무원 조직처럼 말이다.

이런 베버의 합리성과 관료제는 합리적 종합 계획의 이론적 근간이다. 합리적 종합 계획은 도시계획이 공공성이라는 목적 달성을 위해 가장 효율적인 방식으로 이루어져야 한다는 것을 강조한다. 이에 따라 합리적 종합 계획은 전문성을 갖춘 관료에 의해 '위에서 아래로'의 하향식(top-down)으로 실현된다는 특징이 있다.

그런데 합리성을 추구한다고 그 결과까지 합리적이라는 보장은 없다. 우리 사회에서 항상 합리적으로 결정한다는 것은 이상에 가깝다. 특히, 합리적 종합 계획에서 중요한 역할을 하는 관료가 전문성과 효율이 아닌 정치적 차원에서 비합리적 결정을 내릴 때도 있다. 이런 상황이라면 하향식의 합리적 종합 계획은 공공성을 왜곡하여 사회구성원 전체의 이익을 반영할 수가 없다.

목적을 달성하기 위한 수단에 지나치게 집중하여 목적보다 수단이 우선시 되는 경향도 있다. 지역 관광 활성화라는 목적보다 '안동 유교랜드'처럼 그냥 테마파크 하나 짓는 행위 자체를 더 중요하게 여길 수도 있다는 것이다.[118] 결국 지나친 합리성 추구가 목적과 가치에 대한 고민 없이 수단에 매몰되다 보면 비합리적인 결과가 초래된다. 베버는 이런 상황을 '쇠우리(iron cage)'라고 부르며 경계하였다. 이처럼 합리적 종합 계획으로 달성해야 할 목적의 의미는 사라지고 형식적이기만 한 합리성에 갇혀서 수단적 행위만 남을 가능성이 있다.

이런 비판과 함께 새로운 패러다임으로 등장한 것이 바로 하버마스의 의사소통적 합리성에 근거한 의사소통적 계획이다. 베버의 합리성 개념을 재해석한 하버마스는 그동안 서구 사회를 지배해 온 합리성의 '도구적' 측면을 비판하였다. 목적 달성의 가치와 정당성에 대한 고민 없이 합리성이 도구처럼 사용되며 왜곡되었다는 것이다. 예를 들면 이런 것이다. 정부가 경제 성장을 목표로 설정하고 그에 필요한 빠르고 효과적인 개발 방안을 마련했다고 하자. 그런데 그 과정에서 일어날 수 있는 환경 파괴, 노동 착취, 산업 불균형 같은 문제를 전혀 고려하지 않는다면, 합리성은 그저 빠른 목표를 달성하기 위해 도구처럼 사용된 것에 불과하다. 하버마스는 이런 도구적인 합리성을 극복하기 위해 '의사소통적 합리성'을 제시하였다. 의사소통적 합리성은 왜곡되지 않은 의사소통을 통해 사회구성원 간의 합의를 지향한다.[119] 즉, 위의 예시와 같은 상황에서는 정부, 시민, 환경단체, 기업 등 다양한 이해관계자가 대화를 통해 서로 동의할 수 있는 개발 방안을 찾는 과정인 셈이다.

  이에 따라 하버마스는 **공론장**(public sphere)의 역할을 강조한다.[120] 공론장이란 사람들이 자유롭게 생각을 표현하고, 평등하게 토론하며, 합리적으로 견해의 차이를 줄여 합의를 이룰 수 있는 공적 영역이다. 18세기 유럽에서는 사람들이 모여 사회 문제에 대해 활발히 토론하던 카페가 공론장 역할을 했다. 그러나 근대 사회에서 관료제가 확대되고 소수의 관료에 의해 의사 결정이 진행됨에 따라 이러한 공론장의 역할이 퇴색하기 시작했다. 하버마스는 공론장을 부활시켜 다양한 이해 관계와 의견이 공존하는 현대 사회에서 합의를 이루고 공동의 결정을 내리는 것이 민주주의의 핵심이라고 보았다.

  이런 하버마스의 의사소통적 합리성을 토대로 하는 의사소통적 계획은 도시계획에서 참여와 대화, 토론과 협력의 가치를 강조한다. 관료 중심의 하향식 접근 방식으로는 담아낼 수 없었던 주민들의 실제 목소리를 끌어내고, 충분한 토론을 통해 공공 문제에 대한 합의점을 함께 만들어가자는 것이다. 따라서 의사소통적 계획은 전문가가 아니라 시민 사회가 중심이 되어 '아래에서 위로'의 상향식 방식(bottom-up)을 추구한다. 도시계획 수립 과정에서 주민의 의견을 적극적으로 끌어내어 반영하려는 공청회나 주민이 실질적으로 참여하는 도시재생이 바로 이런 예다.

이런 의사소통적 계획에도 당연히 맹점이 존재한다. 현실에서 의사소통은 권위와 권력에 따라 비대칭적이다. 아무리 타당한 얘기를 해도 김 씨의 주장보다 대학 교수의 이야기에 귀를 더 기울이는 것처럼 말이다. 또한, 수많은 사회구성원들의 의견을 다 취합하고 반영하여 행동에 옮기는 과정 자체는 엄청난 시간과 경제적 비용이 든다. 더불어 각 집단이 건설적인 토론 대신 서로의 이익만을 대변하여 사회적 갈등을 조장하고 도시계획의 공공성을 훼손할 수도 있다. 이럴 때 공공성과 상관없이 머릿수가 더 많은 집단이 원하는 대로 의사결정이 진행될 가능성이 큰데, 이는 바람직한 민주주의의 방향이 결코 아니다.

우리나라에서는 과거 근대화를 거치며 주로 합리적 종합 계획으로 도시가 형성되었고, 성숙한 민주주의의 발전과 함께 최근에는 시민 참여를 기반으로 하는 의사소통적 계획도 많이 이루어지고 있다. 이제 서울의 사례를 살펴보며 합리적 종합 계획과 의사소통적 계획에 대한 논의를 이어가 보자.

김현옥과 박원순

14대 서울 시장인 김현옥(1926~1997)과 35대에서 37대까지 세 번 연속 서울 시장으로 선출된 박원순(1955~2020)은 그들의 활동 시기, 정치 성향, 사회적 배경은 물론 시장 재임 시기의 연배까지 모든 것이 달랐던 만큼 서울의 도시계획에 있어서도 큰 차이를 보였다. 김현옥이 합리적 종합 계획으로 서울의 틀을 잡았다면, 박원순은 의사소통적 계획으로 시민이 참여하는 서울을 구상했다.

김현옥

김현옥은 박정희 대통령 시절인 1966년부터 1970년까지 서울시장으로 재임했다. 1960년대 서울에는 일자리를 찾아 농촌에서 도시로 이동하는 이촌향도(離村向都) 현상으로 인구가 급증하기 시작했다. 한국전쟁 이후 1955년 156만 명이었던 서울 인구는 1966년 379만 명이 되었다.[121] 갑작스러운 인구과밀은 주택난, 인프라 부족, 범죄, 비위생적 환경 등 여러 도시 문제를 일으켰다. 기존 서울의 시가지와 인프라만으로는 엄청난 인구 유입을 감당할 수 없었기에 서울의 도시 공간을 대개조할 필요가 있었다. 이에 1966년 박정희 대통령에 의해 서울시장으로 임명된 김현옥 시장이 도시 문제 해결과 서울의 현대화라는 목표 달성을 위해 서울에 등판하게 된다.●

　김현옥은 육군사관학교 출신으로 1961년에 일어난 5.16 군사 정변에 가담했다. 1962년에 준장으로 예편하고 박정희 대통령에 의해 부산 시장에 임명되면서 관료로서의 경력을 시작했다. 1966년에는 부산 시장에서 서울 시장으로 자리를 옮겼고, 40대 초반의 김현옥은 서울의 면면을 과감하고 신속하게 바꿔나갔다. 김현옥이 실행한 도시개발 사업에는 세종로와 명동 지하도 건설, 세운상가 사업, 강변북로 건설, 여의도 개발, 고가도로 및 터널 건설, 시민 아파트 건설 등이 있다. 이런 여러 굵직굵직한 사업들에 뒤지지 않는 김현옥의 작품이 또 하나 있으니, 바로 1966년에 수립한 "서울도시기본계획"●● 이다.

1966년 재임 직후 수립한 '서울도시기본계획'은 서울의 도시 문제를 체계적으로 해결하고, 발전 방향을 구체적으로 제시하기 위해 만들어졌다. 김현옥의 서울도시기본계획은 1985년을 목표 연도로 삼아 계획 인구를 500만 명으로 설정한 장기적 발전 계획이었고, 토지 이용과 같은 물적 계획과 함께 산업 육성 같은 사회·경제적 계획이 합쳐진 서울시 최초의 종합 계획이었다. 도시의 기능 분산, 가로망 체계 구상, 주거지 정비, 토지 이용 계획 등이 포함된 김현옥의 서울도시기본계획은 현 시점 서울의 뼈대가 되었다. 특히, 행정부는 광화문, 입법부는 영등포, 사법부는 영동(현재 강남)에 분산 배치한다는 김현옥의 계획은 현재 서울의 모습과 크게 다르지 않다.

김현옥이 합리적 종합 계획이라는 개념을 알고 있지는 않았겠지만, 그의 서울 도시계획은 합리적 종합 계획과 많이 닮았다. 우선 군

● 1961년부터 1990년까지는 지방정부 기관장을 중앙정부에서 선출한 사람이 맡는 관선이었고, 지방자치제가 시행된 1995년 이후에 지방자치단체장을 주민이 직접 선출하는 민선으로 바뀌었다.

●● '서울도시기본계획'은 서울의 향후 20년을 내다보는 장기 계획으로 5년마다 재검토되고 있고, 2023년에 '2040 서울도시기본계획'이 확정되었다.

인이자 관료 출신인 김현옥의 서울 도시계획은 강력한 하향식 계획이었다. 이에 따라 서울의 도시 문제 해결과 서울의 현대화라는 목적을 가진 도시계획은 서울시의 관료에 의해 빠르게 집행되었다. 더불어, 눈앞의 서울이 아니라 미래의 서울을 그리는 장기적인 종합 계획으로 물리적, 사회적 측면을 모두 고려했다는 특징이 있다.

그러나 목적을 위해 행위가 도구화되는 합리적 종합 계획의 맹점을 김현옥도 피해 가지 못했다. 서울의 미관을 개선한다는 목적 달성을 위해 '서울시민'이었던 무허가 주택 거주자들을 서울 밖으로 강제 이주시켰다. 김현옥은 이렇게 철거한 판자촌 위에 시민아파트를 지었는데, 이중에는 불과 6개월 만에 지어진 와우아파트도 있었다. 그리고 효율적인 목적 달성을 위한 '빨리빨리' 정신은 결국 와우아파트 붕괴라는 비극을 초래했다.

4년이라는 짧은 시간 동안 서울의 미래 공간 구조를 결정 짓고 계획을 실행해 나갔던 '불도저 시장' 김현옥은 결국 아파트 붕괴라는 비합리적 대형 참사로 1970년에 서울 시장에서 물러났다.

박원순

김현옥이 물러난 후 41년 동안 19명의 시장을 거쳐 2011년에 박원순이 35대 서울 시장에 선출되었다. 박원순은 서울 시장 선출 전에는 인권 변호사로 활동했고, 참여연대와 아름다운가게, 희망제작소를 설립하며 다양한 시민 운동을 펼쳐 이름을 알렸다.

이런 그의 개인적 배경과 맞물려, 시민 사회의 성장으로 우리나라 도시계획의 중심도 관 주도에서 조금씩 시민 주도로 움직이기 시작했다. 박원순은 그동안 도시계획가와 관료 중심으로 이루어졌던 도시계획을 시민들의 합의를 통해 수립하고자 하였다. 2014년에 수립된 '2030 서울도시기본계획'에는 시민참여단 100명과 전문가, 공무원 등 다양한 도시계획 주체가 참여하여 수렴한 의견이 반영되었다. 특히, 2030 서울도시기본계획에 등장한 생활권 계획은 116개 지역 생활권별 시민 30~50명이 참여하여 생활 현장에 대한 도시계획을 직접 수립하였다는 점에서 의의가 있다. 이와 더불어, 2016년에 선포된 '서울도시계획헌장'에는 '도시계획 수립과정엔 시민이 참여할 수 있도록 한다'라는 문장이 실리며, 시민들의 참여를 강조하였다. 이외에도 박원순은 시민단체를 지원하면서 시와 시민들의 협력적 거버넌스(공공 경영)를 추구하기도 했다.

도시계획에 시민이 적극적으로 참여케 하여, 실제 주민의 의견을 반영하고, 상향식으로 도시를 변화시키고자 했던 점으로 보았을 때 박원순의 도시계획은 의사소통적 계획에 가깝다고 볼 수 있다.

하지만 박원순의 도시계획에도 여러 문제가 있었다. 먼저 실제 거주민의 의견을 반영해야하는 낙후 지역 도시재생 사업은 결과적으로 재개발을 막고 벽화 몇 개를 그리는 정도로 끝이 났다. 또한 이런 도시재생 사업을 위해 특정 시민 단체에 일감을 몰아주었다는 의혹도 있다.[122] 특정 시민 단체에 편향된 지원은 시민 모두의 의견을 반영하는 데 걸림돌로 작용했다. 더 나아가 박원순의 시민 참여형 거버넌스 사업에 시민들이 참여는 했지만 실제 정책에는 시민의 의견이 제대로 반영되지 않았다는 비판도 있다.

그 대표적인 예가 광화문 광장 재구조화 사업이다. 박원순은 시민 대토론회, 시민 면담 등 오랜 기간 시민들의 의견 수렴에 힘쓰며 광화문 광장 재구조화 사업에 착수하였다. 그러나 2021년 시사저널의 서울 시민 대상 여론조사에 따르면 광화문 재구조화 사업을 모르고 있는 시민 비율이 44.4%나 되었고, 사업에 반대한다는 의견은 56.7%였다.[123] 시민들 절반 정도는 알지도 못했고 절반 이상은 원하지도 않았는데, 변화된 광화문 광장 모습에 적응해야만 했다. 물론 시민 의견을 모으는 것이 쉽지 않은 일임은 이해하지만, 시민 의견을 수렴한다고 예산은 예산대로, 시간은 시간대로 들였으나, 오히려 시민들의 생각을 제대로 반영하지 못한 채 사업이 이루어진 것이다.

  3선에 성공한 박원순은 마지막 임기를 얼마 남겨놓고 2020년에 극단적 선택을 했다. 논란의 여지가 있으나, 서울을 토론의 장으로 계획하고자 했던 박원순의 노력은 과연 다음 시정에서 빛을 볼 수 있을까?

도시계획의 미래와 사회학

지금까지 살펴본 것처럼 도시계획은 도시 문제 해결과 공공성을 목표로 한다. 그리고 그 도시계획의 근간에는 베버와 하버마스라는 위대한 사회학자가 있다. 그들의 이론을 기반으로 한 합리적 종합 계획과 의사소통적 계획은 우리나라 수도 서울의 공간적 틀을 구성하고, 시민들의 의사를 반영하며 서울의 시대적인 도시 문제 해결과 미래상 설정에 큰 영향을 주었다.

사회학 이론이 모든 사회적 현상을 설명할 수 없는 것처럼, 합리적 종합 계획과 의사소통적 계획 역시 만능은 아니다. 합리적 종합 계획은 빠른 목표 달성이 가능하지만, 목표보다 수단이 우선될 수 있다. 반면, 의사소통적 계획은 다양한 시민의 의견을 반영하고자 하지만, 현실 세계에서는 온전히 이루어지기 어렵다는 단점이 있다. 즉, '완벽한 계획은 없다'는 것이다. 2인 가정인 김 씨네도 '삼겹살이냐 목살이냐'로 의견이 맞지 않을 때가 있는데, 모두를 만족시키는 도시계획이 있을 리 없다. 그럼에도 스마트시티, 메가시티, 탄소 중립 등 우리 도시가 직면한 거대한 사회적 변화가 다가오고 있는 이 순간에 공공성을 담보하는 도시계획은 늘 모두를 위한 것이 되도록 최대한 노력해야 한다.

그래서 도시를 계획하는 사람이라면 더욱 건축과 토목 그 이상을 추구해야 할 것이다. 도시는 내 방 인테리어처럼 뚝딱 디자인할 수 있는 물리적 공간이 아니라 다양한 사람들이 함께 얽히고설키며 살아가는 삶의 공간이다. 따라서 도시를 제대로 이해하고 계획하기 위해서는 사회학의 렌즈가 필수적이다. 우리가 살아가는 도시의 시대에서 도시 문제는 곧 사회 문제이고, 도시계획은 곧 사회 계획이며, 그 중심에는 언제나 사람이 있기 때문이다. 결국, 우리는 도시에서 계속 사회학을 해나갈 필요가 있다. 사람이 빠진 도시는 아무 의미 없는 "앙꼬 빠진 찐빵"이기에.[124]

렌즈 너머의 사회학자

| 막스 베버 | Max Weber | 1864~1920 | 독일 |

"우리 시대의 운명은 합리화와 지성화,
그리고 무엇보다도 '세계의 탈주술화'로 특징지어진다."
— 막스 베버, 《직업으로서의 학문》 —

베버는 1864년 독일 에르푸르트의 부유한 집안에서 태어났다. 하이델베르크 대학에서 법학을 공부했고, 1896년에 하이델베르크 대학의 경제학 교수가 되며 학문적 경력을 꽃피웠다. 하지만 아버지의 죽음으로 정신분열증을 앓으면서, 7년 가까이 학계에서 활동하지 못했다. 1903년에야 베버는 정신 능력을 회복해 학계에 복귀했고, 어머니의 종교적 생활에서 영감을 얻어 쓰게 된 《프로테스탄트 윤리와 자본주의 정신》을 내놓았다. 이를 시작으로 베버는 사회과학계에 큰 영향을 미친 책들을 써냈는데, 그중 《경제와 사회》가 대표적이다.

베버는 독일 사회학회의 창립을 적극 지원하고, 게오르크 짐멜, 게오르크 루카치 등 당대의 손꼽히는 학자들과 교류하며 사회학의 발전에 크게 기여하였다. 학계뿐 아니라 베버는 정치적인 활동도 활발하게 펼쳤는데, 제1차 세계 대전에서 독일이 패한 후 바이마르 공화국의 헌법 제정 위원회에 참여하기도 했다.

현대사회학은 베버를 알지 못하면 공부하는 것이 불가능할 정도로 사회학계에서 그의 위치는 어마어마하기에 마르크스, 뒤르켐과 함께 사회학의 3대장으로 불린다.

| 위르겐 하버마스 | Jürgen Habermas | 1929~ | 독일 |

"의사소통 행위 참여자들은 자신의 개별적인 성공을 최우선 목표로 삼지 않는다. 그들은 공통된 상황 정의라는 기반을 벗어나지 않고 자신들의 행위 계획을 조율한다는 조건하에 각자의 개별적인 목표를 추구한다."

— 위르겐 하버마스, 《의사소통행위이론 1》 —

1929년 독일 뒤셀도르프의 중산층 가정에서 태어난 하버마스는 십대에 제2차 세계 대전을 겪었다. 1949년부터 괴팅겐과 취리히, 본 대학에서 철학, 심리학, 독일 문학을 공부했고, 1954년에 본 대학에서 박사 학위를 받았다.

1956년부터 프랑크푸르트의 사회조사연구소에서 일하게 된 하버마스는 테오도어 아도르노의 조교가 되면서 프랑크푸르트 학파와 인연을 맺었다. 이후 하버마스는 하이델베르크 대학의 철학과 교수로 재직하다가 1964년에 철학과 사회학 교수로 프랑크푸르트 대학에 돌아왔다.

하버마스가 가장 많은 관심을 가졌던 분야는 뭐니뭐니해도 의사소통이다. 그의 의사소통에 대한 관심은 그가 선천적 구순열에 의한 언어 장애로 의사소통에 어려움을 겪었기 때문이라는 해석도 있다. 의사소통에 대한 그의 관심을 대표하는 저서 《공론장의 구조변동》은 인용 횟수가 1만 단위를 넘을 정도로 엄청난 영향력을 가지고 있다.

이런 좋은 시설은
꼭 우리 동네에만 없어요

| 19 |

도시 인프라와 사회 운동
카스텔의 집합적 소비 이론

거기 인프라는 어때

예전에 심시티(SimCity)라는 컴퓨터 게임을 한참 재미있게 했다. 플레이어가 도시를 하나하나 설계하고 운영하는 시뮬레이션 게임이다. 도시를 잘 조성하면 인구가 늘고 시민들의 행복도가 높아져 거둬들이는 세금이 늘어난다. 그런데 이게 생각만큼 쉽지가 않다. 도로를 제대로 안 깔면 바로 교통 체증이 생기고, 하수 처리장이 부족하면 악취가 나고, 소방서가 없으면 불이 난다. 시민들은 툭하면 공원을 지어 달라, 학교를 만들어 달라고 요구한다. 해달라는 게 참 많다. 도시의 각종 시설을 제때 제대로 갖춰 주지 않으면 시민들의 행복도가 뚝 떨어져 인구가 줄어들고 도시는 결국 망해버린다.

그런데 이게 게임에서만 일어나는 일이 아니다. 실제로 우리가 살아가는 도시에 꼭 필요한 인프라가 제대로 깔려 있지 않으면 도시는 점점 쇠퇴한다. 최근 극심한 인구 감소로 소멸 위험에 처한 도시를 보면 대체로 심각한 인프라 문제를 겪고 있지 않은가?

우리가 흔히 '인프라'라고 쓰는 용어는 원래 하부구조를 뜻하는 인프라스트럭쳐(infrastructure)의 줄임말이다. 19세기 말 유럽에서 철도 건설 당시 '아래에 놓인 기초'를 의미했다고 한다.[125] 현재 사회간접자본(social overhead capital, SOC)이라는 말이 비슷한 의미로 함께 사용되고 있다.

인프라란 일반적으로 도로, 철도, 전력, 수도와 같이 생산 활동을 하는데 필요한 사회적 생산 기반을 의미한다. 예를 들어, 빵을 만드는 데 도로가 직접적으로 쓰이지는 않는다. 하지만 도로가 있어야 밀가루도 제빵사도 제때 공장에 올 수 있으니 생산에 꼭 필요한 기반이라고 할 수 있다. 또한 인프라는 우리 사회 구성원이라면 누구나 무상 혹은 적은 비용으로 사용할 수 있다. 도서관, 지하철, 공원, 체육관 같은 일상생활의 기반이 되는 시설이 그렇다. 그래서 '생산에 기반이 되는' 시설이면서 '사회의 간접 자본'인 셈이다.

도시의 인프라는 주민의 생활 만족도와 큰 연관이 있다. 근처에 학교, 지하철, 간선도로가 있느냐 없느냐는 학군, 직장 출퇴근과 직결되고, 이에 따라 삶의 질은 정말 하늘과 땅만큼 큰 차이가 난다. 그래서 '초품아(초등학교를 품은 아파트)'와 역세권처럼 주변 인프라가 잘 갖춰진 지역이라면 다른 곳보다 인기가 많을 수밖에 없다. 반대로 주변에 이런 인프라가 잘 갖춰져 있지 않으면 주민의 생활 만족도가 뚝 떨어질 것이고, 그 지역에 사는 사람도 점차 줄어든다.

이렇게 인프라는 도시인의 생활에 매우 중요하기에 최소한의 인프라는 갖추어져 있어야 사람이 살만 한 도시가 된다. 그런데 인프라라는 것이 한두 푼으로 지을 수 있는 것도 아닌데, 도대체 누가 어떻게 지어주는 걸까? 사회학의 렌즈로 우리가 매일 사용하는 인프라 그 이면에 숨겨진 사회학적 의미를 관찰해 보자.

카스텔의 집합적 소비 이론

인프라를 관찰할 렌즈를 빌릴 사회학자는 마누엘 카스텔(Manuel Castells, 1942~)이다. 카스텔은 마르크스주의로 무장하고 1970년대에 혜성처럼 등장해 새로운 도시사회학을 선보였다. 1940년대 이후 영향력이 약해지긴 했지만, 1960년대까지 도시사회학계의 주류 역할을 한 것은 시카고 학파의 도시생태학이었다. 도시생태학은 경쟁과 승계라는 '자연스러운' 과정을 통해 도시의 여러 집단과 기능 간에 균형이 유지되면서 도시 공간이 형성된다고 보았다.

하지만 1960년대 후반부터 세계 곳곳의 도시에서 사회의 모순과 권위주의 정권에 저항하는 급진적인 사회 운동이 확산되기 시작했다. 이런 현상을 설명할 수 없는 도시생태학을 비판하며, 마르크스주의의 시각에서 사회적 갈등과 불평등에 초점을 맞춰 도시를 해석한 사회학자가 바로 카스텔이다. 카스텔은 도시 공간이 자연스럽게 형성되는 것이 아니라, 자본주의 사회의 다양한 도시 문제와 이에 대한 여러 저항이 누적됨으로써 사회적 차원에서 형성된다고 보았다. 도시를 균형이 아닌 갈등의 장으로 해석한 것이다. 도시에서는 어떤 문제가 발생하고 그 갈등 양상은 어떻게 나타나는 걸까?

자본주의 사회에서 기업은 상품을 생산하고 판매해 최대한의 이윤을 남기는 것을 목적으로 한다. 이런 생산 활동을 지탱하는 존재가 바로 노동자다. 하루 종일 일한 노동자가 내일 또 출근하려면 충분한 휴식, 즉 노동력 재생산이 필요하다. 이때 필요한 것이 소비다. 여기서 소비는 단순히 물건을 사는 행위만을 의미하지 않는다. 노동자가 생산성을 유지하려면 꿀잠을 잘 수 있는 집, 아플 때 갈 병원, 지각을 방지하는 급행열차 같은 것들이 필요하다. 우리가 인프라라고 부르는 모든 것들이 사실상 소비의 대상인 것이다. 이런 인프라가 부실하면 노동자의 컨디션도 부실해지고, 결국 그 손해는 회사의 매출표에도 고스란히 반영된다.

예를 들어, 흔들리고 느린 광역버스를 타고 멀미와 함께 출근한 김 씨와 쾌적하고 빠른 GTX를 타고 출근한 김 씨의 하루 활력에는 큰 차이가 있다. 같은 사람이지만, 어떤 인프라를 소비했는지에 따라 노동의 효율성이 달라지는 것이다!

카스텔은 이러한 맥락에서 도시를 노동력 재생산을 위한 **집합적 소비**(collective consumption)의 공간 단위로 보았다.[126] 인프라는 혼자 소비하는 시설이 아니다. 이재용 회장도 학창 시절에는 학교에 다니는 수많은 학생 중 한 명이었다. 아무리 재벌 회장이라도 인프라를 통째로 혼자 쓸 수는 없다(아마 살 수는 있었을 지도 모르지만). 도시에 모여 사는 사람들 누구나 다 같이 사용하기 때문에, 인프라의 소비는 집합적으로 일어난다. 이런 인프라가 잘 갖춰져 있어야 도시의 노동자는 노동력을 충분히 재충전해 다시 일터로 나가 자본주의 사회의 산업 역군으로 꾸준히 활동할 수 있다.

이런 도시의 인프라는 누가 짓는 걸까? 대부분의 인프라는 국가나 지방자치단체의 주도로 공공 부문에서 만들어지고, 직접 만들지 않더라도 의료나 교육 인프라처럼 공공 부문의 보조금이 많이 투입된다. 어마어마한 자본이 소요되고, 수익이 담보되지 않아 자본가는 단독으로 인프라에 투자하는 것을 꺼리기 때문이다. 예를 들어, 지하철을 놓으려면 철로를 깔아야 하고, 그 철로를 까는 곳에 있는 토지 소유자들에게 보상을 해야 하며, 열차를 구매하고, 역을 운영할 직원을 고용해야 한다. 그럼에도 지하철 운임을 올리는 데는 한계가 있기 때문에 적자가 날 가능성이 크다. 이윤 추구를 제1목적으로 하는 자본가가 이 모든 것을 감내할 리가 없다.

카스텔의 관점에서 도시의 문제는 바로 이 지점에서 비롯된다. 노동력을 유지하는 데 필요한 인프라 구축 비용은 주로 국가가 부담하고, 그렇게 재충전된 노동력을 활용하는 쪽은 기업이다. 말하자면, 비용은 공공이 내고 수익은 민간이 챙기는 구조인 셈이다. 카스텔은 이런 점에서 도시가 자본주의의 모순적인 구조를 품게 된다고 보았다.

국가는 노동자의 복지를 위해 도시에 도로, 공공시설, 공공주택 등 자본주의 경제활동을 위해 필수적인 인프라를 짓게 되는데, 당연히 이 인프라를 운영하려면 재정이 필요하다. 하지만 인프라를 운영해서 얻는 이윤이 투자금보다 훨씬 적고, 국가 재정 역시 화수분처럼 계속 마련되는 것은 아니다. 이에 따라 인프라 운영 때문에 국가는 재정 위기를 마주하기도 한다. 이를 해결하려면 세금을 더 걷어야 하지만, 민심을 고려하면 무작정 세율을 높일 수도 없다. 더 이상 어쩔 수 없게 되면 정부는 지출 규모를 줄이거나 비싼 돈을 들여 만든 인프라를 기업에 팔아 민영화를 하게 된다. 실제로, 1970년대 말부터 본격화된 영국과 미국의 재정 적자 문제는 공공지출 축소와 인프라의 민영화로 이어졌고, 이는 국가 개입을 최소화하는 신자유주의가 등장하는 데 주요한 배경이 되었다.

문제는 이렇게 공공 지출이 축소되거나 공적 시설이 민영화되면, 인프라가 제대로 운영되지 않아 이용자가 불편을 겪거나 요금이 너무 비싸져 소외되는 사람이 생긴다는 점이다. 그리고 이는 도시의 열악한 생활 환경을 개선하고 삶의 질을 높이고자 노력하는 시민들의 사회 운동을 부르게 된다. 이에 따라 도시는 집합적 소비에서 비롯된 도시 문제의 해결과 변화를 요구하는 시민들이 투쟁하는 갈등의 장이 된다.

김포골드라인 '너도 함 타봐라'

수도권에는 서울로 출퇴근하는 사람이 많다. 서울 인근이 특히 그렇다. 출퇴근하면서 우리는 상당한 에너지를 소모한다. 이래도 되나 싶을 정도로 빽빽한 대중교통을 타고 회사에 출근하면 벌써 그날 에너지의 절반은 깎인 느낌이다. 하루 일을 마치고 방전 상태에서 또다시 앉을 자리 얼마 없는 대중교통을 떠밀리듯 타고 귀가하는 것도 정말 못할 짓이다.

이런 빽빽한 대중교통의 대명사가 있으니, 바로 '김포골드라인'이다. 김포는 전체 인구 중 서울로 출퇴근하는 인구가 12.7%나 될 정도로 서울 의존도가 높다.[127] 김포 내에서 자족성을 키워 서울 의존성을 줄이는 게 가장 좋지만, 현실적으로 쉬운 일은 아니다. 그렇기에 김포의 직장인이 서울로 원활하게 이동할 수 있는 교통수단이 매우 중요하다.

현재 약 48만 명이 살고 있는 김포는 본래 이 정도로 큰 규모의 도시가 아니었다. 2000년대 초반만 해도 김포시는 인구 20만 명대 언저리의 도시였다. 그 당시에는 김포대로가 서울로 출퇴근하는 교통량을 감당할 수 있었다. 하지만 김포시의 도시계획에 따라 택지 개발이 진행되고, 김포한강신도시가 조성되면서 불과 십여 년 만에 인구가 두 배 이상으로 급증했다. 이렇게 인구가 갑자기 늘어나자 당연히 김포대로의 부담을 나눌 추가적인 교통수단이 필요해졌다. 그 필요에 의해 구축된 교통 인프라가 바로 2019년에 개통된 '김포골드라인'이라는 경전철이다.

안타깝게도 김포골드라인은 국내 최악의 '지옥철'이라고 알려져 있다. '김포골병라인'이라고도 불린다. 왜일까? 김포골드라인 신설로 편안한 출퇴근을 기대했던 김포 시민들의 기대와 달리 김포골드라인은 밀려드는 출퇴근 교통 수요를 감당하지 못했다. 출퇴근 시간에는 열차를 이용하려는 승객들의 줄이 승강장은 물론 대합실과 환승통로까지 빼곡한 진풍경이 펼쳐진다. 한 번에 열차를 타는 것은 거의 불가능하고, 기다렸다가 몇 대는 보내야 겨우 탈 수 있다. 이런 최악의 혼잡도로 시민들은 매번 압사 사고, 과호흡의 위험에 노출되어 있다. 실제로 하루 2.6명꼴로 실신 사고가 있었다고 한다. 최고 혼잡률은 무려 280%에 달한다.[128]

그럼 이 최악의 지옥철은 누가 만든 걸까? 100% 김포시에 의해 만들어졌다. 김포골드라인은 총사업비 1조 5086억 원을 김포시 재정과 김포한강신도시 입주민의 교통 분담금으로 충당했다.[129] 예산에 쪼들리다 보니 원래 4량으로 계획되었던 김포골드라인은 2013년에 돌연 2량으로 축소되었고, 플랫폼은 확장이 불가능한 형태로 설계되었다. 즉, 교통 수요가 급증해 열차 칸을 늘리고 싶어도 늘릴 수가 없는 것이다. 그 결과 김포골드라인은 김포시의 택지 개발로 인한 인구 증가를 감당하지 못해 지옥철로 변해 버렸다.

카스텔의 렌즈로 보면, 노동력 재생산에 필요한 인프라 구축 부담을 오롯이 공공 부문이 감당해야 하는 자본주의의 모순적인 구조로 인해 김포골병라인이 탄생한 것이다. 김포시의 한정된 재정 상황에 맞춰 만들어진 김포골드라인은 노동자들이 편하게 이동할 수 있는 교통 인프라로서의 역할을 충실히 수행하는 데 실패했다. 시민들이 집과 직장을 편히 오가지도 못하는데 무슨 노동력 재생산을 논하겠는가!

이런 도시 생활의 불편함은 시민들의 사회 운동을 초래했는데, 그것이 바로 2021년에 시작된 '너도 함 타봐라' 챌린지다. '너도 함 타봐라' 챌린지는 김포의 한 시민이 지역 온라인 카페에 올린 글에서 시작됐다. 김포골드라인을 탈 이유가 없는 정관계 인사들에게 김포골드라인을 직접 타보고 김포시민들의 불편함을 느껴보라는 취지였던 것이다. '너도 함 타봐라' 챌린지가 이슈가 되면서, 김포시장, 김포 지역구 국회의원, 정당 대표, 국토교통부 장관, 그리고 대통령 후보들까지 김포골드라인을 직접 경험하였고, 하나 같이 '힘들다'는 소회를 밝혔다. 특히 2021년 당시 김포시장은 이건 '교통'이 아니라 '고통'이라고 표현하기도 하였다. 이러한 챌린지 덕분이었을까, 2024년 김포시는 김포골드라인에 전동차 5대를 추가 투입했다. 이에 따라 3분대였던 배차 간격이 2분대로 줄어들었다.[130] 또한, 국비를 확보하여 2026년까지 전동차를 추가로 증차할 예정이다. 물론 김포골드라인은 여전히 불편하고, 근본적인 문제를 해결한 것은 아니지만, 한 시민으로부터 시작된 사회 운동이 작게나마 수많은 사람을 실어 나르는 도시 인프라의 변화를 이끌었다는 점은 무척 인상적이다.

도시 인프라의 미래

인프라의 집합적 소비 문제는 김포골드라인처럼 주목을 받는 경우도 있지만, 눈에 띄지 않는 경우도 많다. 우리나라의 인프라는 도시개발이 집중적으로 이루어지던 1970~80년대에 주로 구축되었다. 오래된 경우라면 벌써 오십여 년 전이다. 2030년에는 노후 인프라의 비율이 44.3%에 달할 것으로 예상되고 있다.[131] 특히 철도의 경우 37%가 30년 이상인 노후 인프라로 분류되었고, 도시개발이 상대적으로 먼저 진행된 서울에는 도로 시설물의 63%가 노후화되었다고 한다.

아무리 처음 만들 때 잘 만들어도 세월 앞에는 장사 없듯, 노후 인프라는 여러 문제를 일으킨다. 언제 사고가 터질지 모르는 시한폭탄처럼 시민들의 안전을 위협한다. 일례로 개발된 지 삼십여 년이 지난 일산 신도시의 백석역 인근에서는 2018년에 노후된 난방공사 온수배관이 파열되어 1명이 사망하고 41명의 부상자가 발생하는 사고가 있었다.

  이런 상황에서 시민들이 집합적으로 소비하는 인프라의 점검과 정비가 필요하다. 누가 이를 담당할까? 정부와 지자체, 공기업 등 공공부문에서 담당할 것이다. 그렇게 되면 또 한정된 재원만으로 안전하고 편리한 인프라를 구축하기 어려울지 모른다. 실제로 최근에 도시 곳곳에서 발생하며 인명 피해까지 내고 있는 싱크홀 역시 그 주요 원인으로 노후 하수관이 지목되고 있지만, 필요 예산을 확보하지 못해 제대로 정비할 수 없는 상황이다.[132] 이때 피해를 보는 것은 결과적으로 집합소비의 공간인 도시에서 살아가는 시민들이다.

  시민의 안전 및 삶의 질과 직결된 도시의 인프라 문제를 해결하기 위한 실마리는 시민들의 작은 목소리로부터 시작된다. 김포골드라인의 사례처럼 변화를 요구하는 시민들의 작은 목소리가 모여 사회 운동이 본격화될 때, 우리는 더 안전하고 편리한 인프라를 이용할 수 있다. 우리가 살아가는 도시 인프라의 미래는 결국 카스텔이 이야기한 것처럼 시민들의 결집과 사회 운동에 달려 있다. 집합적 소비 공간이면서 사회 운동의 공간인 도시에서 우리의 삶을 불편하게 하는 인프라에 대해 이렇게 외쳐봤으면 좋겠다.

  "그 인프라 너도 함 이용해 봐라!"

렌즈 너머의 사회학자

| 마누엘 카스텔 | Manuel Castells | 1942~ | 스페인 |

"개별적 소비와 집합적 소비의 구분에서, 집합적 소비는 자본주의적 성격이 있으면서도 경제적·사회적 측면을 고려하여 시장이 아닌 국가 기구를 통해 이루어지는 소비를 말한다."

― 마누엘 카스텔, 《도시 문제: 마르크스주의적 접근》 ―

마누엘 카스텔은 1942년 스페인의 라만차에서 태어났다. 바르셀로나에서 공부하며 프랑코 독재 정권에 저항하는 학생 운동에 활발히 참여했다. 결국 정치적 억압을 피해 프랑스로 떠나 1967년에 파리 대학에서 파리와 인근 지역의 산업 입지를 연구하여 박사 학위를 받았다.

이후 12년간 파리 대학에서 도시 구조와 도시 사회 운동을 연구하여, 마르크스주의를 토대로 도시사회학의 새로운 장을 열었다. 그 후 그는 연구 영역을 확장하여 '네트워크 사회학'의 선구자가 되었다. 그의 정보 시대 3부작인 《네트워크 사회의 도래》, 《정체성의 힘》, 《밀레니엄의 종언》은 자본주의 사회의 새로운 핵심 요소로 떠오른 '정보'를 통해 네트워크가 자본을 생산하고 재편하는 과정을 체계화했다고 평가받고 있다.

도시사회학에 새 장을 열고 네트워크 사회학의 대가가 된 카스텔은 현재 세계에서 가장 많이 인용되는 사회학자 중 한 사람으로 손꼽힌다.

세상에서 도시 보기

세상은 강한 물살을 만든다. 사람의 흐름, 돈의 흐름, 물자의 흐름, 정보의 흐름, 그리고 생각의 흐름. 이런 흐름은 서로 얽히고설키면서 강한 물살을 일으키고 거대한 파도로 휘몰아친다. 세상에는 이런 파도와 물살이 쉴 틈 없이 몰아친다. 도시 또한 이런 세상의 흐름에서 유동하고 있다.

하지만 파도 위에서도 자유를 만끽하는 서퍼가 있듯, 우리도 세상의 흐름에 휩쓸리지 않고 앞으로 나아갈 수 있다. 거대한 물살이 우리를 언제나 덮치겠지만, 파도의 방향과 속도를 읽을 수 있다면 오히려 그 흐름을 이용할 수 있다. 바로 그 도구 중 하나가 사회학이다. 사회학은 우리가 세상의 흐름을 읽고, 세상이 만들어 내는 거친 물살에 허우적대지 않도록 도와준다.

이 장에서 우리는 세상의 흐름에 따라 도시에서 발생하는 자살, 범죄, 갈등, 감시와 통제를 비롯해 스마트시티의 도래, 세계도시의 등장과 양극화, 위험과 사고, 도시의 불확실성과 불안 그리고 도시를 변화시키는 성찰성에 대해 살펴본다. 서퍼가 거대한 파도 속에서도 길을 찾아내듯, 사회학의 렌즈로 세상 속 도시를 보면서 우리도 나아갈 방향을 찾아볼 것이다.

당신은 사랑 받기 위해
태어난 사람

20
도시에서 자살 vs 살자
뒤르켐의 자살론

자살은 정말 개인적인 죽음인가

모든 생명은 죽는다. 인간이라고 죽음의 운명을 피할 수 없다. 죽음에 경중이 있는 것은 아니지만, 자살은 다른 죽음보다 더 비극적이고 더 쓸쓸하다. 자연스럽지 않고 인간의 자발적 포기가 개입되어 더욱 그렇게 느껴지는 걸까?

참으로 안타깝지만 우리나라는 자살에 대해 할 이야기가 너무 많다. 인구 10만 명당 27.3명이 자살하는 우리나라는 OECD 국가 중 압도적인 자살률 1위 국가다.[133] 두 번째로 많은 리투아니아가 2022년 인구 10만 명당 17.1명이었다. 우리 사회에서 자살은 암, 심장질환 같은 치명적인 질병과 함께 주요 사망 원인 다섯 손가락 안에 들어간다.

물론 우리나라의 자살률이 예전부터 이렇게 높았던 것은 아니다. 삼십여 년 전인 1990년대 중반만 해도 인구 10만 명 당 자살자 수는 8.7명에 불과했다.[134] 그러다 1990년대 말에 10명대를 넘더니 2000년대에 20명 대, 그리고 2011년에 31.7명으로 최고를 기록하고, 최근에는 25명 내외에서 등락을 반복하고 있다.

왜 이렇게 자살률이 증가한 걸까? 우리나라는 1997년에서 1998년 사이, 2002년에서 2003년 사이, 2008년에서 2009년 사이에 유독 자살률이 크게 상승했다. 이 시기는 우리나라의 사회·경제적 혼란기와 일치한다. 기업들의 연쇄 부도와 대규모 구조 조정으로 수많은 사람들이 해고된 1997년의 외환 위기, 수백만 명이 신용불량자가 된 2002년의 카드 대란, 그리고 2008년 미국에서 시작해 전 세계적인 경기 침체를 불러온 금융 위기가 바로 자살률이 급등한 시기와 맞아 떨어진다.

자살은 일반적으로 외로움이나 우울증 같이 정신적 요인에 의한 개인적 일탈로 여겨졌다. 하지만 앞서 살펴본 것처럼 사회·경제적 변화와 자살률 증가의 흐름이 맞물리고 있다면, 우리는 여기서 한 번 더 생각해 봐야 하지 않을까? 자살은 정말 개인적인 죽음이 맞을까? 우리는 사회의 영향을 받는 존재이고, 그렇기에 자살은 당연히 사회상을 반영한다. 마찬가지로 도시에서 일어나는 자살 역시 도시의 사회적 특징과 무관하지 않을 것이다.

수많은 사람이 함께 살아가는 도시에서 자살이라는 극단적인 선택을 하게 만든 원인은 무엇일까? 개인의 일이라 여겨지던 자살을 사회학의 영역으로 끌고 들어와 사회적 현상으로 분석한 사회학자가 있었다. 그의 렌즈를 빌리면 도시에서 일어나는 자살을 더 자세히 들여다 볼 수 있다.

뒤르켐의 자살론

'자살'하면 떠오르는 대표적인 사회학자는 바로 프랑스의 에밀 뒤르켐(Emile Durkheim, 1858~1917)이다. 지금까지 너무 많이 언급해서 질릴 것 같긴 하지만, 뒤르켐은 마르크스, 베버와 함께 사회학의 근본을 정립한 사회학의 3대장 중 한 사람이다. 뒤르켐은 특히나 '사회학'이라는 학문에 상징적인 역할을 했는데, 유럽에서 사회학을 독립된 학문 분야로 가르쳤던 최초의 사회학 교수로 알려져 있다.● 그렇기에 뒤르켐을 빼놓고 사회학을 이야기하는 것은 사실상 불가능하다.

뒤르켐은 다른 학문과 구별되는 사회학 고유의 연구 방법론을 제시하여 현대사회학의 기초를 놓았다. 뒤르켐에 따르면 사회학은 자연과학과 마찬가지로 사회를 객관적으로 분석할 수 있는 실증적인 과학이다. 이런 시각은 그가 제시한 '**사회적 사실**(social fact)'이라는 개념과 맞닿아 있다. 사회적 사실이란 개인의 외부에 존재하면서 강제적인 영향력을 행사하는 사회의 구조와 규범 혹은 가치를 말한다. 예를 들어, 김 씨가 장례식장에 갈 때 검은 정장을 입고 예의 바르게 조문하는 것은 김 씨의 행동을 강제하는 사회구조, 즉 '관습'이라는 사회적 사실 때문이라는 것이다. 이런 관습은 김 씨가 조커처럼 빨간 정장을 입고 장례식장에서 낄낄 대며 웃지 못하도록 한다.

뒤르켐은 사회학의 제1원리로 '사회적 사실을 사물로서 연구'해야 한다고 주장했다. 즉, 뒤르켐식으로 사회학을 정의하면, 사회학

● 참고로 사회학이라는 명칭을 만들어 낸 사람은 사회학의 시조이자 세계 최초의 사회학자였던 프랑스의 오귀스트 콩트(Auguste Comte, 1798~1857)다.

은 개인의 외부에서 개인의 행위에 영향을 미치는 사회를 실증적이고 객관적으로 탐구하는 학문이라는 것이다. 뒤르켐은 개인적 일탈이라는 고정 관념이 강했던 자살을 사회적 사실의 관점에서 연구하여 사회학이 무엇인지 학계에 제대로 보여 주었다.[135]

뒤르켐은 자살이 개인적 문제가 아닌 사회적 현상이며, 그 원인 역시 사회구조에서 찾을 수 있다고 보았다. 이를 입증하기 위해 그는 프랑스에서 일어난 자살의 공식적 통계를 분석하는 실증적 연구를 진행했다. 그리고 사회적 통합과 사회적 규제 정도에 따라 자살의 유형을 네 가지로 분류하였다. 여기서 '통합(integration)'이란 사람들이 집합적인 감정을 공유하는 정도를 의미하고, '규제(regulation)'는 사회가 개인을 통제하는 정도를 말한다.

먼저 이기적 자살(egoistic suicide)이다. 이기적 자살은 사회의 통합 정도가 낮아 개인이 속한 집단의 결속이 약할 때 많이 발생한다. 뒤르켐은 자살 통계를 분석하여 개신교 신자의 자살률이 가톨릭 신자의 자살률보다 높다는 사실을 찾아냈다. 그리고 그 이유를 강한 사회적 공동체를 이루는 가톨릭 문화에 비해 개인의 믿음과 신앙적 자유를 강조하는 개신교 문화의 통합 정도가 약하기 때문이라고 해석했다. 사회에 잘 섞이지 못하는 은둔형 외톨이의 자살이 대표적인 예라고 할 수 있다.

이타적 자살(altruistic suicide)은 반대로 사회의 통합 정도가 너무 강해 집단적 가치를 개인의 가치보다 중시할 때 발생한다. 이슬람 테러 단체의 자살 폭탄범과 일본 가미카제 비행사의 자폭 같은 것이 대표적인 예다. 우리나라에서도 한국전쟁 당시 북한군의 벙커를 목숨을 바쳐 폭파한 '국군 육탄 10용사'의 죽음이 있다. 이들의 자살은 자신의 목숨보다 국가를 우선시한 결과다.

아노미적 자살(anomic suicide)은 사회적 규제가 무너져 통제력이 상실된, 즉 **아노미**(anomie) 상황에서 발생한다. 뒤르켐은 급격한 사회 변동으로 기존 삶의 방식이나 도덕, 혹은 종교적 신념 같은 사회 규범이 흔들리면서, 개인이 무엇을 기준으로 행동해야 할지 혼란을 겪는 무규범 상태를 아노미라고 정의했다. 농촌의 여유로운 생활에 익숙한 사람이 도시로 이사 오면 쉴 새 없이 바쁜 도시 생활에 적응하기 어려워 '멘붕'에 빠질 수 있다. 기존에 따르던 사회 규범이 더 이상 유효하지 않으면서 행동의 기준을 상실하게 되는 아노미 상태에 빠지는 것이다. 사회에 이런 아노미 상태가 지속되면 불안과 혼란이 가중되는데, 이때 아노미적 자살이 늘어날 가능성이 매우 크다. 1997년의 외환 위기처럼 갑작스런 경제 위기와 사회적 변화로 자살률이 급증한 것처럼 말이다.

마지막으로 숙명적 자살(fatalistic suicide)은 아노미적 자살과 달리 사회적 규제가 개인을 지나치게 통제할 때 발생한다. 억압적 규율에 매여 어떤 희망도 찾을 수 없어 스스로 목숨을 끊는 것이다. 계급제에 갇힌 노예나 계층 이동이 불가능한 극단적 빈곤층, 강제적이고 강력한 규범으로 자유를 상실한 군인의 자살을 예로 들 수 있다.

이렇듯 뒤르켐은 각 사회와 집단마다 자살은 일정한 유형을 따르는 경향이 있고, 이런 현상이 사회의 힘, 즉 사회적 사실이 자살에 영향을 미치는 증거라고 보았다. 뒤르켐의 자살 연구는 개인의 행위 배후에 존재하는 사회구조의 영향력을 선명하게 조명하였고, 이를

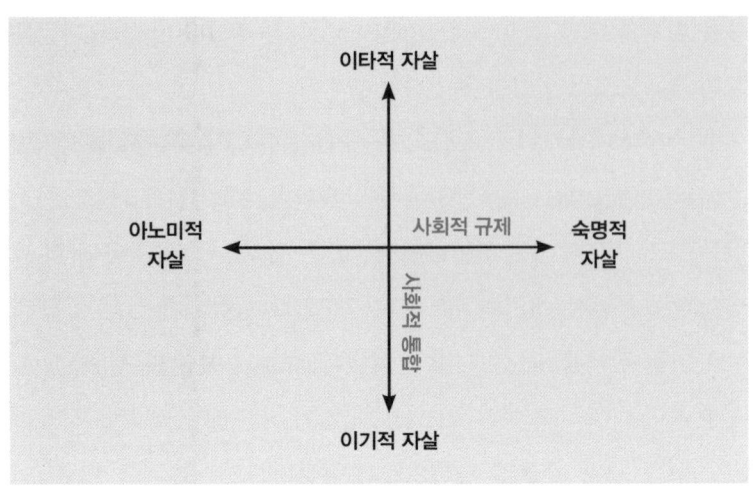

뒤르켐의 자살 유형 구분

통해 지극히 개인적인 일이라고 여겨졌던 자살을 사회학적으로 깔끔하게 설명했다는 점에서 중요한 의의가 있다. 이제 우리의 주제인 도시로 돌아와서, 뒤르켐의 렌즈를 통해 도시에서 발생하고 있는 자살을 들여다보자.

도시에서는 누가 자살하는가

높은 빌딩과 북적이는 사람들, 겉모습은 화려하지만 도시는 사실 아픈 내면을 갖고 있다. 도시의 삶은 기본적으로 정신이 없고 외롭기 때문이다. 왜 그럴까?

우선 도시화가 진행되면서 전통 사회의 끈끈한 공동체성이 느슨

해지고 파편화되었다. 경쟁이 격화되고 개인주의가 만연하면서 사회적 통합 정도가 약해졌다. 또한 도시에서는 사회적 규제 역시 약화되었다. 전통 사회에 비해 도시는 환경 변화가 빠르고 다양한 사람이 함께 살고 있기 때문에 무엇에 따라 살아야 할지 그 기준이 너무 많고 또 자주 바뀌어 혼란스러울 때가 많다. 그래서 사람들의 행동을 통제하고 방향을 제시할 사회적 규범의 지속 시간이 길지 않고 변화도 잦다. 이렇듯 뒤르켐의 렌즈로 볼 때, 현대 도시는 사회 통합과 규제의 정도가 낮아 이기적 자살과 아노미적 자살이 발생할 가능성이 매우 크다.

이를 실증적으로 확인해 보기 위해 경기도 화성시로 한번 가보자. 화성시는 2001년 시로 승격한 이후 22년 만에 인구 20만 명에서 100만 명을 넘어선 대도시로 성장했다. 2021년 기준 지역내총생산(Gross Regional Domestic Production, GRDP)이 91조 원에 달해, 전국에서 가장 빠르게 성장하는 도시 중 하나다. 특히, 2000년대 들어와 개발되기 시작해 2015년경에 입주가 본격화된 동탄 신도시는 전국 최대 규모의 신도시로, 쾌적한 인프라를 갖추고 인근에 산업 클러스터가 위치해 있어 30대 젊은 층의 유입이 매우 활발하다. 현재 약 40만 명이 거주하고 있는데, 이는 화성시 인구의 42%에 해당한다.[136]

이렇게 살기 좋다 보니 화성시의 인구 10만 명당 자살자 수는 2022년 19.2명으로 전국 평균인 25.2명보다 낮은 편이다. 그렇다고 안심할 수는 없다. 인구의 증가세가 워낙 빨라 비율만 낮을 뿐, 화성시의 자살자 수는 2009년 145명에서 2019년 188명으로 최대치를 기록했고, 2022년에도 172명을 기록했다.[137] 결코 무시할 수 없는 수

준이다. 더 우려되는 점은 1인 가구와 30대의 자살이 늘고 있다는 점이다.[138]

살기 좋은 도시에 살면서 도대체 왜 자살을 선택하는 걸까? 뒤르켐의 관점에서 볼 때, 화성시의 자살 현황은 이기적 자살과 아노미적 자살로 압축할 수 있다. 먼저, 동탄 신도시가 생기면서 인구가 전국 각지에서 유입되었기 때문에 화성시에는 이들을 하나로 묶을 수 있는 공동체성이 생길 여유가 없었다. 또한 동탄 신도시와 같은 아파트 중심의 주거 환경은 자칫하면 이웃 간 단절이 자리 잡기 쉬운 공간이다. 특히, 사회적 유대 관계가 부족한 1인 가구는 이런 상황에 더욱 취약한데, 화성시는 2023년 기준 전국에서 1인 가구 수가 7번째로 많은 도시다.[139] 뒤르켐식으로 표현하면 화성시의 낮은 사회적 통합 정도가 이기적 자살을 불러왔다고 할 수 있다.

또한, 동탄 신도시는 GTX 개통과 직주(직장과 주거지) 근접 환경으로 부동산 가격이 높게 형성되어 있다. 많은 사람들, 특히 30대 청년층은 이곳에 살기 위해 큰 액수의 대출을 받아 주택을 마련했을 확률이 높다. 그런데 이들에게 부채의 규모가 안기는 경제적 스트레스는 동탄 신도시에 입주하며 기대했던 상위 계층으로의 손쉬운 이동을 가로막고 있다. 목표와 현실 간에 간극이 깊어 내가 믿고 따르던 규범이 더는 의미가 없다고 느껴질 때 아노미가 발생한다. 다양한 계층이 공존하는 도시는 더군다나 내 처지를 남과 비교하기 쉬운 공간이다. 자신보다 상위 계층의 사람들과 함께 있을 때 느끼는 상대적 박탈감은 아노미적 자살을 더욱 강하게 유도한다. 실제로 화성시는 부동산 가격이 치솟았을 때 30대 청년층을 자살 고위험군으로 분류하여 예방 대책을 세우기도 했다.

뒤르켐의 렌즈로 보면, 화성시의 자살 현황은 공동체성의 부재와 규범적 혼란이라는 도시 사회의 구조적 특징이 그대로 반영되고 있는 것이다.

도시에서 자살? 도시에서 살자!

자살이 도시의 사회구조적 특징과 무관하지 않다면, 자살에 대응하는 방식도 도시와 무관하지 않을 것이다. 어떻게 하면 우리 도시에서 자살하는 사람을 한 명이라도 줄일 수 있을까?

고립된 사람을 서로 이어주고 지역 공동의 가치관을 만들어 가는 것이 필요할 것이다. 우선 도시 공간 곳곳에 구성원이 자유롭고 편하게 모일 수 있는 공공공간이 더 많이 조성되어야 한다. 이를 기반으로 사회적 유대감이 형성될 수 있는 활동과 행사가 일상 속에서 자연스레 이루어지도록 하는 지원도 필요하다. 예컨대, 개천을 따라 산책로만 잘 정비해도 사람들의 모임은 자연스레 생겨난다. 이렇게 도시 내 사회적 통합 수준을 높이려는 노력은 이기적 자살을 줄이는 데 큰 도움이 될 것이다. 이런 노력이 쌓이면 도시 나름의 지역적 가치관이 형성되고, 이는 곧 도시의 다양한 사람이 공유하는 사회적 규범으로 작용할 수 있다. 우리를 사회와 묶어주는 도시의 규범이 바르게 세워지면 아노미적 자살도 줄어들지 않을까?

사실 자살을 막는 방법에 정답은 없다. 그러나 뒤르켐의 관점에서 보면, 자살로 내모는 것도 사회고, 자살을 멈추고 살게 만드는 것도 사회다. 사회구조로 인한 자살은 사회적으로 해결해야 하고, 도시는 이를 실현하는 공간이 되어야 한다. 외롭고 혼란스러운 세상살이에 '자살'을 '살자'로 바꿀, 그리고 지치고 힘들 때 기댈 수 있는 작은 촛불 하나 같은 도시가 우리 모두에게 꼭 필요하다.

렌즈 너머의 사회학자

| 에밀 뒤르켐 | Emile Durkheim | 1858~1917 | 프랑스 |

> "자살이 본질적으로 개인의 선천적 특성에 달려 있는 것이 아니라, 외부에서 개인을 지배하는 요인에 의해 결정된다는 것은 너무나도 명백한 사실이다!"
> — 에밀 뒤르켐, 《자살: 사회학적 연구》 —

에밀 뒤르켐은 1858년 프랑스 동쪽 에피날이라는 시골 마을의 유서 깊은 유대 랍비 집안에서 태어났다. 교사가 되고 싶어 파리의 에콜 노르말 쉬페리외르(파리 고등사범학교)에 삼수 끝에 입학하여 철학을 공부했다. 19세기 후반의 프랑스는 1870년에 일어난 프로이센과의 전쟁에서 진 데다 급속하게 진행된 산업화로 사회적으로 대혼란 상태였다. 이런 상황에서 뒤르켐은 사회를 안정시킬 수 있는 방안을 고민했고, 그에 대한 해답을 사회학에서 찾고자 했다.

결국 철학에서 사회학으로 분야를 바꾸었고, 1882년 파리 대학에서 '사회분업론'으로 박사 학위를 받으며 사회학자로서의 첫걸음을 내딛었다. 1887년에 보르도 대학의 철학과 교수가 된 뒤르켐은 1895년에 대학이라는 교육기관에서 유럽 최초로 공식적인 사회학 강의를 개설했다. 이후 1902년 파리 대학에서 '교육과 사회학과'의 교수로 활동하며 프랑스 사회학회의 초대 회장직을 맡았다.

뒤르켐은 다른 사회과학 학문과 구별되는 사회학만의 정체성을 정립하며 사회학계에 큰 영향을 미쳤다. 사실 정치, 경제, 법, 철학 등 다양한 영역에서 활동을 해 딱 집어 사회학자라고 하기 어려운 마르크스나 베버와 달리 뒤르켐은 사회학의 근본에 집중하여 사회학이 도대체 뭘 연구해야 하는 학문이고, 어떻게 연구해야 하는 학문인지 고민한 '찐' 사회학자였다. 이런 측면에서 뒤르켐은 사회학의 진정한 창시자라고 평가받고 있다.

이후 그의 이론은 미국으로 건너가 사회의 질서와 안정이 유지되는 과정을 연구하는 구조기능론의 근간이 되면서, 1950년대 미국의 사회학계를 주도했다.

아침에 눈을 뜨면
지난밤이 궁금해

| 21 |

범죄도시와 짓밟힌 꿈
머튼의 범죄사회학

범죄와 사회학

우리나라는 여러모로 참 살기 좋은 나라다. 통신 인프라도 좋고, 행정 처리도 빠르고, 대중교통도 잘 되어 있다. 무엇보다 치안이 좋다. 해외에 살다 오거나 나라밖으로 여행을 다녀오면 우리나라 치안이 좋다는 걸 새삼 느끼게 된다. 새벽에 돌아다녀도 큰 위험이 없다. 이는 당연히 밤낮없이 수고하는 훌륭한 경찰 덕분이지만, 어둠을 훤히 밝히는 편의점과 해장국집의 역할도 결코 무시할 수 없을 것이다.

어찌 됐든 통계로 봐도 우리나라는 범죄로부터 꽤 안전한 나라다. 2024년에 197개국을 대상으로 세계인구리뷰(World Population Review)에서 조사한 범죄율을 보면, 우리나라는 125위로 순위가 꽤 낮은 편이다.[140] 이렇게 안전한 나라지만 그래도 우리는 매일 빠지지 않고 범죄 소식을 접한다.

범죄라는 것은 뭘까? 일반적으로는 법을 어기고 잘못을 저지르는 행위를 말한다. 시대마다 법이 다르듯이, 범죄 역시 시대와 문화에 따라 조금씩 달라진다. 김 씨가 어릴 때만 해도 학교 폭력은 그냥 또래 간의 사소한 다툼 정도로 여겨졌지만, 지금은 결코 무시할 수 없는 심각한 범죄다. 성경에서는 우상 숭배를 돌로 쳐 죽일 만큼 극악무도한 범죄로 보지만, 현대에 와서는 기독교 기반 국가조차 스파게티를 믿던 베이컨을 믿던 처벌할 수 없다.● 그만큼 범죄의 정의는 사회가 무엇을 불법으로 정하느냐에 따라 달려 있다. 즉, 범죄라는 것은 그 사회와 떼서 생각할 수 없는 것이다.

과거에는 범죄의 원인을 생물학에서 찾기도 했다. 19세기 후반 이탈리아의 의사였던 체사레 롬브로소는 인간의 범죄 성향이 유전에 의해 선천적으로 타고나고, 그 특성이 두개골의 형상에 드러난다고 주장했다. 큰 귀, 긴 팔, 비대칭인 두개골 등이 전형적인 범죄자 상이라는 것이었다. "관상은 과학이다"이라는 믿음의 서양 버전이랄까? 지금으로서는 말도 안 되는 주장이지만, 20세기 초까지도 흉악범의 두개골을 조사하고 분석하는 일을 진지하게 했다. 물론 과학적으로 근거 없는 낭설이라는 것은 이미 증명되었다. 그리고 지금은 범죄의 원인을 밝히는 학문의 주도권이 사회과학으로 넘어왔다. 특히, 인간의 행동 동기를 살피는 심리학의 활약이 크다. 심리학 못지않게 범죄 연구에 큰 영향을 미치는 학문이 사회학이다. 개인의 범죄 행위에 초점을 맞추는 심리학과 달리 사회학은 사회구조와 사회적 관계의 맥락에서 범죄 행위의 원인과 배경을 설명하고, 각 사회마다 다른 범죄 양상을 분석한다.

● 종교의 기득권을 비판하기 위해 만들어진 일종의 패러디 종교이긴 하지만, '날아다니는 스파게티 괴물교(Flying Spaghetti Monster)', '베이컨 연합 교회(United Church of Bacon)'는 실제로 존재한다.

그럼 지금 한국 사회는 어떨까? 한국은 지난 십여 년간 살인과 강도와 같은 강력 범죄는 확연히 줄었으나, 사기 범죄가 계속 증가하고 있다.[141] 이런 사기 범죄가 가장 많이 발생하는 곳은 바로 수많은 사람이 모여 사는 대도시다. 2023년 서울에서 사기 범죄는 2만 1084건이 발생했는데, 이는 우리나라 전체 사기 범죄의 18%에 해당한다. 경기도의 경우는 더 심각한데, 경기도의 사기 범죄는 8만 6320건으로 전체 사기 범죄의 25%를 차지한다. 서울과 경기도를 합하면 우리나라 사기 범죄의 절반 가까이가 수도권에서 발생하고 있다.

다른 범죄에 비해 왜 사기 범죄만 유독 증가하고 있을까? 그리고 그 근거지가 서울과 경기도 같은 대도시인 이유는 무엇일까? 범죄를 통해 도시를 바라볼 수 있는 렌즈를 빌려줄 사회학자를 만나 보자.

머튼의 범죄사회학

미국의 사회학자 로버트 머튼(Robert K. Merton, 1910~2003)은 20세기에 시카고 대학에 이어 미국 사회학의 주도권을 쥐기 시작한 하버드 대학에서 사회학을 공부했다. 1930년대 미국에는 사회의 안정과 질서를 탐구하던 뒤르켐의 영향을 받아 **구조기능주의**(structural functionalism)의 바람이 불었는데, 이 학풍의 본산지가 바로 하버드 대학이었다. 탤컷 파슨스를 중심으로 구조기능주의는 1930년대부터 1960년대까지 미국을 주름 잡은 사회학 조류였다.

구조기능주의란 사회를 생명체에 비유하여, 심장, 뇌, 팔, 다리 같은 각 기관이 서로 조화롭게 작동할 때 몸이 건강하듯, 사회도 경제, 정치, 법, 교육 등의 다양한 요소가 맞물려 서로 제 역할을 충실히 할 때 안정과 질서가 유지된다는 이론적 틀이다. 예를 들어, 경제는 생산과 소비를 담당하고, 정치는 생산과 소비의 결과를 적절하게 활용할 목표를 설정하며, 법은 그 과정에서 발생하는 분쟁을 규제하고, 교육은 다음 세대가 이런 질서를 유지하도록 가르친다는 것이다. 즉, 구조기능주의는 사회를 구성하는 각 요소가 서로 분리되어 있지 않고 밀접하게 연관되어 있으며, 조화를 이뤄 각자의 역할에 맞게 기능하면 우리 사회가 하나의 시스템처럼 잘 작동하고 통합을 유지한다는 시각이다.

여기에 머튼은 역기능 개념을 창안하여 구조기능주의 이론을 한 단계 업그레이드했다. 이전의 구조기능주의에서는 '기능한다'라는 것을 대부분 긍정적이라고 여겼는데, 머튼은 어떤 기능이 다른 영역에서는 부정적으로 작동할 수도 있다고 보았다. 예를 들어, 종교는 공동체의 사회적 결속을 강화하는 순기능이 있지만, 다른 한편으로는 다른 종교와 갈등을 일으켜 사회적 분열의 씨앗을 낳는 역기능도 있을 수 있다는 것이다. 이런 시각에서 머튼은 미국의 사회구조에서 범죄와 일탈이라는 역기능적 결과가 왜 나타나는지 그 이유를 분석한 범죄사회학 이론을 제시하였다.[142]

머튼은 범죄와 일탈의 원인을 사회 질서에 혼란을 주는 **아노미**(anomie)에서 찾았다. 그는 뒤르켐의 아노미 이론을 확장하여, 사회 전체가 가치 있고 바람직하다고 규정하는 목표, 즉 문화적 목표(cultural goals)와 그것을 달성할 제도적 수단(institutionalized means) 사이에 괴리가 생길 때 아노미가 발생한다고 보았다. 간단히 말해, 사회적으로 성공하고 싶은데 현실이 받쳐 주지 않을 때 문제가 생긴다는 것이다.

예를 들어보자. 흔히 미국은 '기회의 땅'으로 불린다. 이는 누구나 열심히 노력하면 성공할 수 있다는 믿음이 깊이 뿌리내려 있기 때문이다. 지금도 미국에는 '아메리칸 드림'을 꿈꾸며 열심히 사는 사람들이 많다. 자본주의 국가의 끝판왕이라 그런지 미국에서의 성공 기준은 안정적인 중산층 생활, 사업 성공, 좋은 직업과 같이 경제적인 측면이 크다. 당연히 미국에서 문화적 목표는 풍족한 생활이다. 하지만 누구나 노력 한다고 이런 문화적 목표를 달성할 수 있는 것은 아니다. 개인의 재능과 노력도 중요하지만, 사회구조적으로 성공의 기회와 목표 달성에 필요한 수단은 항상 공평하지 않고 많은 경우 차별적으로 부여되기 때문이다.

예를 들어, 백인 중산층 집안에서 태어난 제임스와 남미 불법 이민자 집안에서 태어난 하메스는 물질적 부를 축적할 수 있는 기회 자체가 다르다.• 제임스가 양질의 교육을 받고 좋은 직장에 취업해 부를 축적하는 동안, 하메스는 학교 다닐 때부터 파트타임 아르바이트를 전전할 가능성이 크다. 풍족한 삶이라는 목표는 같지만 사회구조적으로 동등한 기회가 부여되지 않는 것이다. 이런 상황이라면, 아무래도 두 사람 중 합법적인 수단으로는 결코 문화적 목표를 달성

• James는 영어로 읽으면 '제임스', 스페인어로 읽으면 '하메스'다.

할 수 없는 하메스가 아노미 상태에 빠질 가능성이 더 크다. 불평등한 사회구조 때문에 정상적인 방법으로는 사회에서 인정하는 성공에 결코 가까이 다가갈 수 없기 때문이다.

머튼은 아메리칸 드림에 초점을 맞춰 문화적 목표와 제도적 수단의 간극에 의해 발생하는 아노미에 사람들이 어떻게 대응하는지 살펴보았고, 이를 다섯 가지 유형으로 분류하였다.

첫 번째 유형은 순응(conformity)이다. 순응하는 사람들은 사회의 문화적 목표에 도달하기 위해 제도적으로 인정된 합법적 수단을 사용한다. 즉, 문화적 목표가 자산을 축적하는 것이라면, 순응주의자는 성실하게 일을 해 돈을 벌고 재테크로 자산을 불리려는 사람들이다. 우리 사회를 구성하는 대다수의 사람들이 이 유형에 속한다.

두 번째 유형은 혁신(innovation)이다. 여기서 혁신은 우리가 일반적으로 생각하는 긍정적 의미가 아니다. 혁신가는 문화적 목표를 지향하지만, 이를 성취하기 위해 사회에서 인정하는 수단 대신 비합법적이거나 편법적인 수단을 이용한다. 예를 들어, 자산 축적을 위해 절도, 사기, 도박 등의 불법을 저지르는 것이다. 우리가 흔히 볼 수 있는 범죄자들이 여기에 해당한다.

세 번째 유형은 관습(ritualism)이다. 관습을 따르는 사람은 문화적 목표는 포기하거나 무시하지만, 제도적 수단을 의례적으로 수용하고 준수한다. 즉, 자산 축적이라는 거창한 목표는 포기했지만, 매일 일터에 나가 근근이 사는 사람들이라고 할 수 있다. 특별한 삶의 목표 없이 아르바이트를 전전하며 살아가는 프리터족이 여기에 속한다.

네 번째 유형은 은둔(retreatism)이다. 은둔하는 사람은 문화적 목표

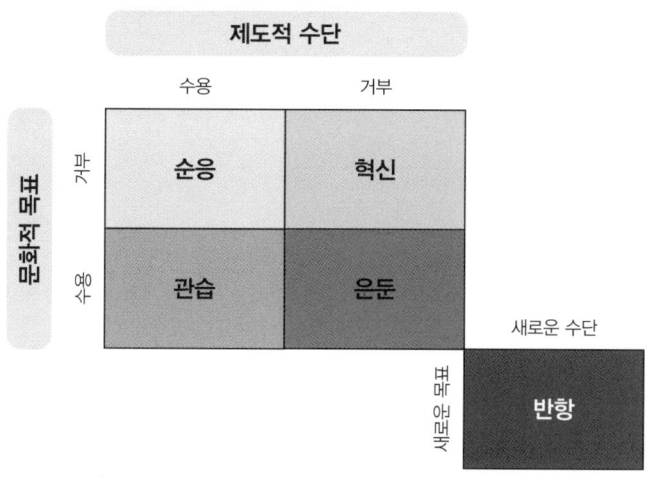

머튼의 아노미에 대응하는 유형 분류

와 이를 성취하는 제도적 수단 둘 다 포기했다. 삶의 목표도 없고 노력할 마음도 없다. 사회가 성공을 어떻게 정하든 이를 성취하겠다는 시도조차 하지 않는다. 그저 현실에서 도피하는 삶을 살 뿐이다. 마약중독자나 노숙자를 예로 들 수 있다.

마지막 유형은 반항(rebellion)이다. 반항자는 위의 네 가지 유형과 달리, 기존의 문화적 목표와 제도적 수단을 거부하고, 아예 이를 대체할 새로운 목표와 수단을 만들어 사회를 바꾸려는 사람이다. 다시 말해, 기존의 사회를 해체하고 재구축하려는 것이다. 예를 들어, 자산 축적이라는 목표와 이를 성취할 제도적 수단인 근로는 집어치우고, 부의 평등한 분배를 주장하며 혁명을 하려는 사람들이다. 급진적 정치 집단이나 사회 운동가를 예로 들 수 있다.

이렇듯 머튼은 아노미에 대응하는 방식을 구분해, 목표를 달성할 수단이 부족한 사회의 구조 자체가 범죄(절도, 사기 등)와 일탈(도박, 마약 중독 등)의 계기가 된다고 보았다. 즉, 머튼의 렌즈로 볼 때 범죄와 일탈은 사회 구성원들에게 쉽게 달성할 수 없는 목표를 제시하는 문화와 불공평한 기회를 제공하는 사회구조가 맞물려 발생한 역기능적 산물이다.

여기서 비합법적인 수단을 이용해서라도 목표를 달성하려는 혁신 유형에서 범죄가 주로 발생한다. 머튼의 이런 렌즈를 통해 우리 사회에 큰 충격을 주었던 대표적인 사기 범죄를 살펴보며 대도시의 범죄를 함께 생각해 보자.

범죄도시와 짓밟힌 꿈

언제부턴가 서울이나 서울 인근의 수도권에 사는 것이 많은 사람의 꿈이 되었다. 직장, 교육, 교통, 여가 모든 면에서 생활하기 좋은 곳이기 때문이다. 하지만 서울에 집을 사는 것이 그리 호락호락한 일은 아니다. 서울의 집값은 비싸도 너무 비싸다. 그래서 서울에 거주하는 목적을 이루기 위해 차선책으로 전세, 그중에서도 저렴한 빌라 전세를 선택하기도 한다.

전세는 우리나라에서 집을 구할 때 많이 이용하는 주택 임대 제도다. 세입자가 집주인에게 매매가보다 저렴한 전세금을 주는 대신 계약 기간 동안 월세 없이 거주하고, 계약 기간이 만료되면 집을 비워주어 전세금을 돌려받는 받는 형식이다. 세입자 입장에서는 월세를 낼 필요가 없고, 집주인 입장에서는 목돈을 무이자로 굴릴 수 있어 서로의 니즈만 맞는다면 꽤 괜찮은 제도다. 집을 사기에는 금전적 여유가 부족한 사회초년생이나 신혼부부가 집을 마련할 때 주로 전세를 이용한다.

하지만 이들의 보금자리에 대한 꿈을 악용하는 범죄자들이 있다. 바로 '전세 사기범'이다. 이들은 머튼식으로 이야기하면 자산 축적이라는 문화적 목표를 달성하기 위해 불법적 수단을 이용하는 혁신가다. 전세가 문제가 되는 경우는 보통 집주인이 세입자의 전세금을 돌려주지 못할 때 일어난다. 예를 들어, 집주인이 빚을 져서 집이 경매에 넘어가게 되면 낙찰대금으로 빚을 변제하는데, 이때 세입자가 변제 후순위라면 전세금을 돌려받을 가능성이 희박해진다.

이런 전세의 리스크는 전세금을 떼먹겠다고 작정을 하고 세입자를 속인 조직범죄, 일명 '빌라왕 사태'로 2022년에 수면 위로 드러났다. 서울 인근에 살고 싶은 사람이 많기 때문에 전세 사기는 주로 수도권 지역의 빌라를 중심으로 발생했다. 그중에서 서울 강서구의 전세 사기 피해가 가장 컸는데, 2022년부터 2023년까지 파악된 보증금 피해 규모는 총 365건에 887억 원이었다.[143] 이 지역을 중심으로 1200채의 빌라를 소유했던 빌라왕은 자기 자본 하나 없이 이렇게나 많은 빌라를 사들일 수 있었다고 한다. 이게 어떻게 가능했던 걸까?

빌라왕은 사실 명의만 빌려준 바지 사장이었고, 그 뒤에는 건축주, 분양 대행사, 부동산 중개업자가 모여 범죄를 설계한 조직이 있었다.[144] 그냥 세입자 빼고 모두가 한 패였던 것이다. 신축 빌라의 경우 아파트와 달리 적절한 주택 가격을 파악하기 어렵다. 이 점을 악용해 건축주는 전세 보증금을 실제 주택 가격보다 높게 책정한다. 예를 들어, 원래 매매가가 1억 5000만 원이라면 전세 보증금을 2억으로 책정하는 것이다. 차액인 5000만 원의 일부는 세입자를 물어와 사기에 공모한 분양 대행사와 부동산 중개업자에게 리베이트로 준다. 이때 명의만 제공하는 '빌라왕'이 집주인 행세를 하며 세입자와 전세 계약을 맺는 것이다. 세입자가 낸 보증금은 다른 빌라를 짓거나 사들이는데 쓰이고, 똑같은 방식으로 새로운 세입자와의 전세 계약이 반복된다.

전세금을 가로채려는 사기였기 때문에 계약 기간이 만료되어도 세입자는 전세금을 돌려받을 수 없었다. 집이 경매로 넘어간들, 애초에 전세금이 매매가보다 컸기 때문에 전세금을 보상 받을 수도 없었다.

본인들의 자산을 축적하기 위해 비정상적인 수단으로 사회초년생과 신혼부부의 꿈을 박살 낸 전세 사기범 '강서구 빌라왕'은 2021년에 돌연 사망했고, 그 배후였던 부동산 중개인과 컨설팅 대표에게는 징역 8년이 선고되었다. 하지만 강서구 빌라왕 사태의 피해자 37명은 결국 보증금 총액 80억 원을 돌려받지 못했다.

문제는 이런 악질적인 빌라왕이 한두 명이 아니라는 것이다. 전국에 약 176명이 전세 사기 조직과 밀접하게 연계된 것으로 추정되고 있지만, 이중 126명은 특별히 관리되거나 제재도 받지 않고 있다.[145] 이들의 '혁신적인' 전세 사기 범죄는 수도권에 행복한 보금자리를 마련하고자 열심히 노력한 정상적인 사회구성원을 좌절시키는 전형적인 도시형 범죄로 자리 잡아 지금까지도 진행되고 있다.

꿈을 짓밟는 도시에서 꿈을 이루는 도시로

우리는 우리 사회가 성공이라고 규정하는 '경제적 자유'를 위해 노력한다. 그렇지만, 뜻대로 안 될 때가 더 많다. 경제적 성공이라는 문화적 목표는 너무 높고, 여기에 다다르는 제도적 수단은 사회 구성원 모두에게 공평하게 열려 있지 않다. 꿈과 현실의 괴리가 너무 큰 나머지 이제는 아노미 상태가 우리 사회의 기본값처럼 느껴지기도 한다.

이런 힘든 상황에서 사람들은 다양하게 반응한다. 대부분의 사람들은 어려운 현실이지만 그래도 최대한 성실하게 꿈을 이루려고 노력한다. 물론 포기하면 편하다는 생각으로 목표 없이 그냥저냥 사는 사람도 있다. 현실 도피로 좁은 방에서 나오지 않는 은둔형 외톨이도 있고, 이 세상을 싹 다 갈아엎어야 한다며 목소리를 높이는 사람도 있다. 그리고 누군가는 돈을 벌겠다는 목적 하나만으로 남의 눈에 피눈물을 내는 불법을 서슴지 않는다. 이들은 제도권 안에서 열심히 살아가는 사람을 바보 취급하며 비웃고 조롱한다.

이 마지막 유형이 우리 도시를 범죄도시로 만든다. 성실하게 살아가는 수많은 도시인의 꿈을 짓밟고 이득을 얻는 전세 사기범이 바로 그런 범죄자들이다.

사실 우리 사회를 범죄율 제로로 만드는 마법은 없다. 하지만 머튼의 주장처럼 범죄가 사회구조적인 문제에서 비롯된다면, 결국 우리 사회가 조금씩이라도 변해야 하지 않을까? 불법적인 행위와 편법을 강도 높게 제재하는 제도적 보완이 필요할 것이고, 당장 효과를 보지는 못하더라도, 사회가 규정하는 획일적인 목표에서 벗어나, 자신만의 꿈을 이루어 나가는 과정 자체를 즐기는 사회적 가치관을 확립해야 할 것이다. 또, 양질의 교육과 취업 지원 정책을 확대해 기회의 불평등을 해소하고, 누구나 노력하면 합법적 수단으로도 목표를 이루는 것이 가능하도록 그 간극을 줄이는 것도 중요할 것이다.

지금도 우리 도시에는 불법적인 방법으로 목표를 이루려는 사람들이 착실하고 열심히 노력하는 사람을 호시탐탐 노리고 있다. 정직한 사람을 보호하고, 이들의 꿈이 아름답게 피어나는 행복한 도시를 만들기 위해 우리 사회가 함께 노력해야 한다. 범죄의 유혹과 범죄의 두려움 모두 건강하게 이겨내는 도시에서 살 수 있기를 기대한다.

렌즈 너머의 사회학자

| 로버트 머튼 | Robert K. Merton | 1910~2003 | 미국 |

> "성공에 대한 집단적 압박은 정당하지만 비효율적인 노력을 희석시키고, 부당하지만 효과적인 악덕과 범죄를 편법적으로 선택하게 한다."
> — 로버트 머튼, 《사회이론과 사회적 구조》 —

로버트 머튼은 1910년 미국 필라델피아에서 태어나 인근의 템플 대학에서 사회학을 공부했다. 미국사회학회에 참석했다가 하버드 대학의 사회학과 교수 피티림 소로킨(Pitirim Sorokin, 1889~1968)을 만났다. 그와의 인연으로 머튼은 하버드 대학에서 공부를 계속했고, 1936년에 그의 지도로 사회학 박사 학위를 받았다.

머튼은 지도 교수인 소로킨뿐 아니라 당대 미국 사회학의 구조기능주의 흐름을 이끌었던 탤컷 파슨스의 영향도 많이 받았다. 학위 논문을 준비하면서 뒤르켐의 연구 방식을 채택해 사회구조와 문화 변동에 초점을 맞춰 사회에서 개인의 삶이 어떻게 형성되는지에 관해 다양한 연구를 수행했다. 이런 연구를 토대로 머튼은 사회구조적 맥락에서 범죄 현상을 분석한 범죄사회학을 정립했고, 과학과 사회구조의 상호작용에 초점을 맞춘 과학사회학의 발전에도 크게 기여했다.

또한 우리가 일상적으로 사용하는 친숙한 개념 몇 가지도 대중화했다. 우선 개인이 살아가며 기준으로 삼는 집단을 의미하는 '준거집단(reference group)'이라는 개념이나, 마태복음 25장 29절 "무릇 있는 자는 받아 풍족하게 되고 없는 자는 그 있는 것까지 빼앗기리라"에서 가져와 빈익빈 부익부 현상을 직관적으로 표현하는 '마태효과(Matthew effect)'가 잘 알려져 있다.

이름이 같은 그의 아들, 로버트 머튼(Robert C. Merton)은 파생금융상품의 가치 결정에 관한 블랙-숄즈 모형을 개발하여 1997년에 마이런 숄즈와 함께 노벨 경제학상을 받았다.

싸울 때는 잘 모르겠지만,
결국 싸우면서 크는 거더라

| 22 |

갈등의 도시와 집회
코저의 갈등기능주의

갈등의 시대

"싸우지 말고, 사이좋게 지내." 어렸을 때부터 어른들에게 수도 없이 들었던 단골 멘트다. 어른들의 가르침에 우리는 얼마나 많은 노력을 했던가! 마음에 안 들어도 내색 하나 안했고, 미워도 떡 하나 더 주려고 했으며, 참는 것이 이기는 것이라고 위로하며 살았다. 우리의 이런 노력이 모여 그나마 '사회'라는 것이 유지되고, 무슨 일이 생기면 한 목소리를 내는 '통합'이 가능한 게 아닐까?

하지만 세상은 그렇게 단순하고 감미로운 공간만은 아니었다. 최대한 싸우지 않고 사이좋게 지내려는 우리의 노력이 무색하게도 세상은 온통 갈등투성이다. 집 안에서는 고부 갈등, 회사에서는 노사 갈등, 한반도를 둘러싼 남북 갈등. 사회 곳곳에서 우리는 하루에도 수없이 많은 갈등 상황에 놓인다.

2023년에 시행된 여론 조사에 따르면 국민 10명 중 9명은 우리 사회의 갈등 정도가 심각하다고 느낀다.[146] 우선 지역 갈등이 가장 심각하다고 조사되었고, 빈부 갈등, 정치 갈등, 남녀 갈등, 세대 갈등,

노사 갈등, 종교 갈등이 그 뒤를 이었다. 좀 과장해서 말하면, 우리는 늘 무언가와 다투며 살아가고 있는 셈이다.

우리는 분명 갈등은 나쁜 것이고, 그래서 갈등 없는 사회가 좋은 사회라고 믿으며 자라왔는데, 그렇다면 지금 우리는 나쁜 사회에 살고 있는 것일까? 어쩌면 인간이 갈등을 빚는 것은 자연스런 현상인데, 혹시 우리가 지나치게 갈등을 경계하도록 사회에 가스라이팅(?) 당한 것은 아닐까?

이런 사회적 갈등이 대외적으로 표출되는 형태가 바로 집회다. 우리나라는 헌법 제21조 1항 '모든 국민은 언론·출판의 자유와 집회·결사의 자유를 가진다'를 통해 집회의 자유가 보장돼 있다. 집회는 다수의 사람이 공통의 목적을 위해 특정한 장소에 일시적으로 모이는 것이다. 그리고 여기에는 목적이 다른 집단과의 갈등이 필연적이다. 결국 집회를 통해 특정 의견이나 신념 혹은 목표를 관철하려고 한다면, 우리 사회에 유지되어 온 통합을 깨뜨려야 한다는 말이다.

일단 특정한 장소에 사람들이 모여야 집회가 가능하기 때문에, 우리 사회의 갈등은 대부분 도시에서 전개된다. 촛불 집회, 태극기 집회, 퀴어 퍼레이드, 종교 집회, 노동단체 집회 모두 광화문이나 여의도 같은 서울 도심 한복판에서 벌어진다. 이런 집회로 표출되는 사회적 갈등은 우리 도시와 어떤 연관이 있을까? 더 나아가 우리 도시에서 통합과 갈등은 공존할 수 있을까?

코저의 갈등기능주의

도시를 갈등의 관점에서 바라보는 렌즈는 미국의 사회학자 루이스 코저(Lewis A. Coser, 1913~2003)에게 빌릴 수 있다. 코저는 갈등을 단순히 부정적인 것으로만 보지 않고, 갈등에 긍정적인 기능도 있다고 보았다.[147] 이를 토대로 그는 **갈등기능주의**(functionalist conflict theory)라는 독특한 개념을 제시했는데, 이를 위해서는 사회학의 주요한 이론적 접근 방법인 **구조기능주의**(structural funcrtionalism)와 **갈등론**(conflict theory)을 먼저 살펴봐야 한다.

앞서 머튼을 만났을 때 이야기 나눈 것처럼 구조기능주의는 우리 사회를 구성하는 여러 요소가 서로 유기적으로 연결되어 자신의 역할에 맞게 기능하는 덕분에 사회가 원활하게 작동하고 통합이 유지된다는 시각이다. 그러니까 사회 구성원 모두가 협력해 각자 맡은 역할을 책임 있게 해나가는 사회가 곧 안정적인 사회라는 것이다.

구조기능주의는 제2차 세계 대전이 끝나고 1940년대 후반에서 1960년대까지 미국을 비롯한 여러 선진국의 경제적 풍요 속에 냉전이라는 체제 안정 구도와 맞물리며 전성기를 맞았다. 하지만 이는 1960년대 들어 큰 변화를 겪게 되는데, 베트남 반전 운동과 68혁명을 비롯해 전 세계적으로 페미니즘, 학생 운동, 환경주의 등 사회의 균형을 깨는 다양한 갈등이 전방위적으로 대두되기 시작했다. 고요한 연못을 감상하는 사람 입장에서는 연못에 돌을 던지는 사람을 이해할 수 없는 것처럼 통합, 질서, 안정이 키워드인 구조기능주의는 사회적 갈등과 변화를 제대로 설명하지 못했다. 그러면서 이를 비판하는 갈등론이 사회학의 전면에 등판했다.

마르크스로부터 이론적 자원을 이어 받은 갈등론은 사회의 분열이나 계급투쟁, 불평등과 같은 갈등 상황에 초점을 맞춰 사회의 움직임을 설명하고자 했다. 갈등론에 따르면 우리 사회는 각자의 이익을 추구하는 여러 집단으로 구성되어 있다. 이들 집단이 모두 동일한 영향력을 갖고 있는 것은 아니기 때문에 사회에는 유력 집단과 그렇지 않은 집단이 존재할 수밖에 없다. 갈등론은 구조기능주의가 그토록 중요하게 여겼던 균형과 질서라는 것이 결국 유력 집단의 강요에 기반한다고 보았다. 즉, 사회 질서는 구조기능주의자들이 주장하는 것처럼 조화와 협력에 의해서가 아니라, 강압적인 권력의 힘으로 유지된다는 것이다.

하지만 이런 갈등론도 약점은 있었다. 구조기능주의가 갈등과 그로 인한 변화를 간과해 비판받았던 것처럼, 갈등론은 사회에 분명히 존재하는 통합, 질서, 안정을 저평가한다는 비판을 받은 것이다. 여당과 야당이 그렇게 싸워도 어찌 됐든 서로 간의 합의에 의해 국회라는 게 유지되지 않는가!

이렇듯 단편적인 시각을 가진 구조기능주의와 갈등론의 한계를 극복하려고 여러 사회학자가 절충을 시도했고, 그 대표가 바로 루이스 코저다. 코저는 갈등에도 사회적 기능이 존재한다며, '갈등'을 '기능적' 측면에서 재조명했다.

코저에 따르면 갈등은 사회의 결속을 강화하기도 한다. 외부의 다른 집단과 갈등이 생기게 되면, 내부에서 분열 중이던 사회가 어느 순간 통합성을 회복한다. 집에서는 동생과 피 터지게 싸워도 동생이 밖에서 맞고 오면 갑자기 형제애가 폭발해 똘똘 뭉치는 게 우리 아니겠는가? (까도 내가 깐다.)

두 번째로 한 집단과의 갈등은 다른 집단과의 관계를 견고하게 만든다. 북한이 대공 미사일을 발사하면, 남한과 북한 간에 갈등이 심화되고, 이로 인해 한국·미국·일본 간의 동맹, 그리고 그에 대응하는 북한·중국·러시아 간의 동맹이 강화된다.

세 번째로 갈등은 사회 내에서 주목 받지 못하던 집단이 활발하게 활동하는 계기가 되기도 한다. 예를 들어, 정치에 관심이 없다고 여겨지던 20대 청년이 최근의 혼란한 정치적 상황에서 '이대남(20대 남자)', '이대녀(20대 여자)'로 불리며 시위 문화를 주도했던 것처럼 말이다.

마지막으로 갈등은 의사소통 기능을 수행하기도 한다. 갈등 상황이 생기지 않으면 각 집단은 다른 집단의 영향력을 명확하게 인식하기 어렵다. 하지만 갈등이 표출되면 사안에 따라 각 집단의 영향력이 분명하게 드러난다. 그러면서 갈등의 당사자들이 각자 영향력의 크기를 인지하고, 극단적 상황에 이르기 전에 원만한 해결책을 제시할 가능성이 크다. 모순적이게도 갈등이 평화의 메시지를 전달할 수 있는 것이다. 전면 충돌이 생기기 전에 적당한 선에서 굽힐 것은 굽히면서 매듭이 지어지는 그런 상황처럼 말이다.

이렇듯 갈등에도 기능적 측면이 존재하지만, 그럼에도 코저는 '**비현실적인 갈등**(nonrealistic conflict)'만은 조심해야 한다고 말했다. **현실적인 갈등**(realistic conflict)의 경우, 갈등 상황이라도 목적을 달성할 방법만 있다면 논의와 협상을 통해 해결이 가능하다. 예를 들어, 대학생들이 등록금이 너무 비싸다고 주장하며 시위를 하는 경우, 정부나 대학에서 장학금 확대나 등록금 동결 등 현실적인 대안을 제시하면 갈등을 완화할 수 있다. 반면에 비현실적 갈등은 목표를 달성하기 위한 갈등이 아니라, 표적을 정해 사회에 쌓인 불만을 쏟아내고 스트레스를 감정적으로 표출해 조직 내 긴장을 완화하는 수단으로 쓰인다. 그래서 공격적인 양상을 띠고 폭력이 동반될 가능성이 크다. 예를 들어, 연예인 스캔들이 터지면, 아무 상관없는 사람들이 '요즘 되는 일도 없는데, 너 잘 걸렸다'식으로 악플을 달고 마녀 사냥을 벌인다. 여기서 중요한 것은 공격의 대상은 누구라도 상관없다는 점이다. 이 배우의 스캔들이 사그라지면 저 가수로 공격 대상을 바꾼다. 즉, 목적이나 목표를 이루기 위한 갈등이 아니라, 갈등 그 자체가 목표이기 때문에 해결이 아예 불가능하다.

우리 사회는 지금 여러 집단이 충돌하며 다양한 갈등을 표출하고 있다. 이런 갈등 상황에서 코저가 주장한 것처럼 갈등의 기능적 측면을 발견할 수 있을 것이다. 이제 그 갈등이 구체화되는 도시를 코저의 렌즈를 빌려 관찰해 보자.

갈등의 도시와 집회

우리 사회에서 집단 간의 갈등은 온라인에서 이루어지기도 하지만, 아직은 수많은 사람이 실제 공간을 점거하고 목적을 분명하게 밝히는 도심 속 집회만큼 큰 파급력은 없다. 집회의 주요 공간인 도시에서는 첨예한 갈등을 직접 눈으로 확인할 수 있다. 특히 많은 사람이 모일 수 있는 광장은 대표적인 집회 공간이다. 고대 그리스의 아고라처럼 광장은 예로부터 시민들이 모여 교류하고 의견을 나누었던 곳이었고, 치열한 토론이 벌어졌던 도시의 심장이었다. 바로 하버마스가 말한 공론장 역할을 한 것이다. 우리나라에서는 광화문 광장이 집회 문화의 중심지로 이런 역할을 두드러지게 하고 있다.

광화문에서는 늘 크고 작은 집회가 열린다. 사실 광화문에 집회가 이렇게 많이 열리는 줄 몰랐던 김 씨는 주말 소개팅 장소로 광화문을 골라 난감했던 기억이 있다(그래도 지금 함께 잘 살고 있다. 다행이다). 아무튼 광화문은 조선 시대부터 유생들이 상소를 올리고 농성을 하던 유서 깊은 집회 공간이었고, 오늘날에는 노동자 집회, 종교 집회, 정부 규탄 혹은 응원 집회 등 다양한 시민의 목소리가 충돌하는 공간의 대명사다. 그래서 광화문 일대에는 질서를 유지하고 시민을 보호하기 위해 경찰 기동대가 상시로 경계 근무를 하고 있다. 이렇게 광화문을 거쳐 간 수많은 갈등과 집회 중에서, 근래 한국 사회에 큰 흔적을 남긴 '박근혜 대통령 퇴진 운동'을 코저의 갈등기능주의 렌즈로 한번 살펴보자.

박근혜 대통령 퇴진 운동은 박근혜 대통령과 민간인 최순실을 중심으로 발생한 국정농단(박근혜-최순실 게이트)에 분노한 시민들이 촛불을 들고 모인 집회였다. 2016년 10월 29일부터 박근혜 대통령의 탄핵이 결정된 2017년 봄까지 매주 토요일 광화문에서 집회가 열렸다. 특히, 2016년 12월 3일에 열린 6차 집회는 주최 측보다 참가 인원을 보수적으로 추산하는 경찰 발표로도 정부 수립 이래 최대 규모를 기록했다.[148] 이 집회의 주된 갈등 양상은 박근혜 정부의 정권 유지를 바라는 집단과 탄핵을 요구하는 집단 간의 충돌이었다.

코저가 주장한 것처럼 이런 집단 간의 갈등은 집단 내부의 결속을 강화했다. 평소에는 잘 모이지도 않던 수많은 사람이 박근혜 대통령 퇴진이라는 목소리를 내기 위해 집회에 참여하고 하나로 뭉친 것이다. 이에 대응하여 박근혜 대통령 탄핵에 반대하는 보수 성향 단체와 시민 역시 한데 모여 대규모 집회를 열렸다. 바로 태극기 집회다. 박근혜 대통령 퇴진 운동 집회와 태극기 집회가 광화문 광장 일대 서로 인접한 지역에서 같은 시간에 진행돼 긴장 속에 두 집단 간 대치가 벌어지기도 했다. 이런 갈등 상황은 각 집단이 내부적으로 단결하는 결과를 만들어 냈다.

박근혜 대통령 퇴진 운동은 다른 집단과의 연대도 강화했는데, 바로 정치 세력 간의 연합이다. 박근혜 대통령 퇴진 운동으로 정치권에서는 범야권 대통합이 이루어졌는데, 제1야당이었던 민주당과 중간지대의 국민의당, 민주당보다 더 진보적인 정의당 의원들까지 광화문 광장에 함께 나와 촛불 집회에 참여하였다.

박근혜 대통령 퇴진 운동은 시민들의 적극적인 정치 활동도 이끌어냈다. 시위에 익숙한 86세대 정치인이나 시민운동가뿐 아니라, 그동안 정치에 큰 관심이 없다고 여겨져 온 학생과 청년 세대의 참여도 활발했다. 대학가에서는 학생들이 연이어 시국선언을 발표하기 시작했고, 광화문으로 나와 행진과 농성에 참여했다. 평범한 남녀노소 시민의 참여 열기도 대단했는데, 박근혜 대통령 퇴진 운동은 폭력 없는 촛불 집회로 성숙한 시위 문화를 보여 주었다는 외신의 평

가를 받기도 했다.[149]

이와 더불어 박근혜 대통령 퇴진 집회 당시의 갈등 양상은 우리 사회에 시민의 결집이 얼마나 강력한 것인지 잘 보여 주었다. 매년 연말 교수신문에서 한해를 대표하는 사자성어를 선정하는데, 2016년에는 '군주민수(君舟民水)'였다. '백성은 물이고, 임금은 배이니, 강물은 배를 뜨게도 하지만 배를 뒤집을 수도 있다'는 의미다. 박근혜 대통령 퇴진 운동은 결국 박근혜 대통령 탄핵으로 이어져 시민의 힘을 증명했다. 이런 역사적 사건으로 정부와 정치권은 시민을 더욱 의식할 수밖에 없게 되었다.

물론 개인마다 의견이 다를 수는 있지만. 그럼에도 2016년 가을부터 겨울을 지나 2017년 봄까지 서울 한복판 광화문에서 표출된 갈등은 우리 사회에 갈등이 어떻게 기능하고 있는지 충분히 증명해 주었다고 할 수 있다.

갈등의 도시는 앞으로 나아가는가

하지만 비현실적인 갈등의 부정적 측면을 경계했던 코저의 생각처럼, 집회에는 긍정적인 기능도 있지만, 부정적인 측면도 적지 않다. 바로 선동과 혐오 조장이다. 국가와 국민을 위한 저항이라는 대의명분을 주장하지만 실상은 갈등의 양상과 상관없이 특정 집단이 다른 집단을 공격하고 혐오하는 데 열을 올리는 경우가 있다.

예를 들어 참사를 이용한 정치 선동이다. 사회적으로 큰 충격을 주는 참사가 일어나면 이에 대한 사고의 경위를 밝히고 피해자를 추모하기 위한 집회가 열린다. 그런데 이때 참사 피해자를 추모하는 위로와 애도의 메시지보다 그들의 참사로 생긴 갈등 상황을 이용하려는 집단이 나타나기도 한다. 그들에게는 사실 누가 어떻게 피해를 당했는지는 별 의미가 없다.

또 우리 사회의 발전을 위한 건실한 비판보다 그저 상대 진영에 대한 노골적인 비난과 혐오로 얼룩진 집회도 있다. 극단적 보수와 극단적 진보 세력 간의 갈등이 그 예라고 볼 수 있겠다. 이런 비현실적 갈등으로 얼룩진 집회는 우리 사회 발전에 전혀 도움이 되지 않고, 그저 도시 공간을 점유하여 시민들에게 불편만 줄 뿐이다.

비 온 뒤 굳은 땅이 더 단단하다는 말처럼, 현실적인 갈등에는 우리가 잊고 있던 연대의 힘을 상기시키고, 우리 사회가 더 나은 미래로 나아가게 하는 기능이 있다. 그리고 도시는 갈등을 통한 사회의 통합과 긍정적 변화를 뒷받침하는 공간을 제공한다.

2025년 4월 윤석열 대통령의 탄핵을 둘러싼 갈등이 또다시 우리 도시를 양분했다. 탄핵 심판 선고일에 소요를 우려해 헌법재판소 인근 기업들이 재택근무를 했을 정도로 심각했다. 갈등으로 찢어진 광장이 우리나라가 앞으로 나아갈 발판이 될 지, 아니면 선동과 혐오에 물들어 오히려 뒷걸음치게 할 지. 그 답은 아마 갈등 속에 있는 우리의 선택에 달려 있을 것이다. 우리는 오늘도 무언가를 바꾸기 위해 행진하고 충돌하는 갈등의 도시를 걸어간다.

렌즈 너머의 사회학자

| 루이스 코저 | Lewis A. Coser | 1913~2003 | 독일·미국 |

"집단 내부의 갈등이 전적으로 파괴적이기만 한 요소인 것은 아니다."

— 루이스 코저, 《사회적 갈등의 기능》 —

루이스 코저는 1913년 베를린의 부유한 유대인 가정에서 태어났다. 나치의 유대인 박해를 피해 프랑스로 이주하여 파리 대학에서 비교문학과 사회학을 전공했다. 1941년에는 전쟁으로 얼룩진 파리를 떠나 미국으로 건너갔고, 컬럼비아 대학에서 로버트 머튼과 C. 라이트 밀즈에게 지도를 받아 갈등에 대한 연구로 사회학 박사 학위를 받았다.

이후 1951년부터 브랜다이스 대학에서 사회학과 교수로 활동했고, 1968년에는 스토니브룩 뉴욕주립대학으로 옮겼다.

코저의 핵심 사상은 갈등기능주의다. 1950년대 구조기능주의와 갈등론이 서로 날을 세우기 시작할 때, 그는 갈등이 부정적인 결과만 초래하는 것이 아니고, 사회의 결속을 비롯한 다양한 기능적 측면도 있다는 것을 강조하며 구조기능주의와 갈등론의 한계를 넘고자 했다.

코저는 1971년에 출간한 《사회사상사》[150]를 통해 사회학의 발전에 큰 발자국을 남긴 거장 15명의 사상을 깔끔하게 정리했다. 단순히 그들의 이론만 나열한 것이 아니라, 개인적, 지적, 사회적 배경까지 일목요연하게 서술해 이론이 탄생한 배경을 사회학적 관점에서 꿰뚫어 조명할 수 있게 해놓았다.

내 거친 생각과 불안한 눈빛과

그걸 지켜보는 너

23

도시의 빅브라더 CCTV
푸코의 감시와 처벌

감시 사회의 도래

누군가가 나를 계속 쳐다본다는 것은 꽤나 불쾌한 일이다. 지하철에서 모르는 사람이 나를 뚫어지게 쳐다본다고 해보자. 많은 생각이 들 것이다. '내 얼굴에 뭐 묻었나?', '내 옷이 이상한가?', '내가 뭐 잘못했나?' 누군가의 시선은 나를 돌아보게 하고, 내 행동을 스스로 점검하게 한다.

이 세상 어느 누구도 자기를 지켜보고 감시하는 걸 좋아할 사람은 없다. 감시는 통제와 연결되고, 통제는 인간이 추구하는 자유와 반대되기 때문이다. 혼자 있을 때야 밥 먹고 바로 눕는 극락을 즐겨도 상관없지만, 부모님이 그 꼴을 보시면 '소 된다'고 잔소리 하지 않으셨나? 어렸을 때부터 온전히 나 혼자 쓰는 내 방이 갖고 싶었던 경험, 부모님이 집을 비웠을 때 괜스레 느꼈던 자유로움이 괜한 것만은 아니었을 것이다.

감시라고 하면 미국의 첩보 영화에나 나오고 CIA나 국가 안보와 관련된 거물만이 그 대상일 거라 생각할 수 있지만, 생각보다 평범한 우리 같은 사람도 하루하루 감시당하며 살고 있다. 학교나 일터 등 우리 일상 곳곳에는 우리를 감시하는 눈이 존재한다. 학교에서는 선생님이 조는 사람을 기막히게 파악할 수 있는데, 교탁에서는 앉아 있는 학생들의 동태가 훤히 보이기 때문이다. 또, 회사마다 다르겠지만, 출근 시 지문을 찍어 내가 제 시간에 출근했다는 기록을 남기고, 화장실을 가건 식사를 하러 가건 움직이는 매 순간 다른 사람을 의식해야 한다. 이런 물리적 감시 외에도 우리 사회는 이미 시스템적으로 개인을 감시하고 기록할 능력이 있다. 인터넷, 스마트폰, 카드 이용 내역과 같이 내가 뭘 검색했고, 누구와 연락했으며, 어디에 방문했는지 우리는 매일 우리의 행적을 남기고 있다. 특히, 코로나로 모임과 이동이 통제되었을 때, 우리는 늘 QR 코드로 방문을 인증해야만 했다. 그래서 코로나에 감염되면 번개 같이 격리 조치가 취해지곤 했다. 인터넷과 스마트폰이 필수인 지금 국가 기관에서는 마음만 먹으면 언제라도 나의 일거수일투족을 찾아내는 것이 그리 어려운 일은 아닐 것이다.

　이런 감시의 눈은 도시 공간에도 촘촘하게 심어져 있는데, 바로 CCTV의 존재 덕분이다. CCTV의 위력은 대단하다. 지하철 공익 요원으로 근무했던 김 씨의 주요 일과 중 하나가 바로 역무실에서 CCTV를 지켜보는 것이었다. 지하철 역사 내에는 CCTV 사각 지대가 거의 없다. 구석에서 '안보이겠지?' 생각하고 코 파시는 분도 웬만하면 다 보인다.

　촘촘하게 배치되어 도시를 관찰하는 CCTV는 교통 신호를 위반하는지, 쓰레기를 무단으로 투기하는지, 돌발이나 위급 상황은 없는지 우리를 지켜보고 있다. CCTV에는 도시의 질서를 위협하는 상황을 예방하고 범죄자를 쉽게 추적할 수 있는 순기능이 있다. 하지만 지나친 CCTV 운영은 프라이버시 침해라는 의견이 있기도 하다. CCTV를 통해 누구나 감시의 대상이 되는 사회에서 우리에게 도시에서의 자유는 어디까지 가능할까? 감시는 도시의 질서를 유지하도록 돕는 기술적 진보일까, 아니면 통제를 목적으로 하는 '빅브라더' 사회의 시작점일까? 우리가 현재 살아가고 있는 감시 사회의 렌즈로 도시를 관찰해 보도록 하자.

푸코의 감시와 처벌

프랑스의 사회학자 미셸 푸코(Michel Foucault, 1926~1984)는 20세기 최고의 사상가 중 한 사람이라고 해도 이견이 없을 정도로 인문사회과학계에 커다란 영향을 미쳤다. 푸코의 주된 관심사는 '권력'이었다. 전통적 마르크스주의가 관심을 갖는 사회적 수준의 거대 권력보다는 주로 정신의학, 감옥, 성 등 미시적 영역의 권력을 탐구했다. 이를 통해 현재 우리가 당연하게 생각하고 행동하는 방식이 역사적으로 구성된 지배 체계의 결과물임을 밝히고자 하였다. 이런 접근법을 '권력의 계보학'이라고 한다. 《감시와 처벌》은 푸코가 이런 권력의 계보학을 통해 감옥 시스템이 우리 사회 전반에 어떻게 스며들었는지 고찰한 대표적인 연구다.[151]

원래 역사적으로 죄를 지은 사람을 처벌하는 방식은 고문이었다.

"여 하나 썰고, 여기도 하나 썰고…" 대중 앞에서 범죄자를 고문하는 것은 대중에게 구경거리를 제공하는 동시에 처벌의 잔혹함을 보여주며 권력을 유지하는 방식 중 하나였다. 푸코는 처벌 방식이 고문에서 감옥 시스템으로 바뀌게 되는 근대 사회에 관심을 가졌다. 어떻게 보면 감옥 시스템은 고문보다 인간적이라고 볼 수 있다. 그렇지만 푸코가 보기에 감옥 시스템은 단순히 인간적인 것을 지향했다기보다, 더 효과적이고 더 일관되게 사회 깊숙이 규율을 이식하는 장치였다.

감옥에서 죄수의 행동은 시선에 의해 감시되고, 시간표나 공간 배치로 통제된다. 이런 감옥 시스템의 핵심이 '판옵티콘(panopticon)'이다. 판옵티콘은 철학자 제러미 벤담이 고안한 감옥 구조다. 감방을 원형으로 배치하고 감옥 한가운데에 감시탑이 서 있는데, 감시탑의 창문에는 블라인드가 설치되어 있다. 덕분에 간수들은 각 방에 있는 죄수들을 감시할 수 있지만, 죄수들은 간수를 볼 수 없다. 죄수들은 감시탑 내에 실제 간수가 있는지 없는지 알지 못하기 때문에 언제 어떻게 감시할지 모른다는 두려움으로 행동을 '스스로' 통제하게 된다. 실제로 감시탑에 불만 켜놓고 간수가 꿀잠을 자고 있어도, 죄수들 입장에서는 누가 보고 있을지도 모른다고 생각해 탈옥하려는 시도도 못하고 죄수끼리 싸워도 사이좋은 척을 할 수밖에 없다.

푸코는 이런 감옥의 구조를 본뜬 감시와 통제가 교도소 내에서만 이루어지는 것이 아니라고 보았다. 사실 이런 감시 체계는 학교, 병원, 직장을 비롯한 여러 사회 영역에서 구성원을 효과적으로 관리하는 데 활용된다. 다양한 건축물의 방, 복도, 공간 배열이 이런 감시

판옵티콘 구조

시스템을 투영하고 있다. 감시하는 사람은 언제나 감시할 사람을 훤히 볼 수 있는 자리에 앉는다. 교탁 앞에 서 있는 선생님은 학생들이 무슨 책을 펴고 있는지 볼 수 있지만, 자리 앉은 학생은 선생님이 무슨 책을 보고 있는지 알 수 없다. 공장의 조립라인이나 택배 상하차 작업장에서도 마찬가지다. 근무자들은 개방된 공간에서 집단적으로 일하고, 감독관은 직원들을 감시할 수 있는 곳에 있다. 병원도 그렇다. 복도에서 누가 돌아다니는지 속속들이 알 수 있고, 병실은 문만 열면 내부 구조를 한눈에 파악할 수 있다. 이런 시각의 비대칭성에 기반한 감시가 권력의 토대인 셈이다. 권력은 공간으로 표출되어 감시 대상자들이 감시자를 알아서 의식하고, 스스로 행동을 조심하게 만든다. 이처럼 감시는 매우 효율적인 통제 방식이기에 통제가 필요한 우리 사회의 다양한 영역에서 감옥 구조와 비슷한 감시 체제가 운영되고 있다.

푸코는 감옥의 기원과 배경을 역사적으로 탐구하면서, 감옥의 감시 시스템이 어떻게 권력으로 작용하고 우리 사회에 침투했는지를 폭로했다. 푸코는 감시자의 시선을 내면화하여 스스로를 통제하는 근대적 인간의 탄생을 강조했고, 이런 특성을 바탕으로 근대 사회를 '**규율 사회**(disciplinary society)'라고 보았다. 이제 우리는 다른 사람에 의해 물리적으로 통제되는 사회가 아닌, 누군가가 나를 감시하고 있다는 생각에 의해 '본인이 본인의 감시자가 되는' 규율 사회에 살고 있는 것이다.

스마트폰, 인공위성, 인터넷을 비롯한 우리 사회의 기술적 발전은 사람들의 움직임을 그 어느 때보다 정확하고 체계적으로 추적하여 감시할 수 있고, 우리도 이미 그 사실을 잘 알고 있다. 이런 상황에서 도시를 속속들이 감시할 수 있는 CCTV는 우리에게 어떤 영향을 미치고 있을까? 푸코의 생각을 중심으로 우리 도시의 CCTV를 한번 살펴보자.

도시의 빅브라더 CCTV

CCTV는 closed-circuit television(폐쇄회로 텔레비전)의 약자로 일반적으로는 보안용 감시 카메라를 뜻한다. 왜 '폐쇄회로'냐면, 특정 목적을 위해 허가된 사람들 외에는 영상이 제한되어 있어 '폐쇄적'이기 때문이다. 기록상 최초의 CCTV는 독일의 엔지니어 발터 브루히가 1942년에 개발했다고 알려져 있다. 당시는 지금과 같은 목적이 아니라 로켓 시험 발사를 가까이에서 관찰하려는 목적에서 설치했다고 한다. CCTV를 공공안전 분야로 활발하게 확대한 것은 미국이었는데, 1969년에 뉴욕 경찰에 의해 활용되기 시작했다.[152] 우리나라의 경우, 1970년대 후반 서울 지하철 1호선에 CCTV를 설치하였고, 2000년대에 들어 도시 곳곳에 공공안전을 위한 CCTV가 본격적으로 설치되었다. 국내의 공공 CCTV는 2008년 15만 대 수준에서 2023년에는 약 176만 대로 급증했다.[153] 사설 CCTV까지 포함하면 그 규모는 훨씬 더 커질 것이다. 서울에는 2024년 기준 총 11만 3273개의 CCTV가 설치되어 있고[154], 어린이 보호구역, 공원과 놀이터, 도로, 건물 등 도시 곳곳에서 방범, 교통단속, 교통정보 수집, 시설안전, 화재예방, 쓰레기 무단투기 방지와 같은 다양한 목적으로 운영되고 있다.

CCTV가 거리 곳곳에 설치되면서 우리 사회는 많은 변화를 겪었다. 먼저 공공장소에서 사람들은 CCTV를 의식하기 시작했다. 길거리에서 소변이 갑자기 마려울 때 주위에 아무도 없다고 아무 데서나 노상 방뇨하지 않는다. CCTV의 시선을 의식해 사회적 규율을 내면화하면서 스스로를 통제하는 역량이 커졌다. 또한 CCTV는 범죄자의 행동반경을 축소시켰다. 2023년 극악무도한 '신림동 공원 강간 살인 사건'의 범행 장소는 공원에서 샛길로 이어지는 등산로였는데, 이는 가해자가 CCTV를 피해 일부러 선택한 장소였다. CCTV가 있으면 범죄 예방의 효과를 어느 정도 기대할 수 있는 것이다. 인적이 드문 골목길이나 공원에 대문짝만 하게 'CCTV 촬영 중'이라는 팻말이 붙어 있는 이유이기도 하다. 이렇게 공공 안전에 크게 기여하는

CCTV의 역할은 분명하지만, CCTV는 늘 개인의 사생활 보호와 행동의 자유라는 관점에서 논란을 부른다.

우리나라보다도 중국에서 이런 논란이 먼저 주목받기 시작했다. 일당독재체제인 중국은 매우 권위적인 국가 시스템으로 잘 알려져 있다. 2017년 BBC 보도에 따르면 중국 공안당국은 CCTV로 특정인을 7분 만에 찾아낼 수 있다고 한다.[155] 아마 지금은 훨씬 시간을 단축할 수 있지 않을까 싶다. 이런 중국의 CCTV는 진화를 거듭하고 있는 인공지능 기술과 결합되어 더욱 발전하고 있는데, 국가 권력에 반대하는 사람을 구별하고 감시하는 데 악용되고 있다는 우려도 낳고 있다. 이는 마치 조지 오웰의 《1984》에 나오는 빅브라더와 비슷하다. 이런 감시 사회가 마냥 남의 나라 일이 아니라 바로 곧 닥칠 우리의 일일지도 모른다.

도시는 24시간 감시 중

우리 도시는 CCTV에 점점 더 많이 의존하고 있다. CCTV가 마치 도시에서 발생하는 모든 사회적 문제를 해결할 만능열쇠인 것처럼 여겨져 사건사고만 터지면 CCTV 설치부터 생각한다. 2021년 한강공원 대학생 익사 사건 이후 서울시는 한강공원에 사각지대가 없도록 CCTV 402대를 추가로 설치하였고,[156] 2022년 이태원 참사 이후에 정부는 인공지능을 활용한 지능형 CCTV를 주요 지점에 설치해 밀집 위험도를 분석하는 재난안전시스템 강화 조치를 취했다.[157] 도시계획 분야에서도 범죄 예방 환경 설계• 시 CCTV를 기본적으로 설치한다. 그동안 CCTV가 우리 도시의 공공 안전에 기여한 바가 적지 않기에 이런 대처가 합리적인 것처럼 느껴진다.

하지만 기술이 발전하면서 더욱 정교해진 감시와 사생활 침해에 대해서는 아직 많은 논의가 필요하다. 비단 CCTV가 권력을 위해 이용되는 것은 중국과 같은 독재국가뿐만이 아니다. 미국에서도 안면 인식 기술을 갖춘 CCTV가 공공주택의 주민들을 감시해 침 뱉기나 세탁실 카트 이동 등 사소한 규율 위반을 이유로 주민들을 퇴거시키는 데 이용된 바가 있다.[158]

더 나아가 이제 스마트시티의 시대가 본격적으로 다가오고 있다. 이미 일부 도시에서는 도시 전체를 정보통신기술로 시스템화하는 작업이 진행 중이다. 스마트시티는 인간의 활동과 동선을 파악해 보다 효율적으로 운영되는 도시가 될 수 있다. 하지만 혹시 인간 활동의 기록과 예측을 통한 관리가 푸코가 말하는 규율 사회의 최첨단 버전은 아닐까 하는 우려도 있다. 첨단기술이 감시와 통제에 활용되는 빅브라더 사회가 도래할 것이라 전망하기도 한다. 이런 도시에서 인간의 활동이 자유롭다고 말할 수 있을까?

기술적으로는 CCTV가 내 얼굴만 봐도 '김 씨, 남성, 기혼, 사상이 울퉁불퉁함'과 같은 정보를 확인할 수 있는 사회가 이미 도래했는지도 모른다. 이런 사회에서 괜한 오해를 사지 않으려면 우리는 최대

• '셉테드'로 불리는 범죄 예방 환경 설계(Crime Prevention Through Environmental Design)는 건축·도시계획을 통해 물리적 환경을 설계하여 범죄를 예방하고 안전한 공간을 조성하는 전략이다.

한 스스로를 자기검열 하며 조심조심 살아갈 수밖에 없을 것이다. 국가나 기업 입장에서는 성공이다. 알아서 규율을 따르는 사람을 만들어 사회와 일터의 질서를 손쉽게 통제할 수 있을 테니 말이다.

'떳떳하면 상관없지 않느냐'는 의견도 있을 수 있지만, 시민의 입장에서는 자유롭게 인간의 잠재력을 최대치로 뽐내며 살아갈 권리를 상실하는 것이다. 마치 우리는 철창에 갇힌 새처럼 감시로 통제된 도시에서 스스로를 한계 지으며 살아가야 할지도 모른다. 그렇기에 도시의 CCTV를 둘러싼 '안전·질서 유지'와 '사생활 침해' 사이 그 적정선을 찾기 위해 충분한 사회적 논의가 필요하다. 어디선가 날아오는 따가운 시선이 느껴지는 우리의 도시 생활, 지금도 24시간 쉬지 않는 CCTV는 도시를 비추며 우리를 뚫어지게 쳐다보고 있다.

렌즈 너머의 사회학자

| 미셸 푸코 | Michel Foucault | 1926~1984 | 프랑스 |

"감옥이 공장이나 학교, 병영이나 병원과 흡사하고,
또 이런 모든 기관이 감옥과 닮았다고 해서 무엇이 놀라운 일이겠는가?"
— 미셸 푸코, 《감시와 처벌: 감옥의 탄생》 —

미셸 푸코는 1926년 프랑스 푸아티에에서 할아버지와 아버지 모두 의사인 부유한 부르주아 집안에서 태어났다. 어릴 때 수학은 잘 못했으나 프랑스어, 역사, 그리스어, 라틴어 과목에서는 늘 우수상을 받았다고 한다

(전형적인 문과). 당연히 의학 공부를 이어갈 거라는 아버지의 기대와 달리, 푸코는 철학에 관심을 보였고, 리세 앙리카트르(앙리 4세 고등학교)를 졸업하고 재수해서 에콜 노르말 쉬페리외르(고등사범학교)에서 심리학과 철학을 공부했다.

1952년 졸업 후에 그는, 프랑스를 떠나 스웨덴, 폴란드, 독일에 한동안 머물다가, 독일 함부르크 대학에서 그의 박사 학위 논문인 《광기의 역사》를 완성하고 프랑스로 돌아왔다. 프랑스에서 푸코는 다양한 사회 영역에서 권력의 역사와 작동 방식을 연구하여 큰 학문적 성과를 올렸다. 그는 정신의학, 감옥, 성 등 신체를 규율하고 행위를 지배하는 미시적 영역에 관심이 많았는데, 아마도 그가 당시 환영받지 못하던 동성애자였다는 점이 크게 작용했을 것이라 보기도 한다.

푸코는 권력의 계보학으로 근대 사회를 통제하는 권력의 근원을 파헤치며 20세기를 대표하는 사상가가 되었다. 하지만 한창 왕성하게 활동하던 그는 1984년 57세의 나이에 에이즈 합병증으로 세상을 떠났다. 죽기 3개월 전에 진행된 마지막 강의를 마치면서 "자, 이 분석 작업에서 여러분에게 아직 할 말이 많은데, 이제 너무 늦었군요. 고맙습니다"라는 말을 남긴 것이 그의 공식적인 작별 인사였다.

세상은 똑똑해지는데
나는 바보가 되는 것 같아

24

스마트시티와 도시인
마르쿠제의 일차원적 인간

4차 산업 혁명과 스마트시티

우리 사회는 점점 스마트해지고 있다. 완벽하진 않아도 자율 주행이 가능한 자동차가 나오고 있고, 챗GPT와 같은 인공지능은 인간의 온갖 요상한(?) 질문에도 놀랄만한 답을 내놓고 있다. 이런 가운데 세상 거의 모든 것이 수집·저장·분석·예측되는 사회가 점점 현실이 되고 있다.

이런 과학기술의 발전을 실시간으로 겪고 있는 우리는 지금 '4차 산업 혁명' 시대에 살고 있다. 산업은 우리 사회의 발전과 떼어놓고 생각할 수 없는 운명적인 파트너다. 우선 18세기 중엽에 제임스 와트가 증기기관을 발명하면서, 집에서 하나하나 손으로 물건을 만들던 가내수공업 형태의 노동을 점차 기계가 대체하게 되었다. 이것이 '1차 산업 혁명'이다. 1차 산업 혁명은 공장이 위치한 지역의 도시화를 가속화하며 기계화 사회를 열었다.

19세기부터 20세기 초반에는 전기가 산업에 활용되기 시작했고, 이에 따라 컨베이어 벨트 시스템이 등장하면서 대량 생산과 대량 소비를 대표하는 '2차 산업 혁명'이 꽃을 피웠다. 20세기 후반에는 컴퓨터가 고도로 발달하고 인터넷을 비롯한 정보통신기술이 눈부시게 발전하면서 '3차 산업 혁명'이 정보화 시대를 이끌었다. 세계는 물리적 국경을 넘어 디지털 네트워크로 촘촘히 연결되었고, 누구나 실시간으로 소통하고 정보를 교환할 수 있는 사회가 되었다.

2015년에는 다보스 포럼에서 '4차 산업 혁명'이라는 용어가 등장했다. 거품이 많이 껴 있다는 평가를 받기도 하지만, 일반적으로 4차 산업 혁명은 물리적 영역, 디지털 영역, 생물 영역이 상호교류하고, 그 경계를 허무는 기술의 융합을 골자로 한다. 사물인터넷과 인공지능, 빅데이터와 생체인식 기술은 서로 결합되어 자율 주행 자동차와 같은 신기술의 집합체를 창조해 내고 있다. 4차 산업 혁명은 이제 기계화, 산업화, 정보화를 넘어 지능화 시대를 열고 있다.

'세상이 바뀌고 있구나'는 우리가 사는 도시에서도 매일 체감한다. 전 세계적으로 4차 산업 기술이 집약된 도시인 '스마트시티(smart city)' 열풍이 불고 있다. 우리나라 각 지자체에서도 귀에 딱지가 앉도록 '스마트시티'를 외치며 똑똑한 도시를 만들기 위한 계획과 정책을 열심히 추진하고 있다.

스마트시티가 도대체 뭘까? 우리나라 법에서는 스마트시티를 "도시의 경쟁력과 삶의 질의 향상을 위하여 건설·정보통신기술 등을 융·복합하여 건설된 도시기반시설을 바탕으로 다양한 도시서비스를 제공하는 지속 가능한 도시"라고 정의하고 있다.[159] 간략하게 표현하면 건설과 첨단기술을 융합해서 시민의 삶의 질을 높여 주는 도시인 셈이다. 스마트시티는 첨단기술로 도시 내 다양한 정보를 수집하고 분석해 도시가 스스로 진단하고 적절히 대응할 수 있게 한다. 도시를 걷다 보면 가끔 만나는 '미세먼지 현황'도 스마트시티의 작은 일부분인 것이다. 궁극적으로는 스마트시티가 도시의 환경오염, 교통체증, 범죄, 재해를 비롯한 다양한 도시 문제의 많은 부분을 해결할 수 있을 것이라 기대하고 있다.

우리 삶으로 성큼성큼 다가온 스마트시티는 정말 그 기대대로 도시인에게 장밋빛 미래가 될 수 있을까? 늘 무언가를 삐딱하게 바라보는 사회학의 렌즈로 스마트시티를 한번 살펴보도록 하자.

마르쿠제의 일차원적 인간

스마트시티를 관찰하기 위해 우리가 만날 사회학자는 헤르베르트 마르쿠제(Herbert Marcuse, 1898~1979)다. 마르쿠제는 '비판이론가'라는 명성에 걸맞게 과학기술과 산업이 폭발적으로 발전하는 사회를 날카롭게 비판하였다.[160]

비판이론(Critical Theory)●이라는 용어는 뭔가 이 세상 모든 것을 비판해야 직성이 풀리는 '모두 까기 인형' 같은 느낌이다. 얼추 맞다. 비판이론은 인류사에 온갖 어마어마한 사건들이 몰아닥친 20세기를 거치며 발전한 사회 이론이다. 과거 마르크스의 추종자들은 다가올 20세기를 낙관적으로 그렸다. 마르크스가 예견한대로 자본주의가 한

● 프랑크푸르트 학파의 비판이론은 다른 학문의 비판이론(critical theory)과 구별하기 위해 대문자로 표기한다.

계에 부딪히고, 더 평등하고 정의로운 사회가 도래할 것이라고 말이다. 하지만 현실은 어땠는가? 자본주의는 대공황으로 한때 위기에 몰렸지만 붕괴는커녕 더욱 강력해졌다. 그동안 두 차례의 세계 대전이 발발했고, 독일과 이탈리아에서는 권위주의적인 파시즘이 등장했다. 전통적인 마르크스주의로는 이런 믿을 수 없는 현실을 설명할 길이 없었다. 그래서 마르크스주의를 재해석해 현대 사회를 비판적으로 연구해 보려는 움직임이 생겨나기 시작했다. 대표적으로 독일의 사회학자 테오도어 아도르노와 막스 호르크하이머가 있다. 이들을 주축으로 1923년 프랑크푸르트에 사회조사연구소가 설립되는데, 이때 함께 연구하던 학자들의 집단이 바로 '**프랑크푸르트 학파**'다. 우리가 이전에 만났던 하버마스도 비판이론의 뿌리가 된 프랑크푸르트 학파의 전통을 이어받았다.

비판이론가들은 마르크스주의와 베버의 합리성 개념을 결합해, 겉보기에는 합리적으로 보이지만 실제로는 비합리적인 방향으로 나아가는 자본주의 사회를 비판했다. 그들은 자본주의 사회가 '무엇을 위한 효율인가'라는 근본적인 질문은 제쳐둔 채, 어떤 목적이든 가장 효과적인 수단만 중시하는 형식적 합리성에 지배되고 있다고 설명했다. 이로 인해 실질적으로 추구해야 할 인간의 이성과 가치는 억압되고 경시된다는 것이다.

1932년에 프랑크푸르트 사회조사연구소에 합류한 마르쿠제 역시 이런 관점에서 비판이론의 문제의식을 근대 과학기술을 비판하는 데 적용하였다. 그는 가치중립적이라고 여겨지는 과학기술이 사실은 자본주의 사회의 체제와 지배를 정당화하는 수단으로 작용한다고 보았다. 그의 이런 관점은 나치 독일의 탄압을 피해 다른 사회연구소 동료들과 미국으로 망명한 후, 미국의 기술산업사회를 경험하며 한층 더 깊어졌다. 1960년대 미국은 현대 과학기술과 산업 문명의 중심지로 경제적 풍요와 윤택한 생활을 누리기 시작했다. 이런 기술산업사회는 외관상 합리적이다. 그러나 마르쿠제는 그 이면의 자유롭지 못한 인간의 모습을 포착하며 기술산업사회의 '부자유의 확장'을 경고하였다.

자본주의 사회의 과학기술은 생산의 효율성 논리에 따라, 산업적 가치가 있는 성과물에 초점을 맞춘다. 경제적으로 이익이 나는 활동을 우선시 하는 것이다. 이런 과학기술의 논리는 산업·경제적으로 환원되지 않는 인간의 창조성과 주체성을 곳곳에서 무시하고 있다. 산업과 직결되지 않는 문과는 쓸모없다고 여겨지는 것도 같은 맥락이랄까?

마르쿠제는 과학기술이 중심이 되는 이런 산업사회를 **일차원적 사회**(one-dimensional society), 거기에 종속된 인간을 **일차원적 인간**(one-dimensional man)이라고 불렀다. 그리고 일차원적 사회의 일차원적 인간은 자신의 '참된 욕구'와 '거짓 욕구'를 구별하지 못하고, 기술-산업 사회가 강요하는 산업·경제적 가치를 맹목적으로 받아들이게 된다고 비판했다. 결국, 일차원적 인간은 개인의 선택권과 인간적인 욕구를 잃어버릴 수밖에 없다는 것이다. 사회학에 흥미가 있더라도 취업을 위해 컴퓨터공학과에 진학하는 것이 당연하다고 생각하는 것처럼 말이다. 기술산업사회에서 만들어진 거짓된 욕구는 인간이 비판적으로 사고할 수 있는 능력을 무력화시켜 우리를 일차원적이고 무비판적으로 만들게 된다.

　기술산업사회의 억압은 미디어 기술과 산업의 발전을 통해 문화적 영역으로까지 확장되고 있다. 예컨데, 어쩌다 푸바오 영상 한번 눌렀을 뿐인데, 알 수 없는 유튜브 알고리즘은 김 씨에게 계속 판다 영상만 추천해주면서 다양한 콘텐츠를 접할 기회를 줄이고 있다. (근데 그걸 계속 보고 있는 김 씨도 참⋯) 또한 예술, 종교, 정치, 철학 등 모든 분야가 미디어 산업을 통해 재미와 흥밋거리 중심의 대중문화 콘텐츠로 포장되고 있다. 철학적 주제의 진지한 토론도 대중매체에서는 일종의 쇼처럼 연출된다. 이런 미디어 기술과 산업의 발전은 대중들이 비판적으로 사고하는 방법을 점차 망각하게 만든다.

　결국, 마르쿠제는 과학기술과 산업의 발전이 풍요와 편의성을 가져다주는 동시에 개인의 자유와 가능성을 억압하고, 비판적 사고를 마비시켜 수동적인 일차원적 사회와 인간을 만들어 낸다고 본 것이다.

스마트시티와 일차원적 인간

스마트시티는 소위 4차 산업 혁명을 가능케 한 첨단 기술을 도시 환경에 적극 도입하여 극강의 효율을 추구한 새로운 도시 유형이다. 스마트시티에서는 도시 곳곳에 부착된 센서를 통해 빅데이터를 실시간으로 수집하고, 이를 기반으로 쓰레기 수거, 폭우 예방, 대중교통 조정에 활용할 수 있다. 또한 도로와 같은 도시 인프라와 정보통신기술을 결합하여 자율 주행 자동차의 운행과 소형 로봇을 이용한 배송 서비스를 실현할 수도 있다. 더불어, 스마트시티 곳곳에 배치된 CCTV는 관제 역할을 하여 교통 체증이 심한 도로의 신호 체계를 유동적으로 바꿔 교통 흐름을 원활하게 조정할 수도 있다.

이런 희망찬 비전에 기반하여 전 세계의 많은 정부와 지방자치단체가 전 국토를 스마트시티화하고자 노력하고 있다. 우리나라 역시 문재인 정부 때부터 본격적으로 스마트시티를 정책 기조로 삼고 '스마트도시종합계획'●을 수립하며 미래 도시의 청사진을 그리고 있다.

스마트시티가 효율적이고 편리한 도시 생활을 가능하게 한다는 것은 여러 측면에서 부인할 수 없는 사실이다. 하지만 스마트시티가 "인간이 자유로운 생활을 누리고 자신만의 잠재력을 발휘할 수 있는 도시인가"라는 질문에는 답을 하기가 쉽지 않다. 마르쿠제의 렌즈로 보면, 스마트시티는 도시에 사는 우리에게 많은 편의를 제공해 주지만, 그만큼 우리를 무비판적인 일차원적 인간으로 만들 수도 있기 때문이다.

예를 들어, 우리가 운전을 하는 것은 꼭 어디론가 빨리 가기 위해서만은 아니다. 차를 타고 음악을 틀며 안 가본 길을 택해 능동적으로 드라이브를 즐길 수도 있다. 하지만 스마트시티에 구축된 효율적인 도로 인프라와 자율 주행 자동차는 우리가 지정한 목적지까지 빠르게 이동하는 데에만 초점이 맞춰져 있다. 즉, 우리가 자유롭게 드라이브할 선택지가 많이 사라지는 것이다.

스마트시티 곳곳에서 수집되고 분석되는 빅데이터도 마찬가지

● 2024년에 제4차 계획안이 확정되었다.

다. 도시 공간에서 일어난 수많은 인간의 자유로운 활동은 그저 하나의 데이터로 기록된다. 청년들의 잠재된 창의력과 솟구치는 열정이 어우러진 버스킹도 그저 단순한 '소음'으로 간주될지 모른다.

이와 더불어, 스마트시티는 도시 공간 자체에서 인간적 면모를 제거할 수도 있다. 도시에서 길이라는 것은 참 중요하다. 때로는 안 가본 길을 따라 걸으며 사색하고 새로운 풍경을 바라보는 것이 도시 생활에는 뜻밖의 활력소가 되어 준다. 그러나 로봇이 물건을 배송하는 시대가 오면 배송지까지의 경로를 쉽게 인식하도록 획일적인 방식으로 길을 정비하여 모든 변수를 없앨 가능성도 있는 것이다.

마르쿠제에 따르면 이런 스마트시티의 환경은 합리적으로 보이지만, 실제로는 인간의 부자유를 키우는 비합리적 공간이다. 도시 공간에서 스마트시티가 정해준 대로 활동하는 인간은 일차원적일 수밖에 없다. 여기에 스마트시티를 구축하는 정부와 기업은 혁신과 편의, 미래의 이미지를 생산해 스마트시티가 거스를 수 없는 과학적 진보라는 것을 강조하고, 따를 수밖에 없는 흐름이라고 정당화한다.

우리가 통제와 억압이라는 스마트시티의 잠재적인 위험에서 벗어날 수 있는 방법이 있을까? 마르쿠제는 '그렇다'라고 말한다. 마르쿠제는 일차원적 사회에서 개인의 자유와 비판적 능력을 되찾기 위해 저항이 필요하다고 보았다. 저항은 일차원적 사회가 주입하는 거짓된 욕구에서 벗어나 참된 욕구를 추구하는 것이다. 이는 곧 자유로운 개인의 사고와 가능성을 지향하는 길이다. 마르쿠제는 저항을 통해 인간의 창조적인 에너지를 회복하면 일차원적 사회로부터 해방될 수 있을 것이라고 보았다.

유토피아와 디스토피아 사이의 스마트시티

그렇다고 우리 도시에 과학기술을 도입하지 말자는 이야기는 아니다. 다만 과학기술을 '제대로' 도입하자는 것이다. 이에 거대 기업과 과학기술의 잘못된 측면을 비판하고, 당당히 저항한 캐나다 토론토 시민의 사례는 우리에게 많은 영감을 준다.

토론토에서는 이미 구글이 주도한 스마트시티 조성 사업(Sidewalk Toronto)이 시민들의 반대로 무산된 적이 있다. 2017년 토론토는 구글의 자회사 사이드워크랩스(Sidewalk Labs)와 함께 토론토의 호숫가를 북미 최대의 스마트시티로 재개발하려는 계획을 추진했다. 구글의 기술력을 바탕으로 사이드워크랩스는 도시 곳곳에 센서를 부착하여 기온, 소음, 쓰레기 배출 등 다양한 데이터를 수집하고 인공지능으로 분석해 도시의 편의성을 높이는 미래 도시를 구상하고 있었다. 하지만 토론토 시민들은 일차원적이지 않았다. 구글이 생각하고 있는 스마트시티는 결국 개인의 선택 여부와 상관없이 편의성을 담보로 개인의 모든 정보를 구글에 무상 제공할 것이라는 시민 사회의 비판을 피해갈 수 없었다.[161] 과학기술을 통한 구글의 부당한 감시와 개인 정보의 상업화 문제를 근거로 캐나다의 시민 단체들은 정부를 상대로 토론토의 스마트시티 사업 중단을 요구하며 소송을 제기했다. 이런 반대 여론에 부딪친 구글은 결국 2020년에 토론토의 스마트시티 조성 사업을 포기했다. 토론토 시민들은 거스르기 어려운 과학기술의 흐름에 굴하지 않고 도시 공간을 주체적으로 만들어 가는 시민의 권리를 지켜낸 것이다.

과학기술에 근거한 형식적 합리성은 지속적으로 우리 삶에 침투하여 우리를 일차원적 인간으로 만들고 지배하려 할 것이다. 여기에 토론토 시민들이 그랬던 것처럼 끊임없이 딴지를 걸고 비판하는 저항의 자세가 필요하다. 이런 점에서 스마트시티의 시대가 유토피아가 될지, 디스토피아가 될지는 결국 우리가 일차원적인 인간이 될지, 고차원적인 인간이 될지에 달려 있을 것이다.

우리나라에서 추진하는 스마트시티 사업에도 많은 글로벌 기업이 관심을 보이고 있다. 수도권과 가까워 여러 첨단 기업의 생산 거점으로 떠오르고 있는 충청남도 천안시가 대표적이다. 천안은 아마존, 구글, 엔디비아를 비롯한 빅테크 기업들과 다양한 논의를 진행하면서 대한민국의 대표 스마트시티로 도약할 준비를 하고 있다.[162] 이렇게 우리 앞에 성큼 다가 온 스마트시티를 밝고 희망 찬 미래 도시로 만들기 위해 필요한 것은 바로 우리 사회를 '삐딱하게' 볼 수 있는 비판적인 시선이 아닐까?

렌즈 너머의 사회학자

| 헤르베르트 마르쿠제 | Herbert Marcuse | 1898~1979 | 독일·미국 |

"이제 사회를 통제하는 주도적인 방식은 기술에 있다."

— 헤르베르트 마르쿠제 《일차원적 인간》 —

헤르베르트 마르쿠제는 1898년 독일 베를린의 부유한 유대계 가정에서 태어났다. 중상류층 가정에서 교육을 받고 1916년에 고등학교를 졸업했는데, 제1차 세계 대전이 한창이라 징집되어 베를린의 보병부대에서 말 엉덩이를 닦는(?) 보직을 맡았다.

전쟁이 끝나고 그는 문학과 철학, 경제학을 공부했고, 1922년 프라이부르크 대학에서 박사 논문을 완성했다. 1932년에는 비판학파의 거목이 되는 막스 호르크하이머와 인연을 맺어 정치와 사회 문제를 연구하는 사회조사연구소에서 연구원으로 일했다. 나치의 탄압으로 이 일은 오래 할 수 없었고, 테오도어 아도르노, 에리히 프롬, 막스 호르크하이머 등 다른 연구원과 함께 미국으로 망명했다.

미국에서는 브랜다이스 대학을 거쳐 UC 샌디에고 교수로 재직하며, 1960년대 신좌파 학생들에게 3M(마르크스, 마오쩌둥, 마르쿠제)이라 불릴 정도로 엄청난 인기를 끌었다. 그의 진보적 사상은 68혁명의 사상적 배경이 되기도 했다. 이런 저항 운동에서 마르쿠제의 이론이 중심적인 역할을 하자, 보수적인 미국 정치권에서 그를 압박했고, 백인우월단체 KKK의 위협을 받기도 했다.

마르쿠제는 1979년 그와 친했던 위르겐 하버마스를 만나기 위해 독일을 방문하던 중에 심근경색으로 세상을 떠났다. 언제나 저항과 해방을 외쳤던 마르쿠제의 이론은 오늘날 4차 산업 혁명 시대 탈인간화의 미래를 바라보는 데도 여전히 유효한 관점을 제시하고 있다. 그의 영향을 고스란히 받은 아들 피터 마르쿠제 역시 비판적 도시계획가로 유명하다.

내가 입은 옷은 베트남산

내가 마시는 커피는 에티오피아산

그리고 나는 국산

| 25 |

세계화와 세계도시
월러스틴의 세계체제론

세계화 시대

'지구촌(global village)'이라는 말이 있다. 1960년대 초 교통과 통신의 발달로 지구 위의 모든 사람이 소통하고 왕래하게 되면서 쓰이기 시작했다. 1990년대를 지나며 인터넷이 대중화됐고, 2000년대에는 스마트폰이 보급되면서 이런 흐름은 국가를 넘어 전 세계로 그리고 실시간으로 확장되었다. 이제는 정말 지구가 하나의 거대한 마을이 되어 온 인류가 하나의 동네 마냥 살고 있다.

이런 점에서 우리는 세계화 시대에 살고 있다. 우리의 삶에서 세계는 결코 우리와 무관하지 않다. 김 씨는 국산이지만, 지금 김 씨가 마시고 있는 커피 원두는 에티오피아에서 왔고, 김 씨가 교복처럼 입는 셔츠는 베트남에서 만들어졌으며, 김 씨가 사용하는 컴퓨터의 반도체는 미국에서 설계되었다. 물질적인 것뿐만이 아니다. 올림픽이나 월드컵 생중계를 실시간으로 볼 수 있고, 러시아-우크라이나 전쟁이 우리나라 물가에 영향을 미치고, K-pop이 전 세계의 트렌드가 되는 걸 보면 우리는 그냥 한국이 아니라, 세계 속의 한국에 살고 있는 것이다.

　세계 속에서 이런 한국의 위상은 날로 커지고 있다. 전쟁의 폐허에서 제조업 강국으로, 그리고 세계가 주목하는 문화 강국으로 떠오르는 한국과 함께 떠오르는 것이 있으니, 바로 서울의 경쟁력이다. 한국의 국제적 위상과 서울의 경쟁력은 동반 성장하고 있는데, 서울은 세계도시 순위에서도 상위권에 위치해 있다. 조사 기관에 따라 조금씩 다르긴 하지만, 경제, 연구 개발, 문화 교류, 거주, 환경, 교통 접근성을 기준으로 도시를 평가하는 일본 모리기념재단의 '세계도시 종합 경쟁력 지수(Global Power City Index, GPCI)'에서는 서울을 전 세계도시 중 여섯 번째로 평가하고 있다.[163] 런던, 뉴욕, 도쿄, 파리 등 상위권 세계도시의 영향력을 감안하면, 서울의 세계도시 순위는 굉장한 것이다. 서울 아래에 베를린과 LA가 있다.

　이렇듯 도시의 경쟁력은 그 도시를 품고 있는 국가의 세계적인 위상과도 밀접한 관련이 있다. 세계라는 무대에서 엄청난 존재감을 드러내는 도시는 과연 어떻게 탄생한 것일까? 그리고 이런 세계도시는 세계화 시대에 사는 우리의 삶에 어떤 영향을 주고 있을까?

월러스틴의 세계체제론

세계도시를 들여다볼 렌즈를 빌릴 사람은 마르크스주의를 '세계'라는 판에 이식한 미국의 사회학자 이매뉴얼 월러스틴(Immanuel Wallerstein, 1930~2019)이다. 월러스틴은 개별적인 사회나 국가 단위를 넘어 세계라는 분석 단위를 선택해 **세계체제**(world-system)라는 개념을 발전시켰다. 세계는 정치적으로는 독립 국가들로 구성되어 있지만, 경제적으로는 자본주의 시스템으로 묶인 하나의 경제적 단위라고 본 것이다. 이런 점에서 월러스틴은 자본가와 노동자 사이에 지배-피지배 계급관계가 존재한다고 했던 마르크스의 관점을 하나의 경제로 연결된 세계에 적용했다. 그리고 자본주의의 위계적 질서 아래 세계 각 국가 간에 차등적인 분업 구조가 형성된다고 설명했다. 다시 말해, 세계체제론은 세계를 하나의 단일한 개체로 간주해 세계적 규모에서 분업과 불평등한 구조를 설명하는 거시적 이론이다.[164]

사실 월러스틴 이전에는 선진국과 개발도상국 간의 불평등을 바라보는 관점이 비교적 단순했다. 발전이 미진한 국가가 도약하려면 선진국의 경제 시스템을 벤치마킹해 자본주의 체제를 확립하고, 기업을 키워, 산업화와 도시화를 이뤄야 한다는 생각이 지배적이었다. 하지만 월러스틴은 세계적 불평등이 그렇게 단순하게(?) 극복될 문제라고 보지 않았다. 왜냐하면 우리가 흔히 개발도상국이라 부르는 국가들이 저발전 상태에 있는 배후에는 선진국의 경제적 착취와 지배가 숨어 있기 때문이었다.

월러스틴에 따르면 세계는 이미 상당히 오래전부터 지금과 같은 자본주의적 경제를 통해 상호 연결된 근대 세계체제를 갖추고 있었다. 그 기원은 16~17세기 유럽에서 찾을 수 있다. 영국, 네덜란드, 프랑스 같은 국가들은 제국주의적 팽창을 통해 세계 곳곳을 식민지로 삼아 노동력(노예)과 자원을 착취했다. 서구 열강 국가는 이런 식으로 축적한 자본을 자국의 경제에 투입해 산업 혁명을 이루었고 생산력을 증대시키며 발전을 거듭한 것이다. 제2차 세계대전 이후, 많은 식민지 국가가 독립했지만, 여전히 선진국과 개발도상국 사이에는 경제적인 착취 관계가 이어지고 있다. 세계 자본주의 시스템을 지배하는 선진국들이 부와 그에 따른 군사력을 키울 수 있었던 반면, 착취 받는 국가들은 빈곤의 악순환에서 빠져 나오지 못해 제대로 발전할 수 없었기 때문이다.

이런 세계체제는 **중심부**(core), **주변부**(periphery), **반주변부**(semi-periphery)라는 불평등한 분업 구조를 만들어 냈다. 먼저 중심부에는 부유하고 군사력이 강한 선진국이 위치한다. 미국과 서유럽 강대국, 일본 등 세계 경제를 지배하는 국가들이다. 중심부 국가는 그들이 보유한 기술과 주변부 국가를 착취하여 얻은 노동력 및 자원으로 완성품을 생산하고 판매하여 자본을 축적한다.

주변부에는 농업이나 광업 등 원자재 기반 산업에 의존하여 경제적 토대가 연약하고 정치·사회적으로 불안한 국가들이 속한다. 이 국가들은 주로 남미나 아프리카에 위치하며, 중심부의 다국적 기업을 위한 저임금 노동력과 완성품의 재료가 되는 원자재 공급을 담당한다. 이 과정에서 지속적으로 착취의 대상이 된다.

중심부와 주변부 사이에는 반주변부가 있는데, 중심부와 주변부를 매개하는 국가들로서 중심부의 통제를 받는 동시에 주변부를 착취하여 이윤을 얻는 동아시아 신흥공업국들이 여기에 속한다. 우리나라가 여기에 해당하는데, 이런 반주변부의 성장 모델은 주변부 국가의 벤치마킹 대상이 되고 있다.

월러스틴이 제시한 세계체제의 삼중 분업 시스템은 국가 간의 경

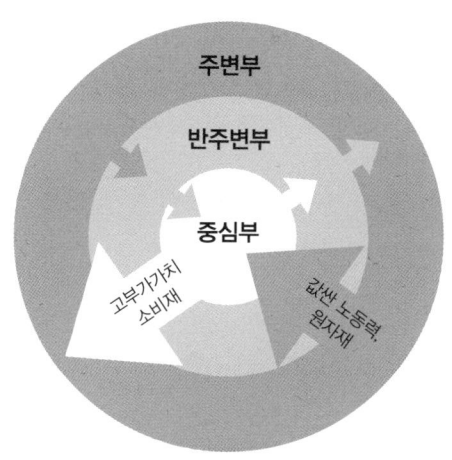

월러스틴의 세계체제 분업 구조

제적 흐름을 잘 보여준다. 중심부는 주변부의 자원을 수입해 고부가가치 제품으로 가공하고 판매하여 부를 축적한다. 반면 주변부는 낮은 인건비와 자원을 요구하는 중심부 국가에 종속적인 상태가 되어 경제적 독립을 이루기 어렵다. 반주변 국가는 중심부와 주변부의 완충 역할을 하며 세계체제의 안정성을 유지한다. 우리 사회에서 부가 자본을 소유한 일부 계층에게 몰리듯, 세계체제에서도 부는 주변부에서 중심부로 흘러간다. 이렇듯 월러스틴의 세계체제론은 마르크스주의를 세계적 차원으로 확장하여 개발도상국이 왜 선진국으로 도약하기 어려운지 설명하고자 했다.

물론 역사적으로 세계체제 안에서 국가별 위치가 고정되어 있는 것은 아니다. 한때 영원할 것 같던 경제 강국도 얼마 안 가 다른 나라에게 그 자리를 내주기도 한다. 17세기에 네덜란드가 세계 경제의 중심이었다면, 그 바통을 이어 받은 영국이 한동안 해가 지지 않는

나라로 등극했다가, 현재는 세계 최강 미국의 시대에 살고 있다. 이런 중심부 패권 국가의 변화에도 한 가지 확실한 것은 자본주의 세계체제가 분업과 착취라는 불평등한 구조를 꾸준히 유지해 오고 있다는 점이다. 즉, 잘 나가는 나라는 바뀔 수 있어도 중심부-반주변부-주변부로 구조화된 세계체제의 틀 자체는 변하지 않았다는 점이다.

하지만 앞서 마르크스를 만났을 때에도 보았던 것처럼 자본주의의 팽창에는 한계가 있다. 자본가가 더 많은 이윤을 위해 임금을 줄이거나 노동 강도를 높이면, 노동자의 구매력이 떨어져 경제의 선순환을 방해한다. 이에 따라 경기가 침체되면 자본주의에 대한 불만의 목소리가 커지고, 사회를 변화시키고자 하는 움직임이 싹튼다. 세계체제도 마찬가지다. 중심부 국가가 주변부 국가를 착취해 더 많은 이득을 얻을수록 자본주의 세계경제는 위기를 맞을 수밖에 없다. 월러스틴은 이 과정에서 자본주의 세계체제의 대안을 찾는 반체제 운동이 등장하고, 결국 우리 사회가 새로운 세계체제로 이행하게 될 것이라 예견했다. 다시 말해, 세계체제의 불평등한 구조 속에서 세계경제가 번영할수록 역설적으로 자본주의의 위기가 점점 심화된다는 것이다.

중심부의 세계도시, 뉴욕의 탄생

월러스틴은 세계체제의 불균등한 구조를 분석하기 위해 국가 단위에 초점을 맞추었다. 경제적 측면에서 세계가 하나의 판으로 이루어져 있고, 그 안에서 국가 간 분업과 착취의 구조가 형성된다는 월러스틴의 관점을 한 단계 내려 보면, 도시도 그런 모습을 보이고 있다. 중심부 국가의 핵심 도시는 전 세계적으로 부와 권력이 집중되는 곳으로, 세계 여러 도시들에 큰 영향을 미치고 있다.

세계도시하면 바로 생각나는 뉴욕으로 가보자. 미국이 세계체제에서 핵심 중심부로 떠오르면서 세계의 경제적 수도가 된 뉴욕의 영향력은 감히 측정하기도 어렵다. 전 세계에 내로라하는 금융 기업은 모두 월가에 모여 있다. 뉴욕이 처음부터 이러한 경제의 중심지였던 것은 당연히 아니다.

애초에 뉴욕은 네덜란드인들이 유럽에서 인기 있는 비버 모피를 수출하기 위해 아메리카 대륙에 개척한 뉴암스테르담(New Amsterdam)이라는 도시였다. 즉, 금융의 중심지라기보다는 중개 무역을 담당하는 항구도시였다. 1664년에 영국이 네덜란드 해군을 물리치고 뉴암스테르담을 점령하면서 이름을 뉴욕(New York)으로 바꾸었다.● 이후 미국이 영국에서 독립하고 1790년까지 뉴욕은 미국의 수도였다. 그럼에도 뉴욕은 여전히 세계도시급 도시는 아니었다.

뉴욕이 본격적으로 세계 경제의 중심지가 된 계기는 제1차 세계 대전이다. 제1차 세계 대전이 일어나고 유럽의 금융 시스템이 불안정해지자, 전장에서 멀리 떨어진 미국의 중심도시인 뉴욕이 국제 금융의 허브로 부상했다. 이후 또 한 번의 세계 대전을 겪으며 뉴욕은

● 월가(Wall Street)라는 이름 자체가 이 시기 네덜란드와 영국 사이의 전쟁에서 지어진 방어벽(wall)에서 유래되었다.

명실상부 국제적 자본과 외환 거래의 중심이 되었는데, 1944년에는 미국 달러가 기축 통화로 지정되면서 뉴욕의 영향력은 더욱 커졌다. 그리고 1980년대부터 옵션과 선물 같은 금융 파생 상품을 발전시키며 금융 혁신을 이룬 기업들이 본격적으로 뉴욕의 월가에 자리를 잡기 시작했다. 오늘날 투자 은행, 자산 운용사, 핀테크 기업까지 금융 관련 기관이 밀집한 뉴욕은 국제 금융 시장에서 그 지배력을 더욱 공고히 하고 있다.

특히, 뉴욕 증권 거래소는 2024년 기준 시가 총액이 40조 달러로, 전 세계 시가 총액의 절반을 움직이는 전 세계 1위 거래소다.[165] 40조 달러라고 하면 감이 잘 안 올 수도 있는데, 2024년 아시아 전체의 경제 규모가 GDP기준 42조 달러다. 그러니 뉴욕을 세계 경제의 중추라고 불러도 큰 과장은 아닌 셈이다. 또한 그렇기에 런던, 싱가포르, 홍콩 등 전 세계 내로라하는 세계적 금융도시들도 뉴욕의 금융 시장을 늘 주의 깊게 들여다본다. 서울도 마찬가지다. 트럼프 미국 대통령의 불확실한 관세 정책으로 뉴욕 증권 시장이 오락가락하면, 여의도에도 한밤중과 새벽에 불을 밝히는 사람들이 늘어나는 것처럼 말이다.

결과적으로 미국이 세계체제 중심부의 패권 국가가 되면서 뉴욕은 '세계의 경제 수도'라는 위상을 갖게 되었다. 전 세계에는 이런 뉴욕을 위해 일해 줄 다른 나라의 시민들이 즐비하다. 전 세계의 내로라하는 핵심 인력들은 자신들이 태어난 나라를 떠나 뉴욕에서 초고소득 전문직에 종사하고 있다. 이런 초고소득자뿐 아니라, 뉴욕에는 이들의 힘든 일(흔히 3D업종)을 대신하고, 이들에게 서비스를 제공하는 주변부 국가 출신 이민 노동자들도 유독 많다.

또한 반주변부 국가 기업들도 뉴욕 증권 시장의 중요성을 인식하고 이에 참여하기 위해 노력한다. 포스코와 SK텔레콤 같은 국내 주요 대기업과 대만의 TSMC 같은 글로벌 기업 역시 뉴욕 증권 거래소에 상장하여 미국 시장에 참여하고 있다. 심지어 쿠팡처럼 스타트업으로 성공한 국내 기업까지 뉴욕 증권 거래소에 상장하면서 국내의 많은 사람들에게 세계 금융 시장에서 뉴욕이 차지하는 위상을 다시 한번 보여 주었다. 이렇듯 뉴욕은 주변부 및 반주변부 국가로부터 노동력과 자본을 빨아들여, 세계체제의 불균형적 구조를 강화하는 핵심 거점이 되고 있다.

하지만 이런 뉴욕도 흔들릴 때가 있는 법이다. 이곳이 세계도시인 만큼 재채기만 한번 해도 전 세계가 감기에 걸린다. 뉴욕에 있는 금융 기업의 방만하고 해이한 경영으로 촉발된 2008년 세계금융 위기는 정말 전 세계 규모의 경제 위기였다. 대출을 상환할 능력이 있는지 제대로 살펴보지도 않고 서브프라임 등급, 즉 신용등급이 낮은 비우량 대출자들에게 주택담보대출을 퍼 준 결과, 미국 주택 시장에 거품이 끼기 시작했다. 그리고 이후에 집값이 하락하고, 대출 상환이 연체되면서 대참사가 벌어졌다. 이에 따라 대표적인 뉴욕 금융 기업인 리먼 브라더스가 파산하면서 미국의 금융 시스템이 크게 흔들리기 시작했다.

미국과 엮인 전 세계 금융 기업과 은행들 전반으로 그 여파가 전달되어 세계 금융 시스템이 큰 타격을 받았고 이는 글로벌 경기 침체로 이어졌다. 무역 감소로 우리나라와 같은 수출 의존국이 큰 피해를 본 것은 물론이고, 손실을 회복하기 위해 미국과 유럽의 금융 기업들이 전 세계에 투자했던 자금을 회수하면서 브라질과 인도 같은 신흥 개발국도 뉴욕발 금융 위기의 여파에서 비껴갈 수 없었다. 이로 인해 전 세계적으로 실업률 또한 급등했다. 이때 전 세계 증권 시장에서 약 7조 7000억 달러가 증발했다고 한다.[166]

세계 금융 위기로 미국을 중심으로 한 세계체제가 흔들리는 것은 아닌가 했지만, 미국 정부에서 1조 달러대의 공적자금을 투입[167]하면서 뉴욕의 금융 시스템은 소생할 수 있었고, 뉴욕은 여전히 세계체제 중심부의 패권 도시로 위세를 떨치고 있다.

세계체제와 세계도시는 영원할까

뉴욕뿐 아니라 꽤 오랫동안 세계 경제의 중심지를 지키고 있는 런던과 도쿄 역시 여러 도전 속에서도 아직 그 자리를 굳건히 지키고 있다. 과연 세계도시들은 영원히 그 자리를 유지할 수 있을까?

세계도시로 집중되는 자본의 원천은 세계체제 내 주요 중심부 국가의 초국적 기업들이다. 이런 기업들은 주변부 국가의 값싼 노동력을 생산에 적극 활용했다. 현재는 어느 정도 개선되었다고 믿고 싶지만, 1996년 미국의 《라이프》에 파키스탄 어린이가 나이키의 축구공과 운동화를 바느질하는 장면이 실리면서 초국적 기업의 제3세계 아동노동 착취 문제가 공론화되었다. 당시 130달러에 판매되는 나이키 농구화를 작업한 어린이는 시급 6센트를 받았다고 한다.[168] 이렇게 본다면 뉴욕 금융 시장의 번영이 세계체제 내의 불균등한 구조와 완전히 동떨어진 문제는 아닐 것이다.

과연 우리가 살아가는 세계화 시대에서 도시의 미래는 어떻게 될까? 패권을 잡은 국가의 주요 도시가 지금처럼 전 세계적인 불평등을 지속하고 강화하는 질서를 유지할 것인지, 아니면 보다 평등하고 대안적인 새로운 세계체제로 나아갈 것인지 그건 쉽게 속단할 수 없다. 다만, 월러스틴은 자본주의에 위기가 닥칠 때마다 불확실한 분기점에서 더 나은 길로 나아가기 위해서는 사람들의 집단적 실천이 중요하다고 말했다. 바로 세계 금융 위기의 진원지였던 뉴욕에서 발생한 2011년 '월가를 점령하라(Occupy Wall Street)'처럼 말이다.

이 시위는 도덕적 해이로 글로벌 금융 위기를 촉발한 금융회사들이 시민들이 낸 세금으로 회생했음에도 아무런 반성 없이 보너스 잔치를 일삼자, 분노한 시민들이 월가를 점거하며 발생한 대규모 군중 시위였다. 이를 통해 자본주의 사회의 불평등 문제가 수면 위로 떠올랐고, 유럽과 아시아 국가들을 중심으로 세계적인 반자본주의 운동이 확산되었다. 하지만 추운 겨울이라는 계절적 배경과 구심점 없는 시위 조직의 한계로 뉴욕의 '월가를 점령하라'는 실효성 있는 정책이나 변화를 만들어 내지 못했다.

월가는 지금도 굳건히 서 있다. 그리고 여전히 세계경제의 심장에 버티고 있는 황소의 고환은 부자가 되고 싶은 관광객의 손길로 반질반질 빛나고 있다.

렌즈 너머의 사회학자

| 이매뉴얼 월러스틴 | Immanuel Wallerstein | 1930~2019 | 미국 |

"그것은 제국, 도시국가, 민족국가 등과 달리 경제적 실체이지 정치적 실체가 아니다. 사실 정확히 말해서 그것은 그 범위(경계선을 말하기는 어렵다) 안에 제국들, 도시국가들 그리고 이제 막 등장하는 '민족국가들'을 담고 있다. 그것은 하나의 '세계'체제다."

— 이매뉴얼 월러스틴
《근대세계체제 1: 자본주의적 농업과 16세기 유럽 세계경제의 기원》 —

월러스틴은 1930년 미국 뉴욕의 유대인 가정에서 태어났다. 컬럼비아 대학에서 공부를 시작한 월러스틴은 1959년에 박사 학위를 받았다. 모교에서 첫 교편을 잡은 그는 캐나다의 맥길 대학과 뉴욕주립대학에서 연구와 강의를 이어나갔고, 2000년부터 타계할 때까지 예일 대학에서 석좌교수로 재직했다.

월러스틴은 처음에는 비서방 세계, 주로 아프리카 국가들의 정치를 주로 연구했다. 1960년대를 지나며 그는 아프리카 전문가로 명성을 얻었고, 점차 학계에서 주목 받기 시작했다. 그러던 그가 전 세계적인 인지도를 얻게 된 계기는 1974년에 내놓은 《근대세계체제 1》이었다.

세계체제론의 선구자로 자리매김한 월러스틴은 근대 사회가 세계체제를 어떻게 형성해 왔는지를 역사적으로 설득력 있게 설명했다. 선진국을 무조건 따라가야 한다는 세계화의 흐름 속에서 개발도상국은 왜 선진국이 될 수 없는지 그 이유를 자본주의의 착취 구조에서 찾아내고자 했고, 이를 통해 전 지구적 불평등을 해석했다.

1998년부터 21년간 논평을 써 온 월러스틴은 2019년 타계 직전 마지막으로 올린 500회 논평의 제목을 "이것은 끝이자 시작이다(This is the end; this is the beginning)"로 달았다. 자신의 죽음을 예감한 듯한 그의 글에는 새로운 질서로 나아갈 미래 세대에 대한 격려가 담겨 있었다.

같은 도시에 살아도
우리 사이의 거리는
초고층 아파트와 반지하

|26|

세계도시와 중산층의 행방불명
사센의 세계도시론

세계경제와 세계도시

해외여행 중인데, 아뿔싸! 환전했던 돈을 다 써버렸다. 하지만 걱정 마시라! 지갑 속에 곤히 잠들어 있던 신용 카드를 꺼낸다. 카드에서 'VISA'라는 글자가 영롱하게 빛나고 있다면 아무 문제없다. 전 세계 거의 모든 나라에서 사용할 수 있는 신용 카드만 있으면 현금이 없어도 해외여행을 즐길 수 있다. 우리가 살아가는 세계는 촘촘한 금융 네트워크로 긴밀하게 연결되어 있기 때문이다.

전 세계의 자본은 모두 세계도시로 흘러든다. 이를 수월하게 하는 것이 바로 '금융'이다. 정보통신기술의 발달로 옛날 대항해 시대처럼 무거운 금과 은을 배에 실어 나를 필요가 없다. 클릭 한 번으로 전 세계 어디든 송금이 가능하다. 어디 송금뿐이랴? 주식 투자도 글로벌해졌다. 해외 주식에 투자하기 위해 번거롭게 증권사를 찾을 필요도 없다. 휴대폰 하나면 누워서도 애플 주식을 손쉽게 살 수 있다.

그럼 잠시 세계적인 도시 하면 어떤 곳을 꼽을지 한 번 떠올려 보자. 서양에서는 당연히 뉴욕, 런던, 파리가 있겠고, 아시아에서는 도쿄, 서울, 상하이, 싱가포르, 홍콩이 생각난다. 그리고 이런 세계도시는 모두 하나같이 글로벌 금융 허브를 갖고 있다.

뜬금없지만, 우리나라에서 경제 수준이 가장 높은 지역이 어딜까? 바로 울산이다. 울산의 1인당 지역내총생산(GDRP)는 2023년 기준 8123만 원으로 국내 1위다.[149] 울산에는 중공업, 석유화학, 자동차 등 제조업 공장이 밀집해 있다. 하지만 어느 누구도 울산을 세계도시라고 하지는 않는다. 이곳에는 자본의 흐름을 통제하는 금융 허브가 없기 때문이다. 국내에서 세계도시라고 부를 수 있는 곳은 전 세계의 자본이 쉼 없이 오가는 서울뿐이다.

이는 그동안 세계가 겪어 온 산업 구조의 변화와도 관련이 있다. 과거 제조업 중심지로 성장했던 세계도시들은 대부분 더 이상 공산품의 생산 기지가 아니다. 각광받던 제조업이 밀려 나고 고부가가치를 낼 수 있는 지식 산업이 등장하면서, 세계도시의 공장은 도시 바깥으로 이동했다. 그 빈자리는 세계의 자본 흐름을 통제할 수 있는 금융 허브가 꿰찼다. 고소득 전문직이 세계도시로 모여들었고, 이들이 쾌적하게 생활할 수 있게 도시 환경도 그에 맞춰 갖추지고 있다.

물론 성급한 일반화는 안 되겠지만, 역사적·지리적 환경이 달라도 세계도시는 대체로 최종적으로는 금융 중심지가 되고 있다. 그래서일까? 자본이 한곳으로 모이는 세계도시는 굉장히 살기 좋은 곳으로 보인다. 그런데 정말 그곳 사람들은 모두 다 행복하게 살고 있을까? 세계도시의 형성은 도시인의 삶에 어떤 영향을 미쳤을까? 월러스틴에 이어 세계화의 렌즈를 빌려줄 또 한 명의 사회학자를 만나 세계도시를 관찰해 보자.

사센의 세계도시론

사스키아 사센(Saskia Sassen, 1947~)은 오늘날 세계도시를 설명할 때 가장 영향력 있는 사회학자 중 한 사람으로 손꼽힌다. 원래 사센의 초기 연구는 제3세계 이민자의 선진국 대도시 유입에 관한 것이었다. 이를 기반으로 1991년에는 대표적 대도시인 뉴욕, 런던, 도쿄의 공통점에 연구의 초점을 맞추면서 본격적으로 세계도시에 대한 논의를 시작했다.

사센은 세계화의 흐름 안에서 대도시의 개별적인 공간적 변화를 설명하고자 했던 기존의 연구들과 달리, 세계화로 연결된 주요 도시들의 네트워크를 설명하는 새로운 접근 방법을 제시하였다.[170] 여기에서 사센은 한걸음 더 나아가 세계도시 내부에서 발생하는 사회적, 경제적, 그리고 인종적 양극화로 그 논의를 확장하였다.

과거 세계에서 내로라하는 대도시는 주로 무역이나 산업의 중심지였지만, 사센에 따르면 오늘날의 **세계도시**(global city)는 '거대 초국적 기업의 본사가 위치하고, 금융과 전문 서비스(경영, 법무, 회계 등) 산업이 집중된 도시'다. 그녀는 세계도시의 특징으로 다음 네 가지를 들고 있다.[171]

- 세계경제의 지휘 본부 – 글로벌 경제를 조정하고 운영하는 핵심적인 지휘 본부 역할을 한다. 중요한 결정을 내리고 정책을 수립한다.
- 금융과 전문 서비스 산업의 중심지 – 제조업보다 글로벌 기업을

위한 금융과 전문 서비스 산업이 집중되어 있다.
- 혁신과 개발의 거점 – 금융과 전문 서비스 산업의 개발과 혁신이 이루어진다.
- 글로벌 시장 – 금융과 전문 서비스 상품이 거래되는 주요 시장이다.

사센이 연구한 뉴욕, 런던, 도쿄는 지리적 위치와 역사적 경험은 다르지만, 지난 삼십여 년간 세계화를 겪으며 서로 비슷한 특징을 갖게 되었다. 먼저 이들 도시는 세계 경제를 좌우하는 세계 경제의 조정자 역할을 수행하고 있다. 뉴욕, 런던, 도쿄를 비롯한 세계도시의 주식 시장 동향은 오늘날 세계 경제에 큰 영향을 미치고 있다. 월러스틴을 만났을 때 살펴본 것처럼, 뉴욕에서 시작된 금융 위기를 떠올려 보면 그 영향력이 얼마나 큰지 금방 알 수 있다.

또한 세계도시는 공장을 지어 물리적인 상품을 생산하기보다 전 세계 여러 나라에 퍼져 있는 공장과 사무실을 관리하는 데 필요한 금융과 전문 서비스 산업이 발달해 있다. 우리나라의 현대자동차만 봐도 공장은 울산을 비롯해 브라질과 러시아, 터키, 인도 등 전 세계에 있지만, 이 공장들이 제대로 돌아갈 수 있도록 자금을 조달하고 운영하는 부문은 서울에 있지 않은가? 이에 따라 세계도시는 부가 가치가 큰 금융 상품과 효율적인 기업 경영 전략이 만들어지는 혁신의 공간이 된다.

글로벌 기업을 위한 금융 상품과 혁신적인 전문 서비스의 거래가 활발히 이루어지는 세계도시는 글로벌 기업의 생산 활동과 자금 흐름을 지원하며 전 세계를 연결하는 금융 허브로 기능하고 있다. 그리고 이를 통해 세계도시는 도시의 경쟁력을 더욱 높이고 있다.

여기까지 살펴봤을 때, 세계도시의 등장과 그 역할에는 큰 문제가 없어 보인다. 하지만 사센은 세계도시의 내부로 들어가 돋보기로 구석구석을 살폈는데, 그녀가 발견한 세계도시의 문제점 중 하나는 바로 양극화였다. 우리가 익히 알고 있는 대로 계층 구조는 소득에 따라 상류층, 중산층, 저소득층으로 나눌 수 있다. 중산층의 기준이 높아진 지금, 우리는 중산층이라고 하면 흔히 화이트칼라 사무직을 떠올리지만, 생각보다 중산층을 성장시키는 데 큰 역할을 하는 직군은 제조업 생산직이다. 미국에서는 과거 디트로이트의 자동차 산업 단지에서 성실하게 일한 사람들이 중산층으로 성장할 수 있었다. 우리나라도 과거 경제호황기 때 제조업의 성장과 함께 중산층이 두터워지지 않았는가? 누구든지 공장에서 착실하게 일하고 돈을 벌어 계층 이동의 꿈을 이룰 수 있었다.

그러나 이제 세계도시의 산업 구조는 금융과 전문 서비스업 위주로 재편되었다. 공장이 없어졌기에 세계도시에는 중산층으로 올라갈 발판이 사라졌다. 이에 따라 세계도시 내의 청년이 할 수 있는 선택은 다른 도시로 이주하거나, 세계도시에 남아 고소득 전문직을 위해 단순 서비스를 제공하고 저임금 노동을 하는 것 말고는 여지가 별로 없다. 이와 더불어, 남미와 동남아, 아프리카에서 온 이민자들이 미숙련 단순 노동에 합류하면서 세계도시의 양극화 문제는 더욱 심해지고 있다. 이제 세계도시는 금융과 전문 서비스 산업에 종사하는 고소득 전문직과 저임금 단순 서비스직으로 양분되고 있다. 세계

도시에서 중산층이 행방불명되고 있는 것이다.

세계도시의 공간적 양극화

세계도시에서 심화된 양극화는 도시 공간에 그대로 반영된다. 김 씨는 인도네시아의 수도 자카르타에서 외국인 노동자(?)로 일하고 있는 누나를 만나러 갔을 때 깜짝 놀란 적이 있다. 인도네시아의 경제 중심지인 자카르타 시내는 서울의 테헤란로와 비교해도 큰 차이가 없을 만큼 고층 빌딩이 즐비하고 쾌적하고 편리한 도시 환경을 갖추고 있었다. 하지만 도심을 조금만 벗어나도 판자촌과 불법거주지가 즐비한 공간이 주위에 너무 많았다.

세계도시의 소득에 따른 계층 양극화는 자카르타처럼 공간적 불균형과 계층 간 격리를 수반한다. 양극화된 세계도시에서 부유한 전문직 종사자와 저임금 노동자는 주거, 교육, 환경, 안전, 교통, 사회생활 등 모든 면에서 분리되고 있다. 사센은 이런 현상을 '**중심부의 주변부화**(peripheralization at the core)'라고 불렀다. 월러스틴의 중심부와 주변부 개념을 떠올려 본다면 이해하기 쉬울 것이다. 세계도시라는 중심부 안에서 또다시 중심부와 주변부가 나뉘는 현상이 발생한다는 것이다. 비단 자카르타뿐만 아니라, 꽤 많은 세계도시에서 중심부 시내와 시내에서 조금 벗어난 지역 간의 격차가 매우 심하다. 브라질 제2의 도시인 리우데자네이루는 남아메리카 최초로 올림픽을 개최한 도시로, 지역내총생산(GRDP)이 브라질에서 두 번째로 높

빈부 양극화에 따라 공간적 불균등이 두드러진 인도네시아 자카르타

은 곳이다. 이런 세계적인 대도시 리우데자네이루 주변에도 파벨라(favela)로 불리는 빈민촌이 있고, 리우데자네이루 주민의 24%가 이 빈민촌에 살고 있다.[172]

뉴욕, 런던, 도쿄를 비롯한 정상급 세계도시도 실상은 다르지 않다. 번쩍이는 대도시의 마천루 아래 부자와 빈자가 공간을 나눠 살아간다. 고급스러운 고층 아파트와 함께 반지하와 낡은 단독 주택이 세계도시 서울 아래 바짝 붙어 있듯이 말이다.

세계경제의 흐름을 주도하는 세계도시에서 잘 살고 있는 사람은 고소득층뿐이다. 이런 맥락에서 사센은 제조업 쇠퇴와 양극화 심화, 고용 구조의 변화로 인한 계층 간 격차를 세계도시가 직면한 주된 문제로 진단했다.

세계도시의 중산층을 찾아서

세계도시는 하나의 국가에 필적할 만큼 엄청난 부와 영향력을 갖고 있다. 뉴욕 대도시권을 국가라고 하면 GDP로는 세계 11위로, 우리나라보다 경제 규모가 크다.[173]

서울 역시 '한강의 기적'이라는 말처럼 불과 100년도 되지 않아 세계 최빈국의 수도에서 세계적 대기업의 본사와 금융 네트워크가 위치한 아시아의 대표적 세계도시로 성장했다. 특히 세계 주요 도시의 금융 경쟁력을 평가하는 국제금융센터지수(Global Financial Centres Index, GFCI)●에서 서울은 2024년 9월 기준 11위를 차지하였다.[174] 그렇지만 싱가포르, 홍콩, 상하이에 비해 글로벌 금융사가 많지 않아 '아시아의 금융 허브'라는 수식어는 아직 애매하다는 의견도 많다. 이에 2030년까지 서울을 전 세계 5위권 글로벌 금융도시로 만들겠다는 원대한 목표가 제시되어, 2024년에 여의도를 국제금융중심지로 육성하기 위한 '여의도 금융중심지 지구단위계획(안)'이 공개되었다. 여기에는 미래 금융 산업의 핵심 기반 구축, 활력 있는 금융 생태계 및 도시 다양성 형성, 국제 수준의 도시 환경 조성, 매력적인 건축과 도시 경관 만들기가 주요 내용으로 포함되어 있다.[175] 금융 업무 공간을 확보하고, 금융 종사자를 위한 생활 서비스와 주거 및 상업 공간을 확충하며, 여기에 어울리는 멋있는 초고층 랜드마크 건물을

● 영국의 컨설팅 업체 Z/Yen이 인적 자원, 기업 환경, 금융 산업 발전, 기반 시설, 도시 평판의 평가 항목을 기준으로 전 세계도시의 금융 경쟁력을 측정하여 매년 3월과 9월에 발표하는 지수다.

지을 수 있게 하겠다는 것이다. 즉, 모든 공간을 금융 산업 위주로 조성할 계획이다.

계획대로 된다면 여의도의 외관은 싱가포르나 두바이, 홍콩 같은 아시아 최고 글로벌 금융도시만큼이나 화려한 스카이라인을 자랑하는 곳으로 탈바꿈할 수 있을 것이다. 하지만 그 내면은 어떨까? 이 계획에 발맞춰 한국토지공사는 공공임대주택을 지으려 했던 인근의 여의도 부지 8264제곱미터를 매물로 내놓았다.[176] 아시아 금융허브로 도약하겠다는 서울의 원대한 계획 앞에서는 도시의 빈부 격차와 양극화 문제는 크게 중요해 보이지 않는다.

사센은 거대한 부를 창출하는 세계도시가 도시 내 공존하는 극단적인 빈곤에 관심을 가지지 않는 것이 큰 문제라고 지적했다. 물론 세계화 시대에서 더 나은, 더 멋진 세계도시가 되기 위해 다른 도시들과 최선을 다해 경쟁할 필요가 있다. 하지만 저 너머 세계를 바라보는 것만큼 바로 우리 곁에 있는 불평등한 현실에 관심을 기울이는 것도 중요하다. 그리하여 행방불명됐던 중산층이 다시 돌아오게 된다면 세계도시는 더 행복한 도시가 될 수 있지 않을까?

렌즈 너머의 사회학자

| 사스키아 사센 | Saskia Sassen | 1947~ | 네덜란드·미국 |

"경제 성장을 주도하는 새로운 산업 복합체와 이를 구성하고 재생산하는 사회정치적 형태의 결합은 주요 도시를 중심으로 이루어지며, 이는 세계도시라는 새로

운 도시 유형을 낳고 있다.

— 사스키아 사센, 《세계도시: 뉴욕, 런던, 도쿄》 —

사스키아 사센은 '세계도시'라는 새로운 연구 분야를 열었다고 평가받고 있다. 그녀의 초기 연구는 세계적 차원에서 일어나는 노동력과 자본의 이동이었고, 이후 세계도시 안에서 발생하는 불평등과 양극화 문제로 확장되었다. 대다수 세계도시에서 공통적으로 관찰되고 있는 이런 현상을 중심으로 사센은 세계도시의 사회·공간적 변화를 해석하는 데 크게 기여하였다.

사센은 그녀의 연구 주제만큼이나 글로벌한 삶을 살았다. 1947년 네덜란드에서 태어나 가족을 따라 아르헨티나와 이탈리아, 프랑스와 미국 등 세계 여러 나라에서 생활했다. 이런 경험이 대도시의 화려한 모습 뒤편에 놓인 빈곤층을 관찰하는데 영향을 주지 않았을까 싶다.

미국 노터데임 대학(University of Notre Dame)에서 사회학 박사 학위를 받은 사센은 시카고 대학을 거쳐 컬럼비아 대학에서 사회학 석좌교수로 재직했으며, 현재는 사회학과 명예교수다. 2014년에는 영국의 《프로스펙트(Prospect)》에서 선정한 50인의 세계사상가로 선정되기도 했다. 부부가 모두 사회학자로, 남편 리처드 세넷(Richard Sennett, 1943~)도 컬럼비아 대학에서 연구하고 있다.

언제 무너질지 몰라

언제 가라앉을지 몰라

| 27 |

위험한 도시
벡의 위험 사회

현대의 위험들

많은 할머니와 할아버지가 옛날이 지금보다 살기 좋았다고 말씀하신다. 사실 어르신만 그런 게 아니라 인간이라는 종 자체가 과거를 추억하며 살아가는 존재인 듯하다. 타성에 젖어 사는 김 씨도 가끔 열정이 넘치던 20대 때가 더 좋았다고 생각하는 것처럼, 수많은 도전을 앞두고 있는 20대 청년은 공부만 하면 됐던 학생 때가 좋았다고 생각하고, 공부만 해야 하는 학생들은 아무 걱정 없이 놀 수 있던 유치원 시절이 좋았다고 한숨 쉴지도 모르겠다. 아침마다 엄마 손에 이끌려 유치원에 가는 아이들은 어쩌면 엄마 뱃속에 있을 때가 더 좋았다고 생각하지 않으려나?

그래도 객관적인 지표로 보면 과학과 기술의 발전으로 우리 사회는 이전보다 살기 좋아졌다. 일단 1960년대 초반 51세에 불과했던 인류의 평균 기대수명이 의학과 보건 제도의 발전으로 꾸준히 증가하여 2024년에는 74세까지 늘어났다.[177] 물론 우리나라와 같이 의료 제도가 잘 갖춰진 나라의 기대수명은 훨씬 더 높다. 2024년 기준 우리나라의 기대수명은 84세다.

수명뿐만 아니라 경제적인 부의 축적도 규모 자체가 달라졌다. 양극화 문제가 심각하긴 하지만, 우리나라만 봐도 1960년에 143만 원이었던 1인당 실질 국민총소득이 2024년에 4381만 원이 되었다. 어마어마한 차이다.[178]

숫자만 그런 게 아니라 우리가 사용하는 자동차, 인터넷, 스마트폰 등 첨단 기술의 결정체는 우리 삶을 한층 풍요롭게 하고 있다. 아무리 옛날이 좋다지만 여러분은 스마트폰 없는 세상을 살아갈 자신이 있는지? 유튜브 쇼츠에 중독된 김 씨는 불가능하다.

이렇듯 우리 사회는 거의 모든 면에서 과거보다 풍요롭고 살기 좋은 사회라고 할 수 있다. 그런데 이렇게 더 나은 사회에 살면서도 우리가 피할 수 없는 것이 하나 있으니, 바로 '위험'이다. 현재를 살아가는 우리는 과거와는 다른 종류의 위험에 노출되어 있다. 기껏해야 소규모 인명 피해로 끝났을 과거의 사고와 달리 현대의 사고는 초대형 참사를 낳는다. 건물 붕괴, 항공기 사고, 일단 터지면 감당할 수 없는 원자력 발전소 폭발 사고 등 그 규모만 해도 어마무시하다.

우리가 살아가는 도시에는 이런 위험이 일상적으로 곳곳에 도사리고 있다. 인구 밀도가 높은 도시에선 까딱 잘못하면 달리는 차에 수많은 사람이 다치거나 목숨을 잃곤 한다. 튼튼한 아파트에 살고 있다고 믿었는데 철근이 뭉터기로 빠져있는 '순살' 아파트였다거나, 이래도 되나 싶을 정도로 금이 가 있는 건축 구조물 위를 걸어 다닐 때도 있다.

더 진보되고 더 풍요로운 사회에서 우리가 맞닥뜨리는 위험의 근원은 무엇일까? 위험한 도시에서 살아가는 우리에게 필요한 것은 무엇일까?

벡의 위험 사회

독일의 사회학자 울리히 벡(Ulrich Beck, 1944~2015)에게서 우리 도시의 위험을 어떻게 바라볼지 힌트를 얻을 수 있다.

사회학에는 참으로 수많은 논쟁이 존재하는데, 그중 대표적인 것으로 근대성(modernity) 논쟁이 있다. 간단하게 말하면, 우리가 현재 산업 혁명과 프랑스 혁명을 거치며 발전해 온 근대 사회의 연장선에 살고 있는지, 아니면 근대 사회를 넘어 **포스트모던**(postmodern) 사회에 살고 있는지 묻는 논쟁이다. 한쪽에서는 산업화와 민주화를 실현한 근대 사회의 이성, 과학, 합리성이 여전히 우리 사회를 지탱하는 중요한 근간이고, 이런 근대성의 질서 위에 더 나은 사회를 만들어 갈 가능성이 열려 있다고 본다. 반면, 다른 쪽에서는 근대성의 질서는 획일성과 통제를 낳을 뿐이고, 우리는 근대 사회와 달리 보편적 진리가 존재하지 않는, 즉 '정답 없는 사회'에 살고 있다고 주장한다.

우리가 만났던 사회학자 중에는, 근대 사회는 아직 미완의 상태에 있고, 제대로 된 의사소통과 사회적 합의를 통해 근대성을 완성할 수 있다고 말한 하버마스가 대표적인 근대성의 수호자다. 반대로 우리가 당연하게 받아들이는 근대성의 산물이 사실은 이성과 과학에 기반한 억압적인 권력 작동의 결과라고 본 푸코와, 현대 사회는 진실과 거짓의 경계가 없는 허상일 뿐이라고 주장하는 보드리야르가 포스트모더니즘의 대표적인 사회학자로 여겨진다.

여기서 벡은 포스트모던 사회학자의 주장에 동의하지 않는다. 근대성이 종결되고 포스트모던 사회로 넘어갔다는 관점 대신, 벡은 근대성을 **낡은 근대성**(classical modernity)과 **새로운 근대성**(new modernity)으로 구분하고, 우리는 지금 새로운 근대성으로 진입하는 국면에 있다고 보았다. 즉, 현재는 근대 사회의 이성, 과학, 합리성이 여전히 작동은 하고 있지만, 지금까지의 근대 사회와 사뭇 다른 양상이 펼쳐지고 있다는 것이다. 그리고 그는 낡은 근대성과 새로운 근대성의 결정적인 차이를 위험(risk)에서 찾았다.[179]

낡은 근대성의 핵심은 산업 사회의 등장이다. 산업 혁명은 재수 없게 농노로 태어나면 평생 농사만 짓다 죽어야 했던 봉건 사회를 해체하며 근대적인 산업 사회를 이룩해 냈다. 산업 사회에서는 합리성에 기반한 경제 성장과 기술 발전이 곧 진보의 척도였다. 그러나 이런 진보가 계속되면서 우리는 점점 통제할 수 없는 수준의 불확실성과 이전에 경험해보지 못한 위험에 맞닥뜨리게 되었다.

예를 들어, 물레방아와 원자력 발전을 생각해 보자. 물레방아에 손이 끼어 다칠 수 있는 위험은 있으나, 우리는 물레방아를 이용해 어느 정도 예측 가능한 위험의 범주 안에서 에너지를 생산할 수 있다. 한편, 원자력 발전은 최소의 비용으로 최대의 전력 생산 효율을 내는 합리적 기술의 끝판왕이다(김 씨가 문과인 관계로 더 이상의 자세한 설명은 생략한다). 물레방아와는 비교할 수 없을 만큼 엄청난 양의 전력을 더 싸고 더 빨리 만들 수 있기에 오늘날 발전 설비에서 많은 비중을 차지하고 있다. 그렇지만 그 위험성은 예측과 통제가 불가능하다. 물론 기술적으로 잘 관리되면 사고 확률이 극히 낮다고 하지만, 일단 한번 사고가 나면 그 파괴력은 우리 상상의 한계를 뛰어넘기 때문이다. 1986년 우크라이나의 체르노빌이나 2011년 일본의 후쿠시마처럼 원자력 발전소 사고는 지역을 넘어 인접한 도시와 국가까지 큰 영향을 미쳤다. 오랜 시간이 지나도 방사선 피폭의 위험을 남기고 있으며, 나이·계층·성별·지위와 상관없이 모두에게 '평등한' 피해를 안겼다.

지구 온난화는 어떤가? 산업 사회의 시작부터 조금씩 축적해 온 이산화탄소 배출은 이제 전 지구적 위험으로 성큼성큼 다가오고 있고, 다음 세대의 존립마저 위협하고 있다. 앞으로 이 위험이 어떻게 전개될 지는 사실 어느 누구도 정확히 알지 못한다.

우리 일상에서도 예측 불가하고 통제하기 어려운 위험의 사례는 쉽게 찾아볼 수 있다. 코로나19와 같은 전례 없는 감염병을 예방하기 위한 백신 개발이나 농업생산량을 늘리기 위한 작물 개량에 생명공학기술이 활용되고 있다. 그런데 우리가 그런 백신을 맞고 유전자 변형 작물을 먹었을 때 과연 안전할 것이라 100% 확신할 수 있을까?[180]

벡은 이렇게 고도화된 산업 사회와 기술 발전의 부작용으로 인한 새로운 형태의 위험에 노출된 오늘날의 사회를 '**위험 사회**(risk society)'라고 불렀다. 바로 이런 위험 사회에서 **성찰성**(reflexivity)을 동반한 새로운 근대성이 싹튼다는 것이다. 성찰을 통해 사람들은 근대화 과정에서 등장한 위험을 고찰하고, 맹목적인 합리성과 과학 기술의 진보를 비판적으로 바라보기 시작했다. 이런 변화 속에서 정부로 대표되는 전통적 정치 영역의 바깥, 즉 **하위 정치**(sub-politics) 영역에서 시민단체와 같은 자율적인 집단의 영향력이 커지기 시작했다. 환경을 오염시키는 악덕 기업을 감시하는 그린피스가 국제 사회에 얼마나 많은 영향력을 가지고 있는지 생각해 보면 이해하기 쉬울 것이다.

정답 없는 사회가 도래했다는 포스트모더니즘의 주장과 달리, 벡은 성찰을 통해 근대성이 초래한 위험을 극복하고, 더 나은 근대 사회로 나아갈 수 있다고 본 것이다.

위험한 도시

도시는 위험으로 가득 차 있다. 뉴스를 장식하는 웬만한 사건 사고는 대부분 도시에서 발생한다. 인구가 밀집되어 있고 사람들의 왕래가 많기 때문에 일단 사고가 나면, 대규모 인명 피해로 이어져 그 피해 규모조차 예측하기 어렵다. 159명의 젊은이가 이태원에 청춘의 시간을 보내러 나왔다가 압사 사고로 세상을 떠날지 누가 알았을까? 도시라는 공간은 위험 앞에서 매우 불확실한 공간이다.

이런 도시의 참사는 우리 사회의 맹목적인 합리성 추구와 무관하지 않다. 2022년 이태원 압사 사고도 마찬가지다. 불법임에도 아랑곳 않고 벌금을 내면서까지 공간을 최대한 점유하려고 테라스 구조물을 설치한 호텔의 '합리적' 운영이 참사의 원인 중 하나로 지목되었다.[181]

도시에서 발생한 사고 중 규모와 국민적 트라우마 측면에서 압도적 참사로 여겨지는 1995년 삼풍백화점 사고도 이런 맥락에서 생각해 볼 수 있다.[182] 1989년 서울 서초구에 완공되어 6년 뒤인 1995년에 붕괴한 삼풍백화점은 사망자 502명, 실종자 6명, 부상자 937명의 인명 피해를 낸 대한민국 역사상 최악의 참사다. 평화롭게 백화점에서 쇼핑하던 시민 200여 명과 백화점에서 일을 하던 직원 300여 명이 이 사고로 숨을 거뒀다. 붕괴된 삼풍백화점 자리에는 현재 고급 주상복합 아파트로 유명한 '아크로비스타'가 지어져 지금은 그 흔적을 찾기 어렵다.

사실상 상품백화점은 그 시작부터 '잘못'이었다. 1987년에 시작된 공사의 설계와 감리를 맡은 우성건설은 삼풍백화점을 지상 4층 지하 4층으로 규모로 설계했다. 그런데 매장을 최대로 늘리고 싶었던 삼풍백화점은 건물을 5층으로 만들어 달라고 설계 변경을 요구했다. 이런 요구를 견디다 못한 우성건설은 시공권을 삼풍백화점의 모기업인 삼풍건설에 넘겨버렸다. 삼풍건설은 한정된 토지에 더 높은 건물을 짓기 위해, 건축 구조 전문가의 검토 없이 설계를 변경했고 1989년에 삼풍백화점을 완공했다. 그 결과, 바닥 철근과 기둥 철근이 제대로 연결되지 않아 삼풍백화점은 태생부터 위태롭게 만들어졌다. 어찌됐든 지상 5층 지하 4층으로 지어진 삼풍백화점은 개관한 지 5년 만에 매출액 1646억 원을 기록하며 전국 백화점 순위 7위를 기록했다.

삼풍백화점은 부실하게 지어진 건물이 견딜 수 있는 무게에 대한 충분한 고려 없이 백화점 층별 매장을 구성했다. 5층에 식당가가 배치되고, 냉장고를 비롯한 무거운 주방 설비가 들어오면서 붕괴 위험이 한층 높아졌다. 이와 더불어, 백화점 옥상에 있던 에어컨 냉각탑 이동은 매우 치명적이었는데, 근처 아파트 주민들이 냉각탑 소음에 민원을 제기하자, 삼풍백화점 측은 냉각탑을 옮기기로 결정했다. 그런데 비용을 줄이겠다고 무거운 냉각탑을 크레인이 아니라 냉각탑 아래에 롤러를 장착해 끌어서 옮기는 정신 나간 짓을 한 것이다. 이로 인해 옥상 구조물과 건물 기둥 전체에 큰 충격이 가해졌고 이것이 붕괴의 주원인이 되었다. 이 밖에 백화점 개관 후에도 매장 확대를 위해 설계에 없던 구조 변경이 계속되었는데, 이때마다 삼풍백화점 측은 담당 공무원들에게 뇌물을 주며 법적 제재를 피했다.

이런 건축물이 멀쩡할 리 없었다. 붕괴의 전조 현상은 삼풍백화점이 무너지기 전까지 명확하게 나타났다. 5층 천장에 금이 갔고, 균열이 생겼으며, 물이 새고, 바닥이 주저앉았다. 이렇게 붕괴의 전조인 위험 신호가 발견되자마자 백화점 이용객과 직원을 대피시키고 건물을 폐쇄했다면 대형 참사로 이어지지는 않았을 것이다. 그러나 삼풍백화점 경영진은 건물을 폐쇄하는 당연한 조치를 취하지 않았고, 위험을 숨기며 백화점 운영을 계속했다.

마지막 골든타임까지 놓친 삼풍백화점은 붕괴 약 1시간 전부터 4층 천장이 가라앉기 시작했는데, 애초에 바닥 철근과 기둥 철근이 제대로 연결되지 않은 부실 건축물이었기에 한 순간에 와르르 무너지며 대한민국 최악의 참사가 일어나고 말았다.

삼풍백화점 참사의 근본 원인은 '설마, 문제 있겠어'라는 안전 불감증이었고, 안전 불감증의 배후에는 안전을 담보로 최대한의 이익을 얻고자 한 맹목적인 합리성 추구가 있었다. 삼풍백화점은 수익을 위해 구조를 불법으로 변경했다. 또한 영업을 중단하고 건물을 보수하는 것 자체가 백화점으로서는 큰 영업 손실이었기에 붕괴 위험을 인지했으면서도 계속 영업을 이어갔다. 이를 제재하여 도시를 안전하게 관리해야 할 의무가 있는 시 공무원들은 제대로 단속하지 않았고 그 결과, 한순간에 수많은 생명이 세상을 떠났다. 벡의 렌즈로 보면, 삼풍백화점 붕괴라는 초대형 참사는 맹목적으로 합리성을 추구하는 과정에서 초래된 위험을 우리 사회가 제대로 관리하지 못했기 때문에 발생한 것이다.

위험한 도시는 성찰하고 있는가

1995년 6월에 일어난 삼풍백화점 참사로 우리는 많은 것을 깨달아야 했다. 그 전해 10월에는 성수대교가 무너졌고, 같은 해 4월에는 대구 지하철 공사장 가스 폭발 사고로 101명이 사망했다. 위험 관리에 소홀했던 정부는, 결국 '사고 공화국'이라는 오명을 얻었다.

이런 대참사는 '더 빨리, 더 싸게, 더 많이'를 추구하는 대한민국 산업 사회 특유의 실적주의와 결부되어 있다. 대한민국 최악의 참사로 손꼽히는 삼풍백화점 붕괴 사고로 우리 사회는 위험 관리와 안전에 대해 성찰하기 시작했다. 정부는 사고대응 체계를 마련하고 전문구조인력 양성에 많은 투자를 단행했으며, 전국의 모든 건물을 대상으로 안전 평가를 실시하고, 부실한 건축 설계와 감리에 대해서는 처벌을 강화하는 방향으로 건축법을 개정하였다.

그런데 성찰이 부족했던 걸까? 우리 사회는 여전히 시민의 안전을 담보로 이익을 취하려는 모습이 너무나도 쉽게 포착된다. 최근에 일어난 일 중 대표적인 것이 바로 한동안 우리 사회를 시끄럽게 했던 '순살 아파트'다. 대기업 건설사뿐 아니라 한국토지주택공사(LH)까지 연루된 순살 아파트 문제는 여전히 무책임한 정부와 기업의 행태를 통해 우리 사회의 안전 불감증을 적나라하게 보여 주었다.[183] 지금까지 한국토지주택공사가 발주한 15개 아파트 단지에서 철근이 누락되었다고 밝혀졌고, 이에 따라 대대적인 보강 공사가 진행되었다.[184] 삼풍백화점과 유사한 공법이 적용되어 자칫하면 대형 참사로 이어질 수도 있던 상황이었다.

우리가 살아가는 도시는 예상하기 어려운 위험으로 가득 차 있다. 그리고 이 모든 것은 근대화를 거치며 발전한 산업 사회의 유산이다. 삶은 한층 더 풍요로워졌지만, 우리는 매순간 상상도 할 수 없는 위험을 안고 살아간다. 끊임없는 성찰과 반성으로 이런 위험에 대응할 수 있는 새로운 사회를 열어야 한다는 벡의 목소리가 '설마 뭔 일 있겠어?' 라며 여전히 안전에 둔감한 우리 도시에 메아리 치고 있다.

렌즈 너머의 사회학자

| 울리히 벡 | Ulrich Beck | 1944~2015 | 독일 |

"이런 의미에서 위험 사회는 자기비판적인 사회가 될 가능성도 지니고 있다. 비

판의 기준점과 전제는 항상 위험과 위협이라는 형태로 그 안에서 생산되고 있다."

― 울리히 벡,《위험 사회: 새로운 근대성을 향하여》―

울리히 벡은 1944년 독일 슈톨프(지금은 폴란드 스웁스크)에서 태어났다. 독일의 프라이부르크 대학에서 사회학, 철학, 정치학을 공부하고, 뮌헨 대학에서 1972년에 사회학 박사 학위를 받았다. 이후 뮌스터 대학과 밤베르크 대학을 거쳐 1992년에 뮌헨 대학의 교수가 되었고, 사회학연구소장을 맡았다.

그는 '위험 사회'라는 개념을 통해 서구의 근대성에서 비롯된 현대 사회의 예측 불가능한 위험에 사람들의 이목을 집중시켰고, 성찰을 통해 낡은 근대의 한계를 극복하고 새로운 근대로 나아갈 수 있는 길을 제시했다. 그의《위험 사회》는 후쿠시마 원자력 발전소 사고는 물론, 국내의 성수대교 붕괴와 삼풍백화점 붕괴 등 참사가 있을 때마다 소환되면서 현대의 고전으로 꾸준히 읽히고 있다.

벡은 2008년과 2014년에 한국을 찾았는데, 다른 나라보다 급속한 근대화 과정을 거친 한국을 '아주 특별한 위험 사회'라 언급했고, 세월호 참사에 대한 대응을 비판하며 위험을 부르는 근대 사회의 관행에서 벗어나야 한다고 목소리를 높였다.

"라떼는 말이야…"

"지금은요?"

28

유동하는 시대와 불안한 도시
바우만의 액체 근대

불안한 사회

어느 나라건 '황금기'라고 불리는 시대가 있다. 오늘보다 내일이 기대되고, 세상이 발전하고 있음을 느끼고, 행복한 나날이 계속될 것이라는 희망찬 시대 말이다. 지금 젊은이들이 생각하는 우리나라의 황금기는 아마 1980년대이지 않을까 싶다. 사실 그 시절을 직접 경험한 김 씨 아버지와 어머니 같은 윗세대는 1980년대를 독재로 인한 어둠의 시대라고 느낄 수도 있겠다. 하지만 그 시절의 민주화 운동이 먼 나라의 일처럼 생각되는 지금의 2030 청년 세대에게 1980년대는 뭔가 낭만적이고 부러운 시대로만 보인다.

1980년대는 산업화가 결실을 맺고 3저 호황(저금리, 저유가, 저달러)으로 단군 이래 대한민국이 최대 전성기를 맞이했던 때다. 경제성장기였기에 취업이 어렵지 않았고, 웬만하면 입사 후 정년까지 보장되는 평생직장이라 고용도 안정적이었다. 경제뿐만 아니라 문화적으로도 풍요로웠다. 대중음악 시장이 커졌고, 프로 야구가 시작되고 88올림픽이 개최되며 스포츠에 대한 관심도 늘어났다. 청년들은 대학에서 전공 공부만 하는 것이 아니라, 지금 봐도 어려운 책을 읽고 자유와 정의를 논했으며, 이를 쟁취하기 위해 함께 들고 일어섰던 때였다.

지금 2030 청년들이 1980년대를 우리나라의 황금기라 여기는 이유는 당시에는 우리 시대가 계속 '더 나아질 것'이라는 기대감과 더 나은 삶을 살아가는 데 정답이 존재한다는 믿음이 있었기 때문일 것이다.

그렇지만 우리가 살아가는 현재는 어떤가? 지금 우리 사회에는 더 나아질 것이라는 기대감도, 더 나은 삶을 살기 위한 정답도 없다. 지금 2030 청년들은 단군 이래 최초로 부모 세대보다 못 사는 세대가 될 것이라고 한다.[185] 어떻게 사는 것이 옳은지 전혀 알 수 없는 사회에서 2030 청년들은 우리나라 우울증 환자의 35.9%를 차지하고 있다.[186]

과거 어른들에게 당연했던 고도성장은 보이지 않고, 어른들이 정답이라 믿고 쟁취하기 위해 싸웠던 '민주주의'도 이미 주어져 있는 듯하다. 대신 사회 전반에는 '불안'이 가득하다. 취업에 대한 불안으로 책장에는 토익책과 수험서가 가득하고, 평생직장과 종신고용은 사라지고 알바와 계약직만 늘어났으며, 불안정한 인간관계 속에서 누군지도 모르는 사람과의 DM이 일상을 채우고 있다. 아무것도 보장되지 않는 미래에 대한 불안감으로 결혼과 출산을 미루고 많은 것을 포기하고 있는 상황에서 이제 중요한 것은 내 몸 하나 건사하는 '각자도생'뿐이다.

분명히 과거보다 기술도 발전하고, 살기는 좋아졌다고 하는데, 우리 사회는 어쩌다 이렇게 불안하고 파편화된 것일까? 이런 불안은 우리가 살아가는 도시 곳곳에 퍼져 있다. 불안의 시대를 날카롭게 통찰한 사회학자의 렌즈를 통해 우리 사회와 우리가 살아가는 도시를 살펴보도록 하자.

바우만의 액체 근대

지그문트 바우만(Zygmunt Bauman, 1925~2017)은 평생 '유동하는 삶'을 헤쳐 나간 유럽의 대표 지성 중 한 사람이다. 폴란드 출신의 유대인으로 제2차 세계 대전 당시 험난한 시절을 보내야 했고, 전쟁 후에는 정치적인 혼란 중에 조국에서 추방되었다. 이후 이스라엘을 거친 바우만은 1971년에야 영국에 정착할 수 있었다. 1925년부터 2017년까지 91세를 살아가며 이런 험악한 세월을 보낸 덕분에(?) 그는 20세기를 관통하는 '근대성'을 날카롭게 통찰할 수 있었다.

바우만은 1989년 64세라는 비교적 늦은 나이에 《근대성과 홀로코스트》를 출간하며 사회학계의 주목을 받았다.[187] 나치 독일이 유대인을 수용소에 몰아넣고 죽음으로 몰고 간 방법은 매우 합리적이었다. 빠르고 쉽게 많은 유대인을 살해하기 위해 관료 조직을 체계화하고 가스실이라는 효율적인 방법이 활용되었다. 이런 홀로코스트를 통해 바우만은 근대 사회가 자랑하는 합리성이 인류의 발전을 보장하는 것이 아니라 비도덕적이고 비인간적인 결과를 초래할 수 있다는 점을 경고하였다. 이어 2000년에는 《액체 근대》라는 그의 또 다

른 역작을 집필하여 과거와 다른 새로운 근대성을 바라보는 렌즈를 제시했다.[188]

바우만은 초기 근대와 후기 근대를 고체와 액체에 비유하여 구분했다. 초기 근대는 고체처럼 경계가 분명하고, 고정되어 있으며, 구조화된 시대였다. 막스 베버의 합리성과 관료제, 마르크스의 토대와 상부구조 개념이 초기 근대의 대표적인 이론이다. 이런 이론은 기본적으로 고정된 구조와 관련이 있다. 합리성에 바탕을 두고 상하 관계가 명확한 관료제와 경제적 계층구조에 기반한 근대성은 일종의 족쇄와 사슬이 되어 개인의 자유를 제한한다. 경제적으로는 거대한 공장과 육중한 기계가 끊임없이 돌아가는 컨베이어 벨트로 노동자를 '묶어' 버렸다. 여기까지만 보면 '초기 근대는 굉장히 암울한 시대였구나'라고 생각할 수 있지만 꼭 그렇지만은 않다. 고정된 만큼 확실하고 견고했기 때문이다.

초기 근대 사회에는 확실한 목표가 있었다. 바로 정착이다. 초기 근대 사회는 결혼, 평생직장, 질서 있는 사회와 공동체, 안정된 국가 체제 등 추구해야 할 정답이 있었다. 그렇기에 개인의 자유는 다소 제한되더라도 안정적이고 확실했던 시대였다. 아마 김 씨와 같은 ISTJ에게는 최고의 시대였을 지도 모른다.

하지만 바우만은 20세기 후반부터 초기 근대가 후기 근대로 전환되며 '유동하는 액체' 상태로 바뀌었다고 말한다. 이런 후기 근대를 그는 액체 근대라고 불렀다. 액체 근대 사회의 대표적인 특징인 세계화, 신자유주의, 소비 사회는 고체의 특징인 고정된 성격보다 액체의 흐르는 특성으로 더 명확하게 설명된다. 확정적인 국가의 영토

안에 살던 우리는 갑자기 범지구적인 삶을 살게 되었고, 온갖 것을 다 책임져 주던 국가의 복지는 점차 줄어들었으며, 공장에서 상품을 생산하는 것만큼이나 소비자의 변덕스러운 소비 성향에 더 많은 신경 써야 하는 사회가 되었다. 즉, 우리를 고정시켜 주던 경계, 제도, 확실성이 녹아 사라지면서 액체처럼 흐르는 사회가 된 것이다.

이런 액체 근대는 일명 '최고 지도자 부재 시대'다. 우릴 이끌어줄 정답이 없다는 말이다. 과거에 견고했던 고체와 같은 삶의 방식이 더 이상 유효하지 않은데, 새롭게 닥친 액체 근대 사회를 헤쳐 나갈 삶의 방식 역시 아직 정해진 바가 없다. 우리를 제약하는 틀이 사라지며 전보다 풍성한 자유를 얻었으나, 어디로 가야할지 방향은 오리무중이다. 그렇기에 우리는 진정한 자유를 누리지 못하고 있다.

안정된 삶이라는 초기 근대의 정답은 이제 오답이다. 유동하는 사회에서 안정은 애초에 불가능하다. 빠르게 변화하는 경제와 사회 질서로 우리는 늘 도전에 직면한다. 갑작스러운 산업 구조의 변화로 양질의 일자리가 무엇인지 알 수 없어졌고, 채용이 된다 한들 빠르게 바뀌는 사회에 적응하기 위해 늘 자기계발에 시달려야 한다. 소비 트렌드도 마찬가지다. 유행은 너무나 빠르게 바뀐다. 유행에 둔감한 김 씨가 탕후루를 먹어보기도 전에 탕후루 유행이 끝나버렸다.

이와 함께 초기 근대 사회에서 장기적이고 공적이었던 삶의 영역이 점차 단기적이고 개인화되기 시작했다. 결혼은 동거로, 공동체는 소셜네트워크로 대체되었다. 제도로 묶이는 결혼을 하지 않으니 만남과 헤어짐이 가벼워졌고, 어제와 오늘이 다른 온라인 속 인간 관계는 언제든 끊어 버릴 수 있다. 이제 우리는 함부로 '영원'을 약속하지 않는다. 고체와 같이 고정적이던 공적 영역이 액체처럼 흘러가는 개인적 영역으로 변하다 보니, 우리가 겪는 모든 일은 온전히 개인의 책임이 되었다. 취업을 못하는 이유도 국가나 정치의 문제에서 찾기보다 개인의 능력 문제로 생각하고 스스로를 자책한다.

이렇듯 바우만은 우연성, 다양성, 변덕과 즉시성이 일반화되고, 모든 것이 개인화되어 각자도생해야 하는 시대를 유동하는 액체 근대의 특징이라 보았다. 액체 근대 사회에서 유일하게 확실한 것은 모순적이게도 불확실성뿐이다. 아무것도 정해진 것 없는 불확실성 속해서 우리 현대인은 앞에 뭐가 있는지 알지 못한 채 흘러가고 있다. 우리가 살아가는 액체 근대 사회는 불안한 사회이고, 삶의 불안은 필연적인 것이다.

액체 근대 사회의 불안한 청년 도시인

우리 사회를 녹이는 액체 근대는 도시의 삶도 녹여 액체처럼 흐르게 하고 있다. 야망을 품고 도시로 상경하여 꿈을 이루는 '고체스러운' 스토리는 이젠 드라마에서도 잘 안 나온다. 오늘날 우리가 살아가는 도시에서는 불안정성과 불안감이 크게 감지된다. 특히 도시에 살아가는 우리 청년들은 불확실한 주거, 고립된 삶, 과도한 소비 지향 문화로 내몰리고 있다.

도시의 많은 청년이 '지옥고'에 산다.[189] 지옥고는 반지하, 옥탑방, 고시원의 첫 글자를 딴 말이다. 여름엔 덥고 겨울엔 추우며 스트레

칭도 겨우 하는 좁은 방에 청년들이 살고 있다. 왜일까? 청년들은 정착하기 어렵기 때문이다. 학교나 직장을 다니려면 도시로 와야 하는데, 도시의 비싼 집값을 감당할 수 없어 내 집 마련은 꿈도 꾸지 않는다. 때가 되면 월세와 보증금이 싼 집을 찾아 흐르는 액체처럼 이사를 반복하며 도시에 살아간다. 2020년 기준, 지옥고에 거주하거나, 거주 면적이 최저 주거기준인 14제곱미터(약 4평)에 못 미치고, 소득 대비 임대료 비율이 30%를 넘거나, 주거비에 '매우' 부담을 느끼는 청년 가구를 모두 합하면 181만 가구로, 이는 전체 주거취약가구의 약 41.2%에 해당한다.[190] 청년들은 이렇게 열악하지만 어렵게 얻은 보금자리를 언제 떠나야 할지조차 알 수 없는 주거 불안 속에 살고 있다.

청년들의 고립 문제도 심각하다. 과거 대학가는 낭만과 패기 넘치는 대학생들이 함께 어울려 문화를 즐기고 사회를 논하던 만남의 장이었다. 그런데 이런 대학가 문화는 고체 근대 사회에나 있었던 유물인가 보다. 서울에 거주하는 2030 청년 1인 가구를 대상으로 한 2023년 서울연구원의 조사에서는 대학가의 사회적 고립 정도가 가장 심각한 수준을 보였다.[191] 종합적인 사회적 고립 정도가 높은 곳은 중구 장충동, 관악구 대학동, 종로구 혜화동, 동대문구 회기동, 성북구 안암동 등 대부분 대학가였다. 요즘 청년들은 다른 사람과 사회적 관계를 맺는 것보다, 나 홀로 집에서 편안하게 넷플릭스 보는 것을 선호한다. 이는 공동체가 사라지고 파편화된 개인만 남게 되는 액체 근대 사회의 특징을 뚜렷이 보여준다.

그럼에도 이들 청년들은 소비에는 진심이다. 물론 비싼 명품을 밥

먹듯이 사는 것은 아니지만, 과거 청년들의 소비 패턴이 실생활과 교통비를 중심으로 이루어진 것과 달리, 액체 근대 사회의 청년 세대는 일회적, 즉흥적, 흥미 위주의 소비가 많이 늘어난 양상을 보인다.[192] 어차피 티끌 같은 돈 열심히 모아봤자 티끌일 뿐인데, 현재의 행복을 추구하는 청년들의 소비가 더 합리적인 것 같기도 하다. 더현대 같은 백화점이 청년들로 붐비고, SNS는 트렌디한 팝업 스토어 방문 인증으로 가득하다. 바우만은 이런 소비가 액체성과 관련이 있다고 보았다. 도시에서는 끊임없이 새로운 소비 트렌드가 만들어진다. 모든 것이 불확실한 액체 근대 사회에서는 빠르게 변하는 트렌드를 놓치지 않고 소비하는 것이 행복을 얻는 가장 확실한 방법이다. 물론 소비로는 방향성 없는 액체 근대의 근본적인 공허함을 채울 수 없기에 반쪽짜리 행복이긴 하지만 말이다. 트렌드에 민감한 도시 청년이 바로 이런 소비 지향 문화의 선두에 서 있다.

이처럼 액체 근대 사회의 도시는 언제 떠나야 할지 알 수 없는 불안정한 주거 환경에 사는 청년들, 공동체와 어울리기보다 나만의 시간을 갖고 싶은 청년들, 소비 트렌드에 민감한 청년들이 함께 살아가는 유동적인 공간이다.

희망의 도시

지금까지 바우만의 렌즈로 살펴본 우리의 사회와 도시의 삶은 암울하기만 하다. 그럼 우리는 계속 액체 근대의 불안 속에서 살아가야 할까? 사회학자들은 암울한 현실을 보여 주는 데 선수들이지만, 언제나 잊지 않고 희망도 함께 제시하는 '병 주고 약 주는' 사람들이다. 바우만도 물론 우리에게 희망이 있다고 한다.

그 희망은 바로 도시다. 바우만은 한 인터뷰에서 도시 단위의 역할을 강조한 적이 있다.[193] 바우만이 인터뷰에서 언급한 정치이론가 벤저민 바버의 《뜨는 도시 지는 국가》[194]를 보면 빠르게 변화하고 개인화된 액체 근대의 불안함을 해결할 가능성을 도시에서 찾을 수 있다.

국가가 내 삶의 많은 부분을 책임져 주던 고체 사회와 달리 지금의 액체 사회에서 국가는 문제 해결사 역할을 제대로 하지 못하고 있다. 국가는 고정되어 있고, 너무 육중하여 세상의 흐름을 제대로 따라가지 못하기 때문이다. 액체가 흐르는 것만큼 빠르게 움직이고, 개인화된 사람들을 다시 연결할 수 있는 것은 국가보다 작은 단위인 도시다. 거시적인 국가와 미시적인 개인 사이에서 도시는 복잡한 관료 체계를 유지한 가운데 사회 문제에 신속하게 대응하고, 파편화된 지역공동체를 회복시킬 수 있는 매개체인 것이다. 바우만은 이런 도시에서 희망을 보았다.

지금 우리가 살아가는 액체 근대는 불안하고, 외롭고, 공허하다. 그러나 바우만에 따르면 인류는 지금껏 끊임없이 당대의 어려움에 도전하며 발전해 왔다. 이러한 맥락에서 바우만은 우리가 액체 근대의 불확실성을 직면하고 미래를 향한 희망의 싸움을 멈추지 말 것을 조언한다. 기존의 길에서 찾을 수 없는 불확실성의 대안은 결국 현재를 살아가는 우리 세대가 창조해야 한다. 바우만의 생각처럼 반고체·반액체인 도시는 유동하는 우리 사회에 새로운 미래를 제시할 수 있는 희망의 공간이 될 수 있지 않을까? 망망대해를 항해하는 작은 배들에게 한 줄기 빛을 비춰주는 등대처럼.

렌즈 너머의 사회학자

| 지그문트 바우만 | Zygmunt Bauman | 1925~2017 | 폴란드·영국 |

"오늘날의 상황은, 선택하고 행동할 개인의 자유를 제한한다는 혐의를 (옳게 혹은 그릇되게) 받고 있는 족쇄와 사슬이 근본적으로 녹아버린 데서 발생하였다."

— 지그문트 바우만,《액체 근대》—

지그문트 바우만은 1925년 폴란드의 유대계 가정에서 태어났다. 1939년 나치가 폴란드를 점령하자, 유대계였던 그의 가족은 소련으로 탈출했고, 바우만은 소련에서 폴란드 의용군에 자원하여 전투에 참가했다. 이후 폴란드 사회과학원에서 사회학을 공부하면서 사회학과 처음 만났고, 바르샤바 대학에 진학하여 철학을 공부했다. 그리고 1954년부터 바르샤바 대학에서 강의하며 마르크스주의 이론가로 활동하였다. 그러다 1968년 폴란드 공산주의 정부의 반유대 운동으로 폴란드에서 강제 추방당한 바우만은 이스라엘에 잠시 머물다가 영국 리즈 대학의 제안으로 영국으로 망명하게 된다.

이후 리즈 대학의 교수가 된 바우만은 64세에《근대성과 홀로코스트》를 출간하며 세계적인 사회학자로 떠올랐다. 75세에는 그를 대표하는《액체 근대》를 저술하며 후기 근대 사회의 유동성과 불안정성을 독창적인 시각으로 해석하며 유럽을 대표하는 지성으로 인정받았다.

    2017년 91세의 나이로 세상을 뜰 때까지 그는 액체와 같이 유동하는 삶을 살았지만, 그저 흘러가는 부초처럼 살지만은 않았다. 유럽의 주요 국가가 아닌 변방 출신의 사회학자였음에도 시대를 꿰뚫는 통찰과 방대한 연구 성과로 사회학에 주요한 기여를 한 학자에게 수여하는 아말피상(1989), 아도르노상(1998), 아스투리아스상(2010)을 수상하며 사회학도들에게 영원히 빛나는 사회학자가 되었다.

아버지를 아버지라 부를 수 없다면,
아버지라 부를 수 있는 곳으로 만들어라

| 29 |

우리를 만드는 도시와
우리가 만드는 도시
기든스의 구조화 이론

세상의 벽과 벽을 뛰어넘는 사람

어릴 적 봤던 만화 영화에는 세상의 벽에 가로막힌 주인공이 마지막에는 그 벽을 뛰어넘고 꿈을 이룬다는 이야기가 자주 나왔다. 주인공을 가로막는 벽은 여러 가지다. 집이 가난하거나, 몸이 허약하거나, 출신이 고귀하지 않거나, 이방인이거나. 하지만 주인공은 피나는 노력과 여러 사람의 도움으로 한계를 극복하고 목표를 이뤄낸다. 우리에게 익숙한 '홍길동전'을 봐도 그렇다. 홍길동은 서자 출신이라 영특해도 과거시험을 볼 수 없었다. 결말이 정해진 삶을 살 수밖에 없었던 것이다. 그렇지만 그는 세상에 나와 의적으로 세력을 키웠고, 결국에는 '율도국'의 왕이 된다.

우리의 삶은 어떤가? 우리가 사는 이 사회에도 우리를 제약하는 수많은 벽이 존재한다. 애초에 태어날 때부터 우리와 상관없이 많은 것이 결정되어 있다. 인종, 성별, 부모님의 재력, 태어난 곳은 우리 사회에서 뛰어넘기 힘든 거대한 벽이 되기도 한다. 누군가는 강남에서 태어나 아무나 받지 못하는 사교육을 받고 좋은 대학에 진학해 좋은 직업을 얻으며 안정적인 중상류층 가정을 이룰 것이다. 반면에 누군가는 지방의 외딴 섬에 태어나 제대로 된 교육을 받지 못하고 섬사람 대대로 내려오는 어부가 되어 평생을 살 수도 있다. 중상류층의 삶이 좋고, 어부의 삶이 나쁘다는 것이 아니라, 그만큼 우리 사회에 존재하는 커다란 벽, 즉 사회구조가 우리 삶에 큰 영향을 미친다는 것이다.

그럼에도 우리는 '개천에서 용 났다'는 케이스를 가끔 접한다. '개천의 용'은 주어진 환경이 열악한데도 위대한 업적을 남긴 사람을 말한다. 이런 사람의 이야기를 들을 때마다 우리는 메시가 상대팀 수비수를 하나씩 제치고 골을 넣을 때의 카타르시스를 느낀다. 이렇게 사회구조의 한계를 뚫고 개인의 힘과 노력으로 사회적 성취를 이루는 사람도 분명히 있다.

그동안 사회학에서는 사회구조가 더 중요하다는 쪽과 개인의 주체적인 행위가 더 중요하다는 쪽이 각각 나름의 이론적 틀을 내세워 우리 사회를 해석해 왔다. 우리가 살아가는 도시도 마찬가지다. 어떤 사람은 교통 체계나 도시계획 등 우리의 행동을 제약하는 도시 구조가 중요하다고 보았고, 또 어떤 사람은 도시에서 살아가는 시민들의 행동이 중요하다고 생각했다.

그런데 구조와 행위 중 꼭 하나만 선택해야 하는 걸까? 이 둘이 동등하게 중요하다는 선택지는 없을까? 있다! 구조와 행위 중 하나만을 선택해야 하는 딜레마에서 벗어나 이 둘을 통합하고자 한 사회학자가 있었다. 사회의 구조와 개인의 행위는 서로 어떻게 영향을 주고받을까? 또 도시의 질시 잡힌 구조는 개인의 행위와 맞물려 어떻게 변화해 나갈까?

기든스의 구조화 이론

앤서니 기든스(Anthony Giddens, 1938~)는 아마도 현재 사회학을 공부하는 사람들에게 가장 친숙한 사회학자일 것이다. 사회학을 전공한다면 그가 쓴 《현대사회학》[195]이 책장에 꽂혀있을 가능성이 매우 높기 때문이다. 또 그가 주장한 중도주의 정치 노선인 '제3의 길' 역시 2000년대 영국을 비롯한 전 세계의 정치 이념에 큰 영향을 준 것으로 잘 알려져 있다. 이런 활동도 물론 대단하지만, 기든스의 최고 역작은 뭐니 뭐니 해도 '**구조화 이론**(structuration theory)'이다.

기든스의 구조화 이론은 **구조**(structure)와 **행위**(agency)의 상호작용이 어떻게 사회를 구성하고 변화시키는지를 설명한다.[196] 기든스는 구조를 '시간과 공간을 뛰어넘어 재생산되는 사회적 규칙과 자원'이라고 정의했고, 행위는 '개인이 하는 모든 행동과 선택'이라고 말했다.

사실상 구조화 이론은 지금껏 우리가 만났던 사회학자들의 이론을 비판적으로 검토하고 통합하는 이론적 틀이다. 우리는 앞에서 구조를 중요하게 생각했던 마르크스나 뒤르켐, 머튼 등도 만났고, 개인의 행위를 면밀히 검토했던 미드나 고프먼, 가핑클 등의 핵심적인 아이디어도 들여다보았다. 기든스는 기존의 이론들이 구조든 개인의 행위든 둘 중 하나의 영향력을 너무 과장한다고 생각했다. 사회 구조에 의해 개인의 행위가 결정된다는 입장은 개인의 능동성을 무시하는 경향이 있고, 사람들의 자유로운 행위가 사회적 의미를 만든다는 입장은 우리 사회의 권력과 집단적인 압력 같은 제약을 간과한다는 것이다.

기든스는 이런 구조와 행위, 즉 거시적인 시각과 미시적인 시각 양쪽의 입장을 비판적으로 수용하고 통합하여 사회학의 이분법적인 세계관을 극복하고자 하였다. 애초에 개인의 행위와 사회적 구조는 따로 떼어놓을 수 있는 것이 아니라 동전의 양면 같이 붙어 있다는 것이다. 모든 사회구조는 개인의 행위를 포함하고 있고, 모든 개인의 행위 역시 사회구조를 포함하고 있다. 결국, 구조라는 것은 행위의 매개체이자 결과물인 것이다. 따라서 이 둘은 상호 의존적인 관계다.

언어를 예로 들어보자. 언어는 오랜 시간에 걸쳐 형성된 사회적 약속이다. 우리는 '멍멍이'라는 단어를 들으면 자연스럽게 귀여운 강아지를 떠올린다. 그런데 어느 순간부터 인터넷 유저들 사이에서 '댕댕이'●라는 표현이 장난스럽게 쓰이기 시작하더니, 이제는 일상 대화나 광고 속에서도 자연스럽게 등장하고 있다. 이처럼 우리는 기존의 약속에 따라 언어를 사용하지만, 동시에 신조어를 통해 새로운 약속을 만들어내기도 한다.

우리의 사회 활동은 구조와 행위 모두를 필요로 한다. 구조가 있기에 행위가 있고, 행위가 있기에 구조가 있는 것이다. 이것이 바로 기든스가 말하는 **구조의 이중성**(duality of structure)'이다. 이런 구조의 이

● 댕댕이라는 글자를 잘 보면 멍멍이와 모양이 비슷하다. 네넴띤과 비빔면도 같은 맥락이다.

중성은 사회가 변화할 수 있는 원동력이 되기도 한다. 행위자에게 가해지는 구조의 속박은 분명히 존재하지만, 그렇다고 행위자에게 선택지가 없다는 것은 아니다. 언어라는 구조의 제약 속에서도 신조어를 만들어낼 수 있듯이 우리는 그때그때마다 자율적인 선택을 할 수 있다. 구조는 우리가 행동할 수 있는 틀을 제공하지만, 우리가 습관처럼 반복하는 행동이 구조를 재생산하기도 한다.

우리의 실생활에서도 마찬가지다. 길을 걷다 보면 뭔가 애매한 신호등이 있다. 5초면 건널 길을 신호등 때문에 2분이나 기다려야 한다. 물론 도로교통법에 따르면 신호등이 있으니까 빨간불이면 멈춰 서는 게 맞다. 그런데 이 길을 걷는 많은 사람이 신호등이 필요 없다고 생각해 무단횡단을 한다면, 더 나아가 비효율적인 신호등 위치에 대해 지속적으로 민원을 제기한다면 시에서 검토하고 신호등을 아예 없애 버릴 수도 있다. 이처럼 사회구조와 행위가 주고받는 피드백 덕분에 우리가 살아가는 사회는 유지와 변화가 반복적으로 그리고 유연하게 이루어진다.

도시 구조의 이중성

기든스가 주장한 구조의 이중성은 우리가 사는 도시에도 적용된다. 도시 공간은 우리에게 큰 구조적 제약이다. 김 씨는 서울 시민이지만 고양시로 출퇴근한다. 거주지와 직장의 행정 경계 때문에 서울시의 기후동행카드를 사용할 수 없다. 대중교통이 애매하게 연결되어 있어 차로 40분이면 가는 직장을 1시간 20분이나 들여 출퇴근한다. 도시 구조가 김 씨의 이동을 제약하고 있는 것이다. 이렇듯 도시는 제도적이고 물리적인 구조로 이루어져 있기 때문에 우리 삶에 큰 영향을 미치고 있다.

그렇다고 도시가 변하지 않는 것은 아니다. 사람들의 행위가 쌓이면 또 다른 도시 구조를 창출해 낸다. 서울 영등포구 문래동은 본래 다양한 기계 부품을 생산하는 철공소가 밀집한 공업 지역이었다. 하지만 1990년대 말 중국산 부품이 밀려 들며 가격 경쟁력이 떨어진 탓에, 문래동은 침체하고 있었다. 이때 생각지도 못한 방식으로 문래동은 다시 활력을 띄기 시작했는데, 바로 젊은 예술인의 유입이었다. 예술 하는 젊은이에게는 넓은 작업 공간이 필요했다. 철공소는 어느 정도 넓으면서도 나름 저렴한 임대료로 빌릴 수 있는 공간이었다. 자연스럽게 예술인들이 문래동에 둥지를 틀고 커뮤니티를 이루며 문래동은 오래된 철공소와 예술인의 공방이 공존하는 매력적인 지역으로 탈바꿈했다.[197] 이런 이질적인 풍경 속 감각적인 카페와 레스토랑이 젊은이의 취향을 저격했다. 문래동은 낮에는 철공소의 용접 소리로, 밤에는 젊은이의 웃음 소리로 가득하다. 물론 이에 따른 지가와 임대료 상승으로 젠트리피케이션(gentrification, 지역 발전에 따라 임대료가 올라 원주민이 쫓겨나는 현상) 문제가 생기기는 했지만, 어찌 됐든 공장 지대로 만들어진 도시 공간을 예술가와 젊은이들이 '핫플레이스'로 변화시킨 것이다.[198]

사람들의 행위가 모여 도시의 구조를 바꾼 사례는 우리나라뿐 아니라 전 세계에서 어렵지 않게 찾을 수 있다. 뉴욕의 하이라인(the

High Line)도 시민들의 행위가 도시 구조를 바꾼 사례다. 원래 하이라인은 화물 운송을 위해 만들어진 1.45마일(2.33킬로미터)의 고가철로였다. 1934년부터 운영되었던 이 고가철로는 뉴욕이 발전함에 따라 도로망이 확충되고 트럭 운송이 보편화되면서 1980년 이후 운행이 중단되었다. 운행이 중단되면서 이십여 년 동안 방치된 폐철로는 부동산 개발사와 토지 소유자들에 의해 철거될 위기에 직면했는데, 이때 산업 유산인 하이라인을 지키고 보존하자는 시민들의 의견이 제시되었다. 그 중심에는 '하이라인의 친구들'이라는 뉴욕 시민들로 구성된 시민 단체가 있었다. 하이라인의 친구들은 이십여 년 동안 운행이 중단된 고가철도에 각종 야생식물과 관목이 자라난 것에 착안하여 이를 공원화하자는 운동을 펼쳤고, 결국 뉴욕시가 철거 방침을 철회하면서 하이라인을 공원으로 개·보수했다. 약 1.5마일의 폐철도는 세계 곳곳에서 벤치마킹하는 선형공원으로 탈바꿈해 시민들의 산책로와 휴식공간이 되었다. 시민들의 행위가 폐철도라는 도시 공간을 공원으로 바꾼 것이다. 우리나라의 '서울로7017'도 하이라인에서 모티브를 따 고가도로를 선형공원으로 만든 것이다.

이렇듯 도시에서 우리의 삶은 상당 부분 주어진 도시 구조에 영향을 받지만, 우리 역시 행위를 통해 도시 구조를 변화시키기도 한다. 그리고 변화된 도시 구조는 또다시 우리가 그 공간 안에서 반복적으로 활동할 틀을 제시하며 새로운 구조를 형성한다. 우리가 핫플레이스가 된 문래동에 가서 여기저기 사진을 찍고, 맛집을 찾으며, 갤러리를 구경하는 것처럼, 그리고 공원이 된 하이라인에서 뉴욕 사람들이 산책하고 휴식을 취하며 일상을 보내는 것처럼 말이다. 기든스가 구조의 이중성으로 설명한 것처럼 도시의 구조와 우리 시민들의 행위는 상호작용하며 함께 변화해 나가고 있다.

도시를 바꾸는 성찰성

지금까지 구조와 행위, 거시와 미시의 통합을 추구했던 기든스의 구조화 이론으로 구조와 행위가 상호작용하며 새로운 도시 공간을 만들어 낸 사례를 살펴보았다. 기든스는 구조와 행위가 얽혀 변화를 만들어가는 과정에서 '성찰성(reflexivity)'이 중요하다고 보았다. 앞에서 울리히 벡이 제시했던 성찰성과 비슷한 맥락이다.

관성은 굴러가는 돌에게만 계속 굴러가라고 있는 것이 아니다. 사람에게도 관성이 있다. 그렇기에 우리는 특별히 불편한 게 없으면 그냥 기존의 방식을 선택하는 경향이 있다. 마치 기계처럼 구조적 제약에 맞춰 살아가는 것이다. 하지만 다행히도 인간은 성찰을 할 수 있는 존재다. 기든스는 인간이 반복되는 행위를 스스로 돌아보고 구조적인 흐름을 감지할 수 있는 성찰성이 있다고 보았다. 그리고 이런 성찰성을 통해 우리는 사회구조를 인식하고, 행위를 통해 기존과 다른 새로운 선택을 할 수 있다.

사실 도시를 계획하는 전문가들에게는 '계획병'이라는 게 있다. 도시에 특정한 기능을 부여하고, 그에 따라 도시가 성공적으로 구조화되기를 바란다. 집을 짓는 땅, 상업시설이 들어올 땅처럼 용도지역을 미리 정해 놓듯이, 이들 전문가의 노력으로 도시는 균형을 유지하고 질서 있게 계획된다. 물론 도시계획 전문가가 합리적인 근거에 따라 이런 용도지역을 설정한 것이겠지만, 이렇게 누군가가 정해준 대로 살아가는 도시의 삶은 단조롭고 역동성이 떨어지기 쉽다. 이런 지적에 요즘은 경직된 용도지역을 보다 유연하게 적용하려는 움직임이 늘고 있다.[199]

도시 생활에서 성찰을 통해 도시 구조를 살피고, 도시를 더 역동적으로 재미있게 만들어 나가는 것은 결국 우리의 행위에 달려있다. 주어진 공간을 그대로 사용하기보다는 그 공간 안에서 자유롭고 창의적으로 활동하면서 우리는 도시의 새로운 질서를 이루는 데 충분히 동참할 수 있다. 그리고 이런 행위로 새롭게 만들어진 도시 구조는 매력적인 삶의 배경이 될 것이다. 이런 과정이 있기에 우리는 이 도시에서 더 가치 있고, 의미있는 삶을 살아갈 수 있는 것 아닐까? 이 순간에도 거대한 도시의 구조는 우리의 삶을 통해 꾸준히 재생산되고 있다.

렌즈 너머의 사회학자

| 앤서니 기든스 | Anthony Giddens | 1938~ | 영국 |

"구조의 이중성 개념에 따르면, 사회 체계를 이루는 구조적 특성은 반복적으로 행위를 가능케 하는 매개체이면서, 동시에 그러한 행위의 결과이기도 하다."

― 앤서니 기든스,《사회구성론》―

1938년 영국 런던 북부 에드먼턴에서 태어난 앤서니 기든스는 가족 중 유일하게 대학에 진학했다. 그는 영국 헐 대학과 런던 정치경제대학(London School of Economics, LSE)에서 사회학을 공부하고, 1972년 케임브리지 대학에서 박사 학위를 받았다. 케임브리지 대학의 킹스칼리지에서 교수로 활동하다가 2003년에 런던 정치경제대학으로 옮겼다.

    기든스는 초기에 고전 사회학자들의 이론을 비판적으로 종합하고 이를 현대사회학의 맥락에서 재해석하면서 마르크스와 뒤르켐, 베버에게 많은 영향을 받았다. 이런 이론적 배경을 바탕으로 기든스는 인간의 일상적 행위에서 구조가 형성되고 재생산되는 과정을 연구하였고, 1984년에 그의 이론을 대표하는 《사회구성론》을 내놓았다. 이후 그는 근대 사회의 급격한 변화와 불확실성을 성찰적으로 바라보는 '성찰적 근대성'을 발전시키며 왕성한 연구 활동을 이어갔고, 사회민주주의와 신자유주의를 넘어 중도적 사회 변화를 모색한 '제3의 길'을 통해 호소력 있는 이론적 틀을 제시하기도 했다.

    우리나라에서 기든스가 많이 알려진 이유는 아마도 그의 사회학 교과서 《현대사회학》 덕분일 것이다. 1989년에 출간되어 2021년에 9판이 나왔는데, 전 세계적으로 100만 부 이상이 팔린 사회학 교재의 베스트셀러다. 기든스는 위르겐 하버마스와 함께 살아 있는 유럽의 지성, 영국 사회학의 자존심으로 불리며 여전히 학문적·대중적 권위를 인정받고 있다.

에필로그

프롤로그에서 지금까지 우리는 사회학의 거장에게 빌린 다양한 렌즈로 도시를 관찰해 왔다. 우리의 삶과 도시를 이어주는 사회학은 우리의 일상과 도시, 사회와 도시, 세상과 도시가 어떤 관계를 맺고 있는지 잘 보여 주었다.

　이제 여기서 다루지 못했던 도시의 모습을 새롭게 비출 사회학 렌즈를 어떻게 사용할 수 있을지 가이드 해줄 사람을 만나 보자. 여러분에게 도시를 들여다볼 진정한 초대장을 건네줄 것이다.

어서와

도시는 처음이지

| 30 |

도시로의 초대
버거의 사회학으로의 초대

오늘도 우리 하루는

수요일 아침 6시 55분, 도시인 김 씨가 기상한다. 딱 10분만 일찍 일어나면 여유 있고 좋을 텐데 늘 그렇게 못한다. 꾀죄죄한 몰골을 그나마 사람답게 하고 나서면 7시 반이다. 헐레벌떡 광역버스에 몸을 싣고 눈을 좀 붙이면 8시 55분에 회사 도착. 겨우 지각을 면한다. 자리에 앉아 어제 확인 못한 업무 메일을 체크하며 일을 시작한다. 점심 시간이 되자 김 씨는 회사 근처의 패스트푸드점에서 햄버거를 욱여넣고 나온다. 열심히 일했지만 칼퇴근에 실패한 김 씨는 저녁 7시 반이 되어서야 일을 정리하고 집으로 향한다. 밤 9시, 정류장에서 많은 사람들 사이에 섞여 하차하고, 집에서 나온 지 14시간 만에 다시 집에 왔다. 천사 같은 아내가 준비해준 늦은 저녁을 먹으며 하루 동안의 소소한 에피소드를 나누고, 함께 유튜브 좀 보다가 오전 1시쯤 눕는다. 아마 내일도 비슷한 하루가 반복될 것이다.

우리나라는 5년마다 10세 이상 국민을 대상으로 '생활시간조사'를 실시한다. 우리나라 사람들이 24시간을 어떻게 보내는지 조사하는 것이다. 2019년 생활시간조사에 따르면, 사람들은 필수시간(먹고, 자고, 씻고)에 11시간 34분, 의무시간(일, 가사노동, 이동, 학습)에 7시간 28분, 여가시간(미디어, 교제, 문화·관광, 스포츠 등)에 4시간 47분을 사용한다.[200] 아마 성인들만 따로 조사하면 시간이 약간은 다르겠지만, 그래도 '사람 사는 거 다 똑같다'는 말처럼 큰 차이 없는 삶이 반복되고 있을 것이다.

여러분이 보기에 도시인 김 씨의 하루는 어떤가? 잘 짜인 컴퓨터 프로그램처럼 돌아가는 김 씨의 삶에는 특별한 것이 없어 보인다. 내일도 출근할 것이고, 일할 것이고, 점심을 먹을 것이고, 퇴근하면 집에서 쉴 것이다. 모레도 마찬가지겠지. 이런 김 씨가 도시에서 보내는 하루하루에는 정말 특별한 게 하나도 없을까? 아니, 분명히 있을 것이다. 지금까지 사회학의 렌즈를 빌리며, 우리는 사회구조와 우리의 삶이 복잡하게 얽혀 당연하지 않은 도시를 만들고 있다는 사실을 확인해왔다.

이제 우리가 함께 해 온 여정을 마무리 하기 전에 마지막으로 우리 '스스로' 사회학 렌즈를 사용해 도시를 바라볼 준비가 되었는지 되짚어 보려고 한다. 그 준비를 도와줄 서른 번째 사회학자를 만나보자.

버거의 사회학으로의 초대

우리가 마지막으로 만날 사회학자는 열정과 호기심으로 일상의 새로움을 포착했던 피터 버거(Peter L. Berger, 1929~2017)다. 버거는 그의 대표작인 《사회학으로의 초대》로 유명한데, 1963년도에 출간된 이 책은 사회학에 관심이 있는 사람이라면 아마도 거의 대부분 책장에 꽂혀 있을 것이다. 출간 이후 육십여 년이 지난 지금까지도 사회학을 공부하는 학생에게는 최고의 사회학 입문서로 꼽힌다. 버거는 이 책의 제목처럼 흥미진진한 사회학의 세계로 우리를 초대한다.[201]

버거는 사회학이 반복되는 일상에서 특별함과 의미를 발견하는 데 큰 도움이 된다고 보았다. 사회학의 연구 대상은 다름 아닌 '인간'과 '인간이 이루는 사회'다. 그래서 사회학 연구는 대부분 우리에게 친숙한 분야를 다룰 가능성이 크다. 그렇게 특별할 것 없어 보이는 일상 속의 공동체나 제도 혹은 생활 같은 걸 연구한다. 사실 이런 주제는 멀리 갈 것도 없이 당장 인터넷에 들어가 뉴스만 훑어봐도 어느 정도는 파악할 수 있다. 그런데 사회학자는 그렇게 생각하지 않는다.

버거는 사회학자를 '열쇠 구멍으로 문 너머를 보고 싶어 하는 사람', '다른 사람의 우편물을 훔쳐보는 사람', '캐비닛 안에 뭐가 있는지 알고 싶어 하는 사람'이라고 말한다. 호기심으로 똘똘 뭉친 사람이라는 것이다. 남들이 그냥 지나칠 수 있는 별것 아닌 상황도 굳이 그 안에 뭐 특별한 게 있는지 궁금해 한다. 아무리 친숙한 일상이라도 결코 싫증 내지 않고 끊임없이 요리조리 그 안을 들여다본다. 이런 열정과 호기심으로 우리가 살아가는 평범한 세계를 새롭게 바라보는 것이 바로 사회학자들의 특기다.

사실 대부분의 연구자는 집에 가면 하던 일을 잊고 일상을 보낼 수 있지만, 사회학자에게는 이 세상 자체가 연구실이다. 학문과 일상이 분리되지 않기 때문에, 집에 간다고 연구를 놓을 수 없다. 사회학자는 아침에 커피 한 잔을 마시더라도 과테말라 커피 농장의 아동 노동 문제를 떠올리는 사람이라는 점을 기억하자. 참 피곤하게 산다고 느낄 수도 있지만, 평범한 일상에 끊임없이 질문을 던지는 덕분에 사회학자들은 생각도 못했던 삶의 새로운 측면을 발견하는 희열을 맛볼 수 있다.

그렇다면 사회학자는 사회학 렌즈를 일상에서 어떻게 사용하는 걸까? 버거는 사회학 렌즈를 일반적으로 받아들여지거나 공식적으로 정의되어 있는 것을 '꿰뚫어 보고(seeing through)', '그 이면을 살펴보는 것(looking behind)'이라고 설명한다. 아파트 단지는 겉만 보면 다 똑같아 보인다. 사회학은 아파트의 외관도 보지만, 더 깊은 관심을 기울이는 것은 커튼 사이로 비치는 희미한 불빛 너머 그 집안에서 벌어지는 삶의 이야기들이다. 누군가는 가족과 함께 즐거운 저녁 식사를 하고, 누군가는 야근을 마치고 기절하듯 잠들어 있으며, 또 누군가는 외로움 속에서 힘든 하루를 마무리하고 있을 수 있다. 사회학자들은 자신들만의 렌즈를 통해서 겉으로는 알 수 없는 삶의 무한한 다양성을 탐구한다.

그리고 이런 사회학 렌즈는 우리가 삶을 바라보는 관점을 바꿀 수 있게 해준다. 매일 반복되는 일상을 보내는 우리는 때때로, 마치 자그마한 무대 위에서 누군가 당기는 줄에 따라 이리저리 움직이는 꼭두각시처럼 이미 정해진 삶을 살아가고 있다고 느낄 때가 있다. 하지만 별 것 없어 보이는 일상을 꿰뚫어 보고, '내 삶의 이면에는 무엇이 있을까'라는 끊임없는 질문을 통해 우리는 고개를 들어 우리 몸에 달린 끈과 우리를 움직이게 하는 장치가 무엇인지 찾을 수 있다. 이는 당연하다고 여기던 우리 삶을 작동시키는 것이 무엇인지 직면한다는 점에서 '자유로의 첫 걸음'이다. 이렇듯 사회학은 우리로 하여금 우리 삶에 대해 낯설지만 새로운 시각을 갖게 하면서 우리를 더 넓은 세상으로 초대한다.

도시로의 초대

이제 버거가 설명해 준 대로 사회학 렌즈를 통해 김 씨의 하루를 다시 한 번 들여다보자. 김 씨가 평일 아침에 일찍 일어나는 이유는 뭘까? 그건 김 씨가 부지런해서가 아니라, 회사가 멀기 때문이다. 직주근접을 이루지 못한 김 씨는 마포와 일산을 광역버스로 가로지르기 위해 일찍 일어난다. 김 씨가 점심시간에 패스트푸드점에 간 이유는 무엇일까? 물론 김 씨가 햄버거를 좋아하는 것도 있지만, 사실 김 씨의 직장 근처의 상권이 쇠락하면서 점심 먹을 만한 곳이 많이 없어졌기 때문이고, 그 중에서 제일 빨리 먹을 수 있고 가격도 싼 햄버거를 택한 것이다. 김 씨가 사람들이 가득한 광역버스에 몸을 싣는 이유는 무엇일까? 대문자 'I'의 내향인 김 씨가 사람이 많은 상황을 좋아할 리 없다. 하지만 같은 시간, 같은 노선을 이용하는 수많은 도시인과 함께 살아가기 때문에 만원버스는 어쩔 수 없는 선택이다. 마지막으로 김 씨가 오전 1시에 침대에 눕는 이유는 무엇일까? 사실 김 씨는 야행성이다. 그런데 다음 날 또다시 두 지역을 가로질러 회사에 가야만 하는 슬픈 운명 때문에, 김 씨 기준으로는 비교적 이르지만 오전 1시에는 억지로라도 누워야 한다.

사회학의 렌즈로 우리의 하루를 되돌아보면 도시에는 우리의 삶과 연결된 수많은 구조가 존재한다는 것을 새삼 깨달을 수 있다. 도시의 교통망, 상권의 변화, 집과 일터의 거리가 김 씨의 일상을 구성하고 있는 것처럼 말이다. 그리고 이 깨달음의 순간이 바로 우리가 더 나은 도시를 상상할 수 있는 시작점이다. 이제 우리는 일상적인 출퇴근길에서도 도시 간 교통의 연계 방식을 고민할 수 있고, 점심을 먹으면서도 지역 상권 회복을 위한 방안을 생각해 볼 수 있다. 결국 사회학의 렌즈가 평범했던 우리의 일상을 특별하게 만드는 것이다.

이렇게 도시와 연결된 존재로서 스스로의 삶을 바라보고 더 나은 도시를 만들기 위한 첫걸음을 내딛을 수 있을 때, 비로소 우리는 진정한 도시로의 초대장을 받고, 더 넓은 세상으로 나갈 준비를 마치게 된다.

도시로의 초대장을 받은 여러분께

밀즈부터 버거까지 우리는 총 서른 개의 주제 속에서 서른세 명의 사회학자를 만나 다양한 사회학의 렌즈를 빌려 도시를 바라보았다. 지금까지 우리가 이어 온 이야기는 결국 '어떻게 하면 사회학적 상상력을 통해 당연하게 여기던 도시와 도시인의 삶을 더욱 다채롭게 바라볼 수 있을까'였다.

프롤로그에서 이야기 했듯이 이 책에서 우리에게 렌즈를 빌려준 사회학자들은 그 한 사람 한 사람이 방대한 이론의 바다를 가진 거장들이다. 우리는 그런 거장의 넓고 깊은 바다에 아직 발만 살짝 담갔을 뿐이다. 그렇지만 바다에 발을 담그고 있으면 헤엄도 치고 싶어지기 마련이다. 아직 우리가 사는 도시에는 숨겨진 이야기가 참 많다. 이제는 여러분이 직접 그 이야기들을 찾아 나설 차례다.

도시에 살아가는 수많은 사람 중 한 사람이었던 김 씨와 도시 답사는 여기서 끝을 맺는다. 그렇지만 도시의 일상 속에서 김 씨는 오늘도 여러분과 마찬가지로 때로는 평온하게, 때로는 고단하게, 때로는 재미있게 살아갈 것이다. 그리고 계속 사회학 카메라를 들고 다니며 '사회학으로 도시 보기'를 멈추지 않을 것이다. 그렇기에 언젠가 우리들은 서로의 카메라를 들고 다시 만나게 되지 않을까? 바로 우리가 '함께' 살아가는 특별한 도시에서.

렌즈 너머의 사회학자

| 피터 버거 | Peter L. Berger | 1929~2017 | 오스트리아·미국 |

"사회학이 매력적인 이유는 우리가 살고 있는 바로 이 세계를
새로운 관점에서 볼 수 있게 해주기 때문이다."

― 피터 버거, 《사회학으로의 초대》 ―

피터 버거는 1929년 오스트리아 빈에서 태어났고, 나치를 피해 팔레스타인으로 갔다가 1947년에 미국 뉴욕에 정착했다. 열여덟 살 종교적 열정이 충만했던 버거는 목사가 되고 싶었으나, 이제 막 도착한 미국 사회를 잘 알고 싶은 마음에 신학 공부 대신 사회학을 먼저 공부했다. 사회학을 공부하면 미국 사회를 잘 알 수 있겠거니 하는 마음이었다고 한다.

부유한 편이 아니었기에 버거는 학업과 일을 병행할 수밖에 없었다. 그렇기에 뉴욕에서 유일하게 야간 대학원 과정을 운영했던 뉴스쿨(The New School for Social Research) 석사 과정에서 사회학을 공부했다. '어쩌다' 사회학을 공부하게 된 그에게 사회학은 예상과 전혀 다른 학문이던 것이다. '인간이 하는 온갖 짓'을 연구하고, 감추어진 것을 애써 폭로하는 요상한 학문이었다. 세상을 사회학적으로 바라보는 데 매력을 느낀 버거는 박사 과정까지 밟고 착각으로 시작한 사회학을 평생의 업으로 삼았다.

버거는 지식사회학과 종교사회학 분야에서 활발하게 활동하며 뉴스쿨, 럿거스 대학, 보스턴 칼리지를 거쳐 1981년부터 보스턴 대학에서 교수로 재직했고, 2017년 88세의 나이로 어쩌다 시작한 사회학자로서의 모험을 마무리할 때까지 그곳에 있었다. 사회학과 관련된 그의 모험은 자전적 에세이 《어쩌다 사회학자가 되어》에 위트 있게 담겨 있다. 이 책에서 버거는 사회학자를 농담삼아 이렇게 일컫는다. '가장 가까운 유흥업소를 찾는 데도 100만 달러의 연구비가 필요한 사람'.●

● 누구나 쉽게 할 수 있는 것도 복잡한 연구의 대상으로 삼아야 하는 사회학자를 풍자한 농담이다.

참고한 책과 글

1. 나와 도시 그리고 사회학

1 World Bank Open Data-Urban population.
2 World Bank Group-Urban Development.
3 에드워드 글레이저, 《도시의 승리》, 해냄, 2011.
4 국토의 계획 및 이용에 관한 법률 제36조(용도지역의 지정).
5 한국국토정보공사-2023년 도시계획현황 통계, 2024.
6 C. 라이트 밀즈, 《사회학적 상상력》, 돌베개, 2004.

2. 도시의 연극이 끝나는 우리 집

7 어빙 고프먼, 《자아 연출의 사회학》, 현암사, 2016.
8 Bourdieu, P. (1983). Erving Goffman, Discoverer of the Infinitely Small. *Theory, Culture & Society*, 2(1), 112-113.

3. 아파트로 연결된 도시의 이웃들

9 대한민국 국가지도집-거처의 종류 (http://nationalatlas.ngii.go.kr).
10 발레리 줄레조, 《아파트 공화국》, 후마니타스, 2007.
11 Granovetter, M. S. (1973). The Strength of Weak Ties. *American Journal of Sociology*, 78(6), 1360-1380.
12 전상인, 《아파트에 미치다》, 이숲, 2009.
13 "불난 아파트 전층 다 뛰어다니며 탈출 도운 의인의 말 … '아버지 유언 떠올렸다'", 《매일경제》, 2024년 1월 23일.

4. 이동하는 도시와 도시인

14 경기도-2024 경기도 사회조사 (통근·통학 시 평균 소요 시간), 2024.

15 서울특별시-데이터에 담긴 서울교통 2023, 2024.

16 한국은행-국내은행 인터넷뱅킹서비스 이용현황, 2022.

17 존 어리, 《모빌리티》, 앨피, 2022.

18 윤신희, 노시학. (2015). 새로운 모빌리티스(New Mobilities) 개념에 관한 이론적 고찰. 《국토지리학회지》, 49(4), 491-503.

19 "서울 2호선 자동운전 바꾼 지 3년… '1인 승무' 추진", 《철도경제신문》, 2024년 3월 7일.

20 "'여기가 인도야 주차장이야' 보도를 질주하는 차량들", 《동아일보》, 2018년 5월 17일.

5. 도시 일상의 규칙

21 Harold Garfinkel. *Studies in Ethnomethodology*. Polity Press, 1984.

22 "Harold Garfinkel, a Common-Sense Sociologist, Dies at 93", *New York Times*, May 3, 2011.

6. 아이들이 쑥쑥 자라는 도시

23 EBS 다큐멘터리-인구대기획 초저출생 (10부).

24 통계청-2023년 출생 통계.

25 서울특별시-서울시 초등학교 통계 (2023).

26 보건복지부-2024년 아동인구 지역별 현황.

27 조지 허버트 미드, 《정신 자아 사회》, 한길사, 2010.

28 진미경, 김붕년, 정운선 외. (2023). 서울시 포스트코로나 시기 영유아 발달 및 정신건강 실태조사 연구. 《한국아동심리치료학회지》, 18(4), 1-13.

7. 인스타그래머블 시티

29 "모건스탠리 '작년 한국인 1인당 명품 소비 세계 1위'", 《연합뉴스》, 2023년 1월 13일.
30 소스타인 베블런, 《유한계급론》, 우물이있는집, 2012.
31 김정구. (2019). '핫한 것'보다 '핫한 곳'을 찾는다. 《출판N》.
32 엠브레인 트렌드모니터-2021 (코로나 이후) 핫플레이스 방문 경험 및 인식 관련 조사, 2021.
33 "'응? 여기가 술집?' 상상초월 콘셉트로 MZ 홀리는 사장님", 《땅집GO》, 2023년 1월 4일.
34 한국관광공사-2021년 지역관광역량 심층 진단 및 분석 보고서, 2021.

8. 프랜차이즈 도시

35 McDonald's Corporation Purpose & Impact Report 2023-2024.
36 "세종시의회, 맥도날드 유치, 시민들의 염원 담아 결실 맺을까?", 《충청뉴스》, 2025년 2월 20일.
37 조지 리처, 《맥도날드 그리고 맥도날드화》, 풀빛, 2017.
38 "The Founder Finds Drama Under the Golden Arches", *TIME*, Jan 23, 2017.
39 Levittown Public Library – Levittown History.
40 George Ritzer. *Sociological Theory*. McGraw-Hill, 1996. | 《사회학이론》, 한울출판사, 2006.
41 Ritzer, G., Ryan, J. M., Hayes, S., Elliot, M., & Jandrić, P. (2024). McDonaldization and artificial intelligence. *Postdigital Science and Education*, 1-14.

9. 학군지와 교육 상속자들

42 교육부-경제협력개발기구(OECD) 교육지표 2024, 2024.
43 지표누리-교육단계별 취학률
44 "월세 두 배 '껑충' … 서울 학군지, '수능 전후' 아파트 거래 활기", 《머니S》, 2024

년 11월 22일.

45 피에르 부르디외, 로익 바캉,《성찰적 사회학으로의 초대》, 그린비, 2015.

46 "SKY대생 절반 이상, 고소득 부모…부모 소득이 자녀 대학·임금 영향",《이데일리》, 2023년 2월 3일.

47 "고학력 부모일수록 명문대 대물림 많다",《중앙일보》, 2019년 3월 18일.

48 "서울대 정시 일반전형 합격자 4명 중 1명이 이곳 출신…어디길래",《매일경제》, 2024년 10월 17일.

49 "한은 총재의 극단적 아이디어…'서울 집값 잡으려면 강남 대입정원 상한선 둬야'",《매일경제》, 2024년 9월 24일.

50 피에르 부르디외, 장 클로드 파세롱,《재생산》, 풀빛, 2000.

51 ACI Medellìn – Medellìn, A City for Learning.

10. 빛나는 도시의 피곤한 노동자들

52 OECD – Hours worked

53 카를 마르크스, 프리드리히 엥겔스,《독일 이데올로기》, 두레, 2015.

54 김수행,《자본론 공부》, 돌베개, 2014.

55 카를 마르크스,《경제학-철학 수고》, 필로소픽, 2024.

56 "'그 사업 때문에 회사 몇 개가 망하는 거냐'…韓경제 뇌관, 이번엔 제대로 손본다는데",《매일경제》, 2024년 11월 22일.

57 카를 마르크스, 프리드리히 엥겔스,《공산당선언》, 책세상, 2018.

11. 도시란 무엇인가

58 지방자치법 제10조(시·읍의 설치기준 등)

59 Wirth, L. (1938). Urbanism as a Way of Life. *American Journal of Sociology*, 44(1), 1-24.

60 UN Convention to Combat Desertification - World Cities Day 2020: Better city, better life, 2020.

61 World Bank Group-Urban Development.
62 United States Census-New York City, New York.
63 서울특별시-주민등록인구 통계.
64 에드워드 글레이저, 《도시의 승리》, 해냄, 2011.
65 리처드 플로리다, 《도시는 왜 불평등한가》, 매일경제신문사, 2018.
66 제인 제이콥스, 《미국 대도시의 죽음과 삶》, 그린비, 2010.

12. 부동산 최고의 입지를 찾아서

67 Park, R. E. (1915). The City: Suggestions for the investigation of human behavior in the city environment, *American Journal of Sociology*, 20(5), 577-612.
68 Robert E. Park., & Ernest W. Burgess. *The City: Suggestions for Investigation of Human Behavior in the Urban Environment*. University of Chicago Press, 1925.

13. 대도시에서 살아남기

69 UN-Habitat-Global State of Metropolis 2020, 2020.
70 United Nations-World Urbanization Prospects: The 2018 Revision, 2019.
71 "대한민국 '8대 초광역 메가시티'로 재편한다, 8월 최종안 공개", 연합인포맥스, 2025년 3월 27일.
72 "충청권 메가시티 구축…전국 첫 특별지자체 충청광역연합 출범", 연합뉴스, 2024년 12월 18일.
73 Statista-Largest urban agglomerations worldwide in 2023, 2023.
74 행정안전부-주민등록인구현황 (2024).
75 UN-Habitat-Global State of Metropolis 2020, 2020.
76 게오르그 짐멜, 《짐멜의 모더니티 읽기》, 새물결, 2005.
77 George Ritzer & Jeffrey N. Stepnisky. "George Simmel." In *Sociological Theory* (10th ed.). SAGE Publication, 2018.
78 "輿가 띄운 메가 서울…'세계적 트렌드' vs '현실성 없어'" 《한국경제》, 2023년 10

월 31일.

79 통계청-인구총조사 (2020)
80 서울시정신건강복지센터-2023 정신건강에 관한 서울시민 인식 조사 보고서, 2023.

14. 신도시의 탄생

81 앙리 르페브르, 《공간의 생산》, 에코리브르, 2011.
82 한국부동산원-전국주택가격동향조사(유형별 주택매매가격지수)
83 한국갤럽-역대 대통령 직무 수행 평가 1988-2021, 2021.
84 "해외건설 공사 부진 지난해 36%나 줄어", 《한겨레》, 1988년 6월 29일.
85 한국토지공사-일산신도시 개발사, 1999.
86 "일산 출판단지 부지 대규모 주상복합 개발", 《국민일보》, 2012년 2월 27일. / "킨텍스·한류월드 7000가구… 기대감 '솔솔'", 《고양신문》, 2016년 11월 16일.
87 "일산신도시만의 로컬콘텐츠 만들 거예요", 《고양신문》, 2023년 11월 20일.
88 "노후계획도시특별법 시행, 안전진단 면제 포함돼 논란", 《이코노미21》, 2024년 4월 25일.
89 앙리 르페브르, 《도시에 대한 권리》, 이숲, 2024.

15. '진짜' 도시는 존재하는가

90 "시어머니도 못 찾는 이상한 '아파트 작명법'", 《경향신문》, 2022년 9월 9일.
91 장 보드리야르, 《시뮬라시옹》, 민음사, 2001.
92 박배균, 장진범. (2016). '강남 만들기', '강남 따라하기'와 한국의 도시 이데올로기. 《한국지역지리학회지》, 22(2), 287-306.

16. 88올림픽과 도시개발

93 김학선. (2022). 신군부 정권의 가속 통치와 '3S 정책'. 《사회와역사(구 한국사회사학회논문집)》, 136, 255-306.

94 안토니오 그람시,《그람시의 옥중수고 1: 정치편》, 거름, 2006.
95 "전두환의 한마디 '박정희가 결심한 88올림픽 도전, 물러나선 안 된다'",《매일경제》, 2023년 12월 27일.
96 강홍빈. (2004). 도시변화기제로서의 대형 이벤트-서울 올림픽과 월드컵의 사례 연구,《서울도시연구》, 5(3), 1-16.
97 "평창 올림픽 '잔치' 끝나면…파헤쳐진 가리왕산 어쩌나",《경향신문》, 2018년 2월 21일.
98 "환경·시민단체 '가덕도신공항 건설 추진 당장 멈춰야'",《한겨레》, 2023년 3월 20일.

17. 강남 초대형 교회의 탄생

99 통계청-2023 전국사업체조사
100 "한국교회 성장과 부흥-1960년대 이후를 중심으로",《기독신문》, 2012년 2월 6일.
101 www.Leadnet.org, - 2024 Global Megachurches List.
102 Logan, J. R. & Molotch, H. L. *Urban Fortunes: The Political Economy of Place*. University of California Press, 1987.
103 "[특별 인터뷰] 서울시 전 도시계획국장 손정목 서울시립대 명예교수",《월간중앙》, 2016년 2월 26일.
104 김신혁. (2022). 서울 강남개발과 대형교회의 초고속 성장 [석사학위논문].《서울대학교 대학원》.
105 A 교회,《A 교회 40년 역사》, 미발행, 1994.
106 서울도시공간포털-토지정보
107 손정목,《서울도시계획 이야기3》, 2022, 한울. 참고
108 통계청-인구총조사
109 B교회,《B교회 30년》, 미발행, 2007.
110 1982년 11월 21일 A교회 주일 예배.

111 "압구정동 교회 신축 말썽 이웃집 수도관 끊기고 벽에 금 항의하자 사들여 새 집도 헐어", 《동아일보》, 1981년 10월 27일.

112 C 교회, 《나누고 싶은 이야기들》, 국제제자훈련원, 1994.

113 김광억, 《도시중산층의 생활문화》, 한국정신문화원, 1992.

114 "대권 전선 파고드는 교회의 종소리", 《시사저널》, 2007년 10월 15일.

115 "B 목사 부자, 변칙세습, 변칙용도변경", 《통합기독공보》, 2013년 6월 25일.

116 "'불법 건축물'된 3000억짜리 C교회 서초 예배당, 공공도로 원상회복 위해 허물 위기", 《뉴스앤조이》, 2019년 10월 17일.

18. 도시계획의 두 시선

117 막스 베버, 《관료제》, 문예출판사, 2018.

118 "'퇴계 이황도 깜짝 놀랄 듯'…5680억 쏟고 성수기에 텅텅", 《한국경제》, 2024년 8월 2일.

119 위르겐 하버마스, 《의사소통행위이론1》, 나남, 2006.

120 위르겐 하버마스, 《공론장의 구조변동: 부르주아 사회의 한 범주에 관한 연구》, 나남, 2024.

121 통계청 - 인구총조사 (1995, 1966).

122 "'박원순표 도시재생' 9년간 특정업체 몰아줬다", 《매일경제》, 2021년 7월 8일.

123 "광화문광장 재구조화 찬성 34.4% vs 반대 56.7%", 《시사저널》, 2021년 1월 18일.

124 전상인, 《도시계획의 사회학》, 서울대학교출판문화원, 2023.

19. 도시 인프라와 사회 운동

125 기획재정부 - 시사경제용어사전.

126 Manuel Castells. *The Urban Question: A Marxist Approach*. MIT Press, 1979.

127 통계청 - 인구총조사 (2020).

128 "20대 대학생도 실려 나갔다…공포의 김포골드라인, 하루 2.6명꼴 실신", 《뉴스1》, 2023년 12월 6일.

129 "김포철도는 어쩌다 지옥철이 됐나…2량 열차 밀어붙인 배경은", 《연합뉴스》, 2023년 4월 15일.

130 "배차간격 2분 30초… '김포골드라인 전동차 늘렸다'", 《철도경제》, 2024년 9월 30일.

131 "언제 어디서 터질지 모르는 노후 인프라", 《주간경향》, 2019년 10월 7일.

132 "서울 싱크홀 원인 '노후하수관'…돈 없어서 매년 50km씩 정비 구멍", 《중앙일보》, 2025년 4월 22일.

20. 도시에서 자살 vs 살자

133 통계청-국민 삶의 질 2024.

134 통계청-사망원인통계.

135 에밀 뒤르켐, 《에밀 뒤르켐의 자살론》, 청아출판사, 2019.

136 "인구 40만 동탄구 생기나…화성시 4개구 명칭 확정, 내달 신청 '속도'", 《한국일보》, 2024년 10월 24일.

137 화성시-2024년 자살예방시행계획서, 2024.

138 "화성시 1인가구, 30대 자살률 증가", 《화성시민신문》, 2023월 1월 19일.

139 통계청-1인가구비율.

21. 범죄도시와 짓밟힌 꿈

140 World Population Review-Crime Rate by Country 2024.

141 경찰청-경찰청범죄통계.

142 Merton, R. K., (1938). Social Structure and Anomie. *American Sociological Review*, 3(5), 672-682.

143 "전세사기 수사의뢰 1천여명…이중 41%는 공인중개사·중개보조인", 《한국경제》, 2023년 7월 24일.

144 "'빌라왕' 사기 수법", 《연합뉴스》, 2022년 12월 22일.

145 "질긴 공생…빌라왕 126명이 '있는데 없는' 이유", 《KBS》, 2023년 3월 10일.

22. 갈등의 도시와 집회

146 "국민 90.8% '우리 사회 갈등 심각'", 《쿠키뉴스》, 2023년 3월 8일.

147 Lewis A. Coser. *The Functions of Social Conflict*. Free Press, 1956.

148 "'232만' vs '42만' 헌정 사상 최대 규모 집회", 《연합뉴스》, 2016년 12월 4일.

149 "I watched South Korea impeachment and imprison its president. The U.S. can learn from it.", *The Washington Post*, 2021년 2월 10일.

150 루이스 코저, 《사회사상사》, 한길사, 2018.

23. 도시의 빅브라더 CCTV

151 미셸 푸코, 《감시와 처벌》, 나남, 2020.

152 "24시간 일거수일투족 찍는 CCTV, 2차 대전 때 처음 쓰였대요", 《조선일보》, 2024년 5월 15일.

153 개인정보보호 종합지원시스템 - 공공기관 CCTV 설치 및 운영대수.

154 서울특별시 - 서울시 자치구 (연도별) CCTV 설치 현황.

155 "중국에서 CCTV카메라로 당신을 찾는데 걸리는 시간은?", 《BBC 뉴스 코리아》, 2017년 12월 17일.

156 "한강공원, 더이상 실종은 없다…CCTV 951대 사각지대 해소", 《뉴스1》, 2022년 1월 16일.

157 "서울시, 이태원 참사 1주기 앞두고 재난안전시스템 강화", 《연합뉴스》, 2023년 10월 12일.

158 "107대로 100명 감시?…'빅브라더' 된 美 범죄예방 CCTV", 《연합뉴스》, 2023년 5월 17일.

24. 스마트시티와 도시인

159 스마트 도시 조성 및 산업진흥 등에 관한 법률 제2조 제1항.

160 헤르베르트 마르쿠제, 《일차원적 인간》, 한마음사, 2009.

161 "The Google city that has angered Toronto", *BBC*, May 18, 2019.

162 "'스마트시티 천안'에 구글, 아마존 등 글로벌 기업 몰려온다",《연합뉴스》, 2025년 1월 15일.

25. 세계화와 세계도시

163 The Mori Memorial Foundation-Global Power City Index 2024, 2024.
164 이매뉴얼 월러스틴,《월러스틴의 세계체제분석》, 당대, 2013.
165 "뉴욕증권거래소, 전 세계 시총 절반 차지…2위 런던증권거래소와 격차 더 벌어져",《글로벌이코노믹》, 2024년 12월17일.
166 "모기지 파동후 시가총액 7조7천억弗 증발",《연합뉴스》, 2008년 2월 15일.
167 "뉴욕증시 5일째 하락…美 연방은행 '1조 달러 공급' 발표",《MBC 뉴스》, 2009년 3월 4일.
168 "Six Cents an Hour", *LIFE Magazine*, 1996년 6월.

26. 세계도시와 중산층의 행방불명

169 통계청-지역소득
170 사스키아 사센,《사스키아 사센의 세계경제와 도시》, 푸른길, 2016.
171 Saskia Sassen. *The Global City: New York, London, Tokyo*. Princeton University Press, 1991.
172 "Maré: From Rio de Janeiro's Favelas to the Edinburgh Fringe", University of St Andrews, August 4, 2023.
173 Statista-GDP of the New York metro area in the United States from 2001 to 2023.
174 Z/Yen-The Global Financial Centres Index.
175 서울특별시-여의도 금융 중심 지구단위계획구역 지정 및 계획(안) "수정가결", 2024.
176 한국토지주택공사 보도자료-"LH, 4,024억원 규모 여의도 부지 공급".

27. 위험한 도시

177 World Bank Group-Life expectancy by Country 2024.

178 지표누리 국가발전지표-1인당 국민총소득.

179 울리히 벡, 《위험 사회》, 새물결, 2006.

180 "'나도 맞았는데…' AZ 코로나 백신 '부작용 인정' 후 철수", 《한국경제》, 2024년 5월 8일.

181 "해밀톤호텔 주점 테라스-부스 불법증축… '병목' 가중", 《동아일보》, 2022년 11월 1일.

182 "삼풍백화점 붕괴 20년, 탐욕이 빚어 낸 인재…지금은?", 《중앙일보》, 2015년 6월 29일.

183 "이번엔 철근 70% 누락…LH 순살아파트 '끝판왕' 드러났다", 《중앙일보》, 2023년 9월 25일.

184 "대들보 없는 '순살 아파트'…삼풍백화점도 무량판 구조", YTN, 2023년 8월 2일.

28. 유동하는 시대와 불안한 도시

185 "부모보다 가난해지는 최초의 세대…'믿을 건 나밖에 없다'", 《문화일보》, 2021년 6월 28일.

186 "[우울한 청년들] ① '앞으로 나아질 거란 희망 안 보여'", 《연합뉴스》, 2024년 6월 2일.

187 지그문트 바우만, 《현대성과 홀로코스트》, 새물결, 2013.

188 지그문트 바우만, 《액체 근대》, 강, 2009.

189 "서울 청년 37.7% 지옥고 거주…서울시, 이사비 40만원 지원", 《한국일보》, 2022년 9월 5일.

190 국토연구원-청년가구 구성별 주거여건 변화와 정책 시사점, 2022.

191 서울연구원-서울시 청년의 사회적 고립지수 도출과 생활환경 분석을 통한 정책 제언, 2023.

192 "체험형 소비에 꽂힌 MZ…백화점 팝업 매장 3년 새 4배 '쑥'", 《매일경제》, 2024

년 3월 25일.

193 "문명, 그 길을 묻다-지성과의 대화 (6) 지그문트 바우만 영국 리즈대 명예교수", 《경향신문》, 2014년 3월 24일.

194 벤저민 R. 바버, 《뜨는 도시 지는 국가》, 21세기북스, 2014.

29. 우리를 만드는 도시와 우리가 만드는 도시

195 앤소니 기든스, 필립 서튼, 《현대사회학》, 을유문화사, 2018.

196 앤서니 기든스, 《사회구성론》, 간디서원, 2012.

197 "철공소 즐비했던 거리, 가난한 예술가들의 천국으로", 《한국일보》, 2020년 9월 4일.

198 영등포구 문화관광 홈페이지.

199 "서울시, 용도구분 않는 '비욘드 조닝' 개발 본격화, '연내 시범사업지 선정'", 《경향신문》, 2023년 3월 13일.

30. 도시로의 초대

200 통계청-2019 생활시간 조사, 2020.

201 피터 L. 버거, 《사회학으로의 초대》, 문예출판사, 2023.

찾아보기

ㄱ —

가치
  교환 가치 183, 185, 207~209
  기호 가치 183~184, 185
  사용 가치 183, 185, 207~208, 209
가핑클, 해럴드 62~63, 65~66, 69, 361
갈등기능주의 275, 279, 283
갈등론 275~276, 283
《감시와 처벌》 287, 294
강남 따라하기 188~189
경리단길 88, 189
《경제학-철학 수고》 124
고프먼, 어빙 31~32, 33, 35~36, 79, 131, 361
공간생산론 171, 179
《공간의 생산》 179
공론장 222, 231, 279
공유된 이해 64~67, 68
과시적 소비 84~87, 89
관료제 93~94, 220, 222, 350

광화문 재구조화 사업 227~228
구조기능주의 257, 261, 275~276, 283
구조의 이중성 362, 363, 365, 367
구조화 이론 361
규율 사회 290, 293
그람시, 안토니오 195~198, 202~203
그래노베터, 마크 41~44, 47
그린피스 340
근대성
  낡은 ~ 338
  새로운 ~ 338
《근대세계체제 1》 320
근로 시간 115~116
글레이저, 에드워드 19, 137
기동전/진지전 197~198, 201, 202
기든스, 앤서니 361~362, 366, 367~368
김포골드라인 238~241, 242
김현옥 224~226

ㄴ —
내파 187
네트워크 사회학 41~42, 243
노동가치론 119
뉴욕(도시) 136, 151, 158, 166, 315~
318, 319, 323, 325~326, 329, 330,
364~365

ㄷ —
대도시 56, 138, 157~158, 159~164,
166, 167, 253, 261, 325, 329, 330,
332
《대도시와 정신적 삶》 163, 166
도시 마을 사람들 138
《도시 문제: 마르크스주의적 접근》
243
《도시: 도시 환경에서의 인간 행동 연구
를 위한 제언》 153
도시계획 52, 100, 131, 152, 170, 172,
174, 217~219, 220~223, 225~227,
228~229, 239, 293, 360, 366
도시생태학 145~146, 148, 151~153,
154~155, 215, 235
도시성 130, 132, 139, 159
《도시의 부: 장소의 정치경제학》 214
도심 항공 유틸리티 → UAM
동심원 모델 148~149, 150, 152, 155

동탄 169, 189, 253~254
자살률 254~255
뒤르켐, 에밀 249~251, 256~257, 261,
262, 271, 361, 368
~의 자살론 250~252

ㄹ —
로건, 존 207, 214~215
롬브로소, 체사레 260
르페브르, 앙리 125, 171~174, 178, 179
~180, 184, 191
르페브르의 공간의 생산
공간 재현 172, 173, 174, 175, 176
공간적 실천 172, 173, 176
재현 공간 173, 177
리처, 조지 93~94, 97, 100, 101

ㅁ —
마르쿠제, 헤르베르트 299~302, 304,
306~307
~의 비판이론 299~300
마르크스, 칼 116~119, 121, 123, 124~
125, 196, 307, 361, 368
마르크스주의 116~117, 119, 171, 179,
195~196, 203, 235, 243, 276, 287,
299~300, 310, 313, 350, 356
맥도날드 91~92, 93~97,

찾아보기 | 393

《맥도날드 그리고 맥도날드화》 93, 101
맥도날드화 93, 97~99, 100, 101
머튼, 로버트 K. 261~262, 264, 270~271, 283, 361
메가 이벤트 201
메가시티 157~158, 164~166, 229
메데인 110~111
명품 소비 81~82, 83, 353~354
모빌리티 51, 57, 59
모빌리티 시스템 51, 52~56, 57~58
모빌리티 전환 51
《모빌리티》 59
몰로치, 하비 207, 214~215
무대 전면/후면 33~34, 35
무솔리니, 베니토 195, 203
문래동 364
문화의 비극 164, 166
문화적 목표 262~263, 264~265, 267
미드, 조지 허버트 72~74, 79, 89, 131
민속방법론 → 에스노메소돌로지
밀즈, C. 라이트 21~22, 25, 283

ㅂ —

바버, 벤저민 355
바우만, 지그문트 349~350, 352, 354~355, 356~357

박원순 224, 226~228
버거, 피터 372~374, 377~378
버지스, 어니스트 132, 145~146, 148, 150~152, 153~155
범죄 259~261, 262, 266, 269~270, 287, 291, 293, 299
범죄사회학 262, 271
〈범죄와의 전쟁〉 106
베버, 막스 93~94, 101, 219~221, 228, 230, 368
 ~의 합리성 93~94, 97, 219~220, 221, 300, 350
 ~ 쇠우리 97, 221
베블런, 소스타인 82~83, 85, 89, 131
벡, 울리히 337~340, 345, 366
벤담, 제러미 288
보드리야르, 장 179, 184~187, 190~191, 207, 338
부동산 122, 123, 143~144, 151~152, 208~209, 254, 267~268
부르디외, 피에르 89, 105~107, 110, 111~112, 191
부르주아 118
비현실적인 갈등 277~278
빌라왕 사태 267~268

ㅅ —

사기(범죄) 261, 265
사생활 45, 292, 293~294
사센, 사스키아 325~327, 328~329,
　331~332
~의 중심부의 주변부화 328
사이드워크 토론토 305
사이트워크 랩 → 사이드워크 토론토
사회 간접 자본 → 인프라
사회 운동 235~236, 240~241, 242,
　243
《사회구성론》 367~368
《사회이론과 사회적 구조》 270
《사회적 갈등의 기능》 283
사회적 사실 249~250
사회조사연구소(프랑크푸르트) 231,
　300, 307,
《사회학으로의 초대》 373, 377
사회학적 상상력 21~23
《사회학적 상상력》 25
삼풍백화점 사고 341~343, 344
상징적 상호작용론 72, 79
《생활 양식으로서의 도시성》 139~
　140
성심당 183
성장기제론 207, 208, 214~215
성장연합 208~209, 210~212, 214

성찰성 339, 366
《성찰적 사회학으로의 초대》 111
세계, 이매뉴얼 310~314, 319, 320~
　321, 328
세계도시 56, 200, 310, 315, 318, 323~
　327, 328~329, 330~331, 332
《세계도시: 뉴욕, 도쿄, 런던》 325,
　331~332
세계체제론 311~314, 315~317, 318~
　319, 320
　중심부-주변부-반주변부 312~313
셉테드 293
소외론 119~121, 122, 124
스마트시티 229, 245, 293, 298~299,
　302~304, 305~306
시뮬라시옹 179, 186, 191
《시뮬라시옹》 191
시뮬라크르 186
시카고 학파 131~132, 140, 145, 148,
　154, 159, 215, 235
신도시 55, 169~171, 174~177, 178,
　188, 189, 213, 241, 253~254
심시티 233

ㅇ —

아노미 251, 253, 254, 262~264, 265,
　269

아도르노, 테오도르 231, 300, 307
아비투스 105, 106~108, 110~111, 112
아파트 39~41, 45, 46, 98, 104, 151~
    152, 169, 172, 176, 184, 189, 210,
    211, 226, 336, 344, 374
액체 근대 350~352, 353~355
《액체 근대》 349, 356
〈약한 연결의 힘〉 41~45, 47
어리, 존 51, 58, 59
에스노메소돌로지 63, 69
〈에스노메소돌로지 연구〉 69
연결 관계
    강한 ~ 42~43, 44, 45
    약한 ~ 41~44, 45, 47
연극학적 사회학 31, 36
오스만 남작 218
《옥중수고》 195, 202~203
용도지역 19, 366
워스, 루이스 131~132, 137, 138, 139~
    140, 145, 154, 159
월가를 점령하라 319
위반 실험 65~66
위험 사회 339, 345
《위험 사회》 345
《유한계급론》 85, 89
유행 84, 86, 159, 161, 162, 167, 351
의사소통적 계획 220, 221~223, 227,
    228~229
《의사소통행위이론 1》 231
이방인 162, 167
인상 관리 32~33
인적 자본 137
인프라(인프라스트럭쳐) 52, 56, 72, 122,
    194, 199, 201, 218, 224, 233~234,
    236~238, 239~240, 241~242, 253,
    302~303,
일반화된 타자 75~76
일산 신도시 23, 41, 88, 169, 170, 174
    ~177, 178, 188, 208, 213, 241
일차원적 사회 301~302, 304
일차원적 인간 301~302, 303~304,
    306
《일차원적 인간》 306
일탈 248, 250, 262, 265~266
잉여 가치 119

ㅈ —
자본
    상징 ~ 106, 108, 109
    경제 ~ 105, 107, 108~109
    문화 ~ 105, 107, 109
    사회 ~ 105~106, 107, 108~ 109
자살 247~248, 249, 252~253~254,
    255~256

《자살: 사회학적 연구》 249~252, 256
자아 32, 73~75, 76~77, 78, 79
자아 발달 74~76, 77, 78
   놀이 단계 74~75
   게임 단계 75
《자아 연출의 사회학》 35
자아 형성 이론 74~76
자카르타 328~329
장소성 87, 188~189
전세 사기 266~268
《정신 자아 사회》 79
제도적 수단 263~264, 269
제이콥스, 제인 137
젠트리피케이션 364
중심부-주변부-반주변부 → 세계체제론
중심부의 주변부화 → 사센, 사스키아
지구촌 309
지역내총생산 253, 324, 329
지옥고 352~353
《직업으로서의 학문》 230
진지전 → 기동전/진지전
진지전 → 기동전/진지전
짐멜, 게오르크 140, 154, 158~159, 166~167, 230
집합적 소비 236, 238, 241~242, 243
집회 274, 278~281, 282

ㅊ —

창조 계급 137
체르노빌 원자력 발전소 사고 339
초과실재 → 하이퍼리얼리티
초대형 교회 206~207, 209~214

ㅋ —

카스텔, 마누엘 125, 235~237, 242, 243
코로나19 29, 57, 77, 78, 286, 339
코리아타운(미국 LA) 138
코저, 루이스 275, 276, 283
크룩, 레이 94

ㅌ —

토대와 상부구조 195~196, 203, 305

ㅍ —

파리의 대개조 사업(도시계획) 218~219
파슨스, 탤컷 261, 271
파크, 로버트 132, 140, 145~146, 148, 151, 153~154, 159, 167
판옵티콘 288~289
포스트모더니즘 184~185, 191
포스트모던 사회 337~338, 340
푸코, 미셸 287~288, 290, 293, 294~295, 337

프랑크푸르트 학파 231, 299~300

프로젝트 파이낸싱 123

프롤레타리아 118

플로리다, 리처드 137

ㅎ —

하버마스, 위르겐 125, 219, 221~ 222, 228, 231, 300, 307, 337

하위 정치 영역 340

하이라인 364~365

하이퍼루프 58

하이퍼리얼리티 186~187, 190

학군지 104, 105, 108~110

합리성

　형식적 ~ 300, 306

　실질적 ~ 300

합리적 종합 계획 220~221, 223, 224, 225~226, 228, 229

핫플(핫플레이스) 13, 85~87, 88, 147, 364~365

헤게모니 195, 197~198, 199~200, 202, 203

혁신 43, 47, 137, 304, 316, 326

호르크하이머, 막스 300, 307

화폐 경제 159~160, 162, 167

황금기(1980년대) 367~368

후쿠시마 원자력 발전소 사고 339

영어 —

CCTV 57, 286~287, 290~294, 303

GRDP → 지역내총생산

OECD 71, 103, 115, 247

SNS 82, 85~87, 88, 185, 187, 354

UAM 58

숫자 —

15분 생활권 도시 58

4차 산업 혁명 297~298, 302

88올림픽 199~200, 347

우리 도시를 읽는 30개의 사회학적 상상력
도시 보는 사회학

지은이　　김신혁

1판 1쇄 발행　2025년 9월 1일

펴낸곳　　계단
출판등록　제25100-2011-283호
주소　　　(04085) 서울시 마포구 토정로4길 40-10, 2층
전화　　　070-4533-7064
팩스　　　02-6280-7342
이메일　　paper.stairs1@gmail.com
SNS　　　@gyedanbooks

값은 뒤표지에 있습니다.

ISBN 978-89-98243-40-1 03330

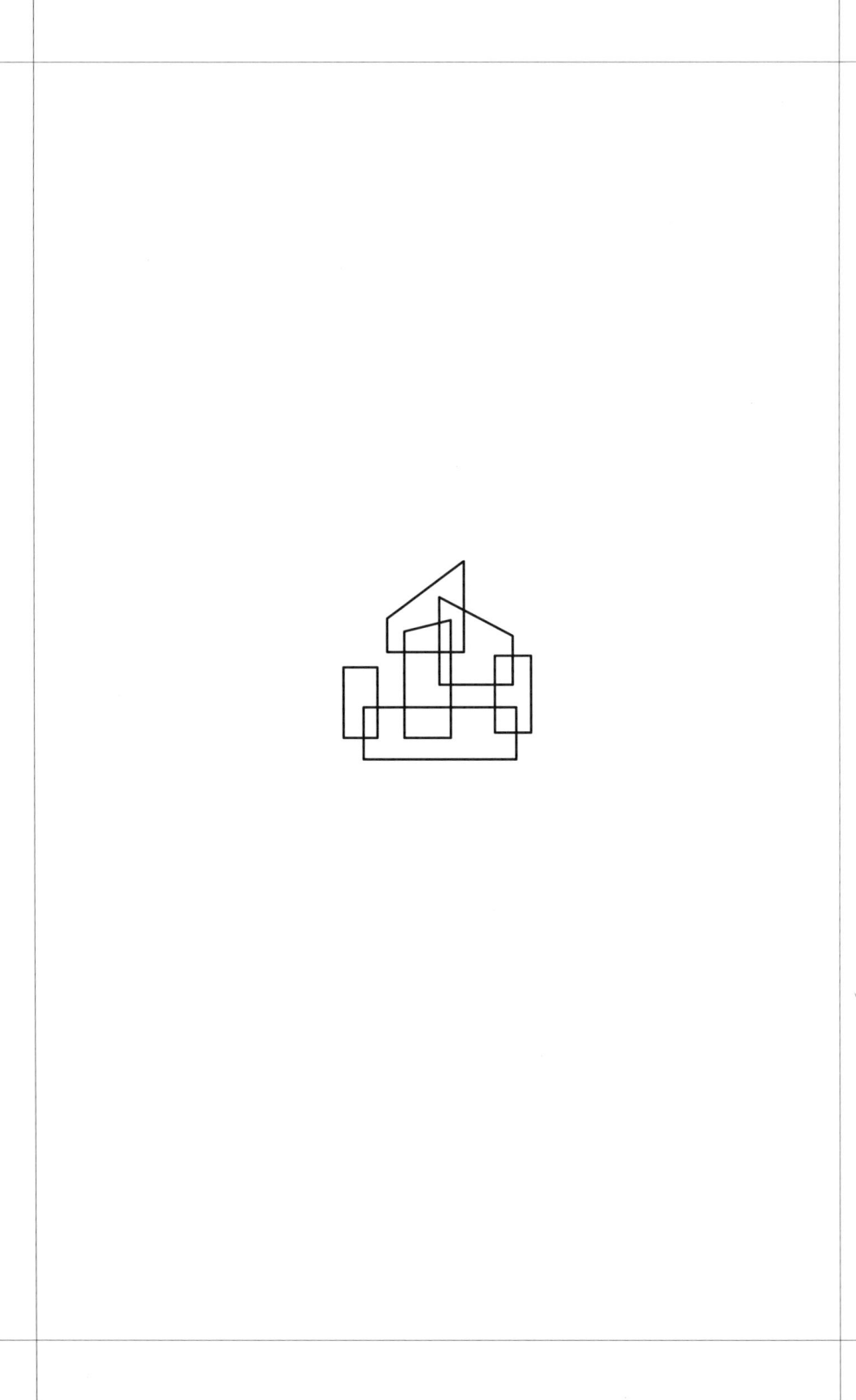